編著者簡介

吴國昇，湖南漣源人，漢語言文字學專業博士，中國文字學會理事，貴州師範大學文學院教授，“古文字與中華文明傳承發展工程”協同攻關創新平臺、鄭州大學漢字文明傳承傳播與教育研究中心外聘教授。主要從事汉字学和古漢語研究。主持國家級及省部級社科課題多項。

項目資助

本書爲“古文字與中華文明傳承發展工程”資助項目“春秋金文集釋、字詞全編及春秋戰國字詞關係對應圖譜”（項目號：G3208）階段性整理研究成果

本書由“古文字與中華文明傳承發展工程”協同攻關創新平臺、鄭州大學漢字文明傳承傳播與教育研究中心資助出版

春秋金文全編

第六册

吴國昇 編著

古文字與中華文明傳承發展工程

社會科學文獻出版社
SOCIAL SCIENCES ACADEMIC PRESS (CHINA)

		經	繼	總	終
卷十三	早期				
	中期	 叔夷鐘 00272.1 余經乃先祖  叔夷鎛 00285.1 余經乃先祖		 虆君季䣝鑑 mx0535 虆君季䣝(總)自作濫盂	 郜公典盤 xs1043 于冬(終)又(有)卒
	晚期		 拍敦 04644 㡭(繼)母(毋)已用祀		
	時期／區域	齊	D	CE	郜

 黃子鬲 00687 霝冄(終)霝後	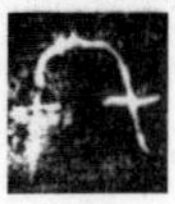 黃子豆 04687 霝冄(終)霝後	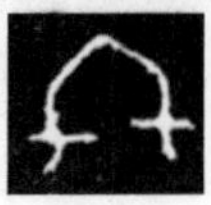 黃子盉 09445 霝冄(終)霝後	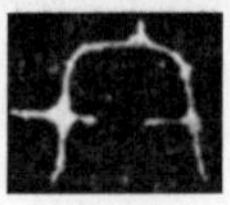 黃子豆 ms0608 霝冄(終)霝後	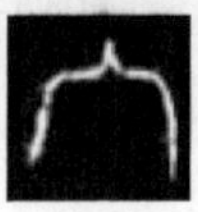 黃子鑘 xs94 霝冄(終)	 黃子盤 10122 霝审(終)霝後
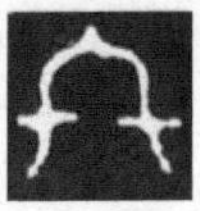 黃子鼎 02566 霝冄(終)霝後	 黃子豆 xs93 霝冄(終)霝後	 黃子壺 09663 霝冄(終)霝後	 黃子壺 09664 霝冄(終)霝後		 黃子匜 10254 霝审(終)霝後

黃

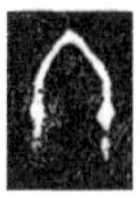 曾仲大父蝨段 04203 黄耇霝冬(終)  曾仲大父蝨段 04204.1 黄耇霝冬(終)	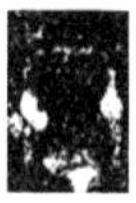 曾仲大父蝨段 04204.2 黄耇霝冬(終)  曾子伯睿盤 10156 黄耇霝冬(終)	 曾伯克父簋 ms0509 黄耇霝冬(終)			
 曾公畩鎛鐘 jk2020.1 冬(終) 龢且鳴  曾公畩甬鐘 A jk2020.1 冬(終) 龢且鳴	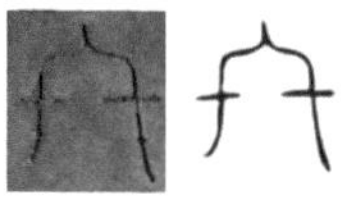 曾公畩甬鐘 B jk2020.1 冬(終) 龢且鳴  孀加鎛丁 ms1285 霝冬(終)黄耇		 蒍兒罍 xs1187 正月初冬(終)吉	 王子匜俎 mt06321 淑冬(終)	
 曾侯與鐘 mx1034 珥冬(終)無疆  曾侯與鐘 mx1037 珥冬(終)無疆					 臧孫鐘 00093 攻敔仲冬(終)歲之外孫  臧孫鐘 00094 攻敔仲冬(終)歲之外孫
曾			CE	楚	吴

			綾	綰	紫
				 晉姜鼎 02826 綽窾(綰)眉壽	
			 庚壺 09733.2B 其王駟虩(介)方綾		
 臧孫鐘 00095 攻敔仲冬(終)歲之外孫  臧孫鐘 00096 攻敔仲冬(終)歲之外孫	 臧孫鐘 00100 攻敔仲冬(終)歲之外孫  臧孫鐘 00101 攻敔仲冬(終)歲之外孫	 戱鈹 mx1335 永冬(終)自襲虘			 吴王光鐘 00224.3 □孜戱(且)紫  吴王光鐘 00224.4 □□□紫
吴			齊	晉	吴

紳

 吳王光鐘 00224.9 …𦤎(且)紫  吳王光鐘 00224.15 [婺孜]𦤎(且)紫	 吳王光鐘 00224.41 [婺孜𦤎]紫  吳王光鐘 00224.42 [婺孜𦤎]紫	 衛侯之孫書鐘 ms1280 𤕌(紳)子之子	 曾侯與鐘 mx1029 余𤕌(申)𠬝楚成  曾侯殘鐘 mx1031 余𤕌(申)𠬝楚成	 蔡侯紐鐘 00212 蔡侯𤕌  蔡侯紐鐘 00213 蔡侯𤕌	 蔡侯紐鐘 00214 蔡侯𤕌  蔡侯䣄 02215 蔡侯𤕌
吳		衛	曾	蔡	

 蔡侯鼾 02216 蔡侯䵼  蔡侯殘鼎 02218 蔡侯䵼	 蔡侯䵼鼎 02217.1 蔡侯䵼  蔡侯䵼鼎 02217.2 蔡侯䵼	 蔡侯殘鼎 02219 蔡侯䵼  蔡侯殘鼎 02220 蔡侯䵼	 蔡侯殘鼎 蓋 02221 蔡侯䵼  蔡侯殘鼎蓋 02222 蔡侯䵼	 蔡侯殘鼎蓋 02223 蔡侯䵼  蔡侯殘鼎蓋 02224 蔡侯䵼	 蔡侯殘鼎 02225 蔡侯䵼  蔡侯殘鼎 02226 蔡侯䵼

蔡

 蔡侯[illegible]簋 03592.1 蔡侯[illegible]	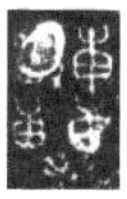 蔡侯[illegible]簋 03595.2 蔡侯[illegible]	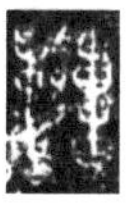 蔡侯[illegible]簋 03597.1 蔡侯[illegible]	 蔡侯[illegible]簋 03598.1 蔡侯[illegible]	 蔡侯[illegible]簋 03599 蔡侯[illegible]	 蔡侯[illegible]簠 04490.2 蔡侯[illegible]
 蔡侯[illegible]簋 03593.2 蔡侯[illegible]	 蔡侯[illegible]簋 03596.2 蔡侯[illegible]	 蔡侯[illegible]簋 03597.2 蔡侯[illegible]	 蔡侯[illegible]簋 03598.2 蔡侯[illegible]	 蔡侯[illegible]簠 04490.1 蔡侯[illegible]	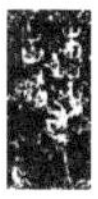 蔡侯[illegible]簠 04491 蔡侯[illegible]

蔡

 蔡侯■尊 05939 蔡侯■  蔡侯■尊 06010 蔡侯■	 蔡侯■簠 04492.1 蔡侯■  蔡侯■簠 04492.2 蔡侯■	 蔡侯方壺 09573 蔡侯■  蔡侯■簠 04493.1 蔡侯■	 蔡侯■簠 04493.2 蔡侯■  蔡侯方壺 09574 蔡侯■	 蔡侯■瓶 09976 蔡侯■  蔡侯■缶 09992.1 蔡侯■	 蔡侯■缶 09992.2 蔡侯■  蔡侯■缶 09993.1 蔡侯■

蔡

 蔡侯■缶 09993.2 蔡侯■  蔡侯■缶 10004 蔡侯■	 蔡侯■盤 10171 蔡侯■  蔡侯■盤 10072 蔡侯■	 蔡侯■匜 10189 蔡侯■  蔡侯■鑑 10290 蔡侯■	 蔡侯■戈 11140 蔡侯■  蔡侯■戈 11141 蔡侯■	 蔡侯■戈 11142 蔡侯■  蔡侯■簠 mt05775 蔡侯■	 蔡侯■簠 mt05776 蔡侯■  蔡侯■鼎蓋 mt01588 蔡侯■

蔡

組

	 矩甗 xs970 䌊(申)五氏孫 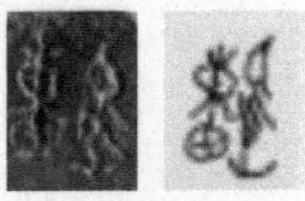 申伯戈 zy2020.5 䌊(申)伯	 䌊公彭宇簠 04610 䌊(申)公  䌊公彭宇簠 04611 䌊(申)公			 虢季氏子組鬲 00662 虢季氏子綅(組)  虢季氏子組鬲 mt02888 虢季氏子綅(組)
 蔡侯䌊戈 mt16833 蔡侯䌊	 申伯壺 xs379 䌊(申)伯諺多  申文王之孫簠 mt05943 䌊(申)文王	 申公壽簠 mx0498 䌊(申)公  彭子射盂鼎 mt02264 䌊(申)公	 叔姜簠g xs1212 䌊(申)王  叔姜簠q xs1212 䌊(申)王	 王子申匜 xs1675 王子䌊	
蔡	CE			楚	虢

			縈	緘	縢
 虢季氏子組簋 03971 虢季氏子緩(組)  虢季氏子組簋 03972 虢季氏子緩(組)	 虢季氏子組簋 03973 虢季氏子緩(組) 虢季氏子組壺 09655 虢季氏子緩(組)	 虢季子組鬲 00661 虢季子緩(組) 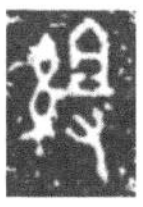 虢季氏子組盤 ms1214 虢季氏子緩(組)	 齊縈姬盤 10147 齊縈姬		
				 叔夷鐘 00274.2 余命汝緘差(佐)正卿  叔夷鎛 00285.4 余命汝緘差(佐)正卿	 庚壺 09733.2B 縢相乘駐(牡)
虢			齊	齊	齊

維　　　　緐

			 吴王御士簠 04527 尹氏叔緐	 戎生鐘 xs1616 緐(繁)陽  晉姜鼎 02826 緐(繁)陽	
 孟縢姬缶 10005 孟縢姬  孟縢姬缶 xs416 孟縢姬					
	 吴王光鐘 00224.3 維紟[辟春]  吴王光鐘 00224.4 維紟[辟春]	 吴王光鐘 00224.9 維紟辟[春]  吴王光鐘 00224.41 維紟[辟春]			 宋兒鼎 mx0162 飤緐(繁)
楚	吴		虞	晉	陳

 曾公畩鎛鐘 jk2020.1 緐(繁)陽 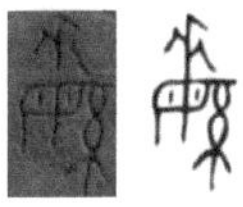 曾公畩甬鐘 A jk2020.1 緐(繁)陽	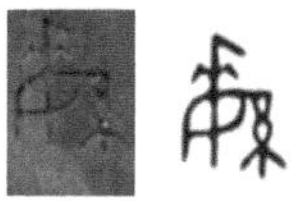 曾公畩甬鐘A jk2020.1 緐(繁)陽  曾公畩甬鐘B jk2020.1 緐(繁)陽	 湛之行繁鼎甲g kx2021.1 行緐(繁)  湛之行繁鼎甲q kx2021.1 行緐(繁)	 湛之行繁鼎乙 kx2021.1 行緐(繁)	 諆余鼎 mx0219 飤緐(繁)鼎	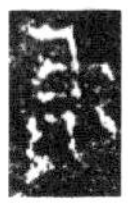 以鄧鼎g xs406 緐(繁)鼎  以鄧鼎q xs406 緐(繁)鼎
 巠鼎 ms0212 行緐(繁)鼎					 王子啓疆鼎 mt11690 飤緐(繁)
曾				CE	楚

 楚王鼎g mt02318 飤緐(繁)  楚王鼎q mt02318 飤緐(繁)	 楚王鼎 mx0210 飤緐(繁)	 庚兒鼎 02715 飤緐(繁)  庚兒鼎 02716 飤緐(繁)	 者瀘鐘 00198.1 眉壽緐(繁)釐		 秦公簋 04315.2 宗彝
				 與子具鼎 xs1399 緐(繁)鼎	
楚		徐	吳		秦

	 宗婦鄁嫛鼎 02683 宗彝  宗婦鄁嫛鼎 02684 宗彝	 宗婦鄁嫛鼎 02685 宗彝  宗婦鄁嫛鼎 02686 宗彝	 宗婦鄁嫛鼎 02687 宗彝  宗婦鄁嫛鼎 02688 宗彝	 宗婦鄁嫛鼎 02689 宗彝 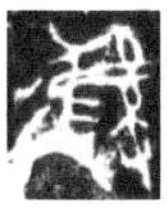 宗婦鄁嫛段蓋 04076 宗彝	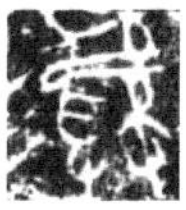 宗婦鄁嫛段 04077 宗彝  宗婦鄁嫛段 04078 宗彝
 晋公盤 mx0952 宗邉(彝)盤					
晋	BC				

 宗婦鄁嬰𣪘 04079 宗彝	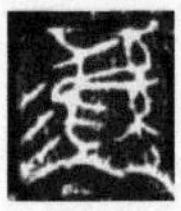 宗婦鄁嬰𣪘 04081 宗彝	 宗婦鄁嬰𣪘 04086.1 宗彝	 宗婦鄁嬰壺 09698.2 宗彝	 宗婦鄁嬰盤 10152 宗彝	 宗婦鄁嬰鼎 02684 鬻彝
 宗婦鄁嬰𣪘 04080 宗彝	 宗婦鄁嬰𣪘 04084 宗彝	 宗婦鄁嬰𣪘 04086.2 宗彝	 宗婦鄁嬰壺 09699.1 宗彝	 宗婦鄁嬰鼎 02683 鬻彝	 宗婦鄁嬰鼎 02685 鬻彝

BC

 宗婦鄁嬰鼎 02686 䵼彝	 宗婦鄁嬰鼎 02688 䵼彝	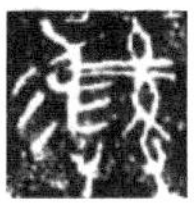 宗婦鄁嬰𣪘 04077 䵼彝	 宗婦鄁嬰𣪘 04079 䵼彝	 宗婦鄁嬰𣪘 04082 䵼彝	 宗婦鄁嬰𣪘 04084 䵼彝
 宗婦鄁嬰鼎 02687 䵼彝	 宗婦鄁嬰鼎 02689 䵼彝	 宗婦鄁嬰𣪘 04078 䵼彝	 宗婦鄁嬰𣪘 04080 䵼彝	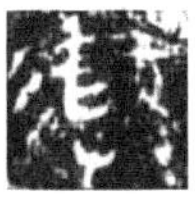 宗婦鄁嬰𣪘 04083 䵼彝	 宗婦鄁嬰𣪘 04085 䵼彝

BC

 宗婦鄁嬰殷 04086.1 鬻彝  宗婦鄁嬰殷 04086.2 鬻彝	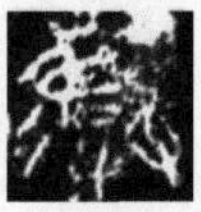 宗婦鄁嬰壺 09698.2 鬻彝  宗婦鄁嬰壺 09699.1 鬻彝	 宗婦鄁嬰盤 10152 鬻彝		 王鼎 mt01326 鬻彝  王鬲 mt02695 寶鬻彝	 王作贊母鬲 00611 鬻彝
			 叔左鼎 mt02334 鬻彝		
BC			BC	周	

					 上曾太子鼎 02750 鬻彝
 與兵壺q eb878 宗邍(彝)  與兵壺 ms1068 宗邍(彝)	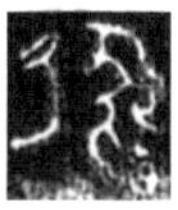 鄭莊公之孫盧鼎　mt02409 鬻邍(彝)	 郳公韍父鎛 mt15815 作…彝  郳公韍父鎛 mt15816 作…彝	 郳公韍父鎛 mt15817 作…彝  郳公韍父鎛 mt15818 作…彝	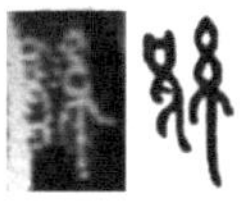 司馬楙鎛 eb50 宗彝	 拍敦 04644 宮祀彝  禾簋 03939 鍊彝
鄭		郳		滕	D

 曾子仲謱鼎 02620 䵼彝	 曾侯仲子斿父鼎　02423 䵼彝  曾侯仲子斿父鼎　02424 䵼彝	 曾侯簠 04598 䵼彝  曾子斿鼎 02757 舄彝			
 曾公畯鎛鐘 jk2020.1 宗彝  曾公畯甬鐘 A jk2020.1 宗彝	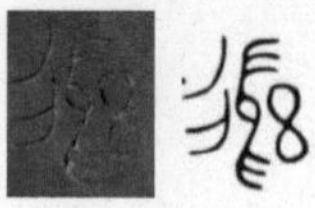 曾公畯甬鐘 B jk2020.1 宗彝	 嬭加鎛乙 ms1283 宗彝		 王子午鼎 02811.2 䵼遵(彝)鬳鼎  王子午鼎q xs444 䵼遵(彝)遷鼎	 王子午鼎 xs445 䵼遵(彝)遷鼎  王子午鼎 xs446 䵼遵(彝)遷鼎
 曾子原彝簠 04573 曾子遽彝	 曾侯與鐘 mx1029 宗彝		 蔡侯𩰲尊 06010 媵彝缶  蔡侯𩰲盤 10171 媵彝盤	 競之定鬲 mt03015 尊貄(彝)  競之定鬲 mt03016 尊貄(彝)	 競之定鬲 mt03017 尊貄(彝)  競之定鬲 mt03019 尊貄(彝)
曾			蔡	楚	

 王子午鼎q xs447 鼒遵(彝)𩞁鼎	 王子午鼎 xs449 鼒遵(彝)𩞁鼎	 鄬子受鐘 xs505 鼒鏇(彝)歌鐘	 鄬子受鐘 xs511 鼒鏇(彝)歌鐘	 鄬子受鎛 xs514 鼒鏇(彝)歌鐘	 鄬子受鎛 xs516 鼒鏇(彝)歌鐘
 王子午鼎 xs448 [鼒]遵(彝)[𩞁鼎]	 王子匜組 mt06321 □遵(彝)	 鄬子受鐘 xs507 鼒鏇(彝)歌鐘	 鄬子受鎛 xs513 鼒鏇(彝)歌鐘	 鄬子受鎛 xs515 鼒鏇(彝)歌鐘	 鄬子受鎛 xs518 鼒鏇(彝)歌鐘
  競之定鬲 mt03020 尊𧗱(彝)	 競之定鬲 mt03022 尊𧗱(彝)	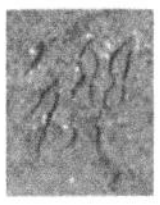 競之定簋 mt04978 尊𧗱(彝)	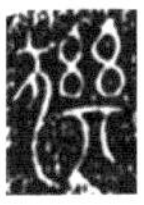 競之定豆 mt06150 尊𧗱(彝)	 競之定鬲 mt03015 尊𧗱(彝)	 競之𩰫鼎 mx0178 鼒𧗱(彝)𩞁盎
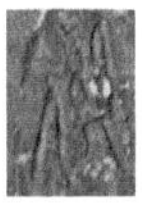 競之定鬲 mt03021 尊𧗱(彝)	 競孫旟也鬲 mt03036 𩞁彝	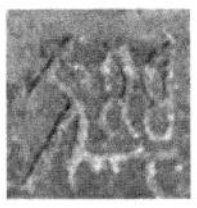 競之定簋 mt04979 尊𧗱(彝)	 競之定豆 mt06151 尊𧗱(彝)	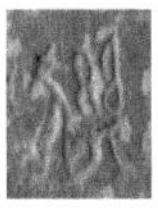 競之定鬲 mt03016 尊𧗱(彝)	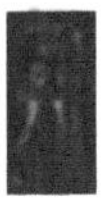 競之朝鼎 hnbw 鼒彝𩞁盎

楚

		緐		絆	緊
	 蔡子匜 10245 行彝			 曾侯絆伯戈 ms1400 曾侯絆伯	 奚子宿車鼎 02603.1 緊子丙車  奚子宿車鼎 02603.2 緊子丙車
 鄬子受鎛 xs520 鬻鐈(彝)歌鐘	 作司□匜 10260 □彝				
		 吴王光鐘 00224.3 維緵(緐)[辟菁]  吴王光鐘 00224.9 維緵(緐)辟□	 吴王光鐘 00224.4 維緵(緐)□□		
楚		吴		曾	黄

縝		繛	⿰素命		
 奚子宿車鼎 02604.1 緊子丙車		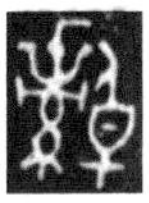 戎生鐘 xs1618 繛(綽)眉壽  晉姜鼎 02826 繛(綽)綰眉壽	 秦子鎛 mt15771 畯⿰素命(紟)在位 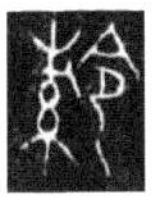 秦公鐘 00263 畯⿰素命(紟)在位	 秦公鎛 00267.2 畯⿰素命(紟)在位  秦公鎛 00268.2 畯⿰素命(紟)在位	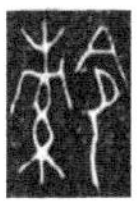 秦公鎛 00269.2 畯⿰素命(紟)在位
	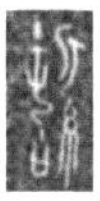 蔡公子縝戈 mx1176 蔡公子⿰⿱斤言系(縝)				
黄	蔡	晉	秦		

	蘨	雖	螇	蠚	蝱
			 叔單鼎 02657 黃孫子螇君	 蠚公諴簠 04600 蠚(鄀)公諴  鄀公諴鼎 02753 下蠚(鄀)雍公 緘	
 齊侯鎛 00271 萬年𪓉(令)保 其身	 蘨兒罍 xs1187 蘨兒	 秦公簋 04315.1 余雖小子  盄和鐘 00270.1 余雖小子			 江叔蝱鬲 00677 邛(江)叔蝱
齊	CE	秦	黃	CE	CE

螽			鼅	它	
 曾仲大父螽𣪘 04203 曾仲大父螽  曾仲大父螽𣪘 04203 螽其用追孝于其皇考	 曾仲大父螽𣪘 04204.1 曾仲大父螽  曾仲大父螽𣪘 04204.1 螽其用追孝于其皇考	 曾仲大父螽𣪘 04204.2 曾仲大父螽			
			 𨟭侯少子簋 04152 鼅趣(取)士<吉>金	 邿公典盤 xs1043 它它(施施)熙熙	 𪒠子鼎 mt02404A 它它(施施)熙熙
					 齐侯作孟姜敦 04645 它它(施施)熙熙  齊侯匜 10283 它它(施施)熙熙
曾			莒	邿	齊

	 夆叔盤 10163 它它(施施)熙熙  夆叔匜 10282 它它(施施)熙熙				
 齊侯子仲姜鬲 mx0261 它它(施施)熙熙			 取它人鼎 02227 取(郰)它人		
 齊侯盤 10159 它它(施施)熙熙 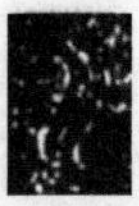 齊侯鼎 mt02363 它它(施施)熙熙		 曩公壺 09704 它它(施施)熙熙	 賈孫叔子屖盤 mt14512 它它(施施)熙熙	 邍沘鐘 mt15520 它它(施施)巳巳(熙熙)  邍沘鎛 mt15796 它它(施施)巳巳(熙熙)	 邍沘鎛 mt15794 它它(施施)巳巳(熙熙)  邍沘鐘 mx1027 它它(施施)巳巳(熙熙)
齊	逢	曩	D	舒	

鼄

杞伯每亡鼎
02494.2
鼄(邾)嫊

杞伯每亡鼎
02495
鼄(邾)嫊

杞

鼉

郘黛鐘
00226
玉鐶鼉鼓

郘黛鐘
00228
玉鐶鼉鼓

郘黛鐘
00229
玉鐶鼉鼓

郘黛鐘
00230
玉鐶鼉鼓

郘黛鐘
00231
玉鐶鼉鼓

郘黛鐘
00232
玉鐶鼉鼓

郘黛鐘
00233
玉鐶鼉鼓

郘黛鐘
00235
玉鐶鼉鼓

郘黛鐘
00236
玉鐶鼉鼓

郘黛鐘
00237
玉鐶鼉鼓

晋

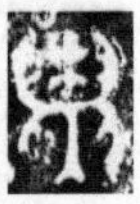 杞伯每亡鼎 02642 鼄(邾)嫊	 杞伯每亡𣪕 03898.1 鼄(邾)嫊	 杞伯每亡𣪕 03899.1 鼄(邾)嫊	 杞伯每亡壺 09688 鼄(邾)嫊	 魯伯愈父鬲 00690 鼄(邾)姬	 魯伯愈父鬲 00692 鼄(邾)姬
 杞伯每亡𣪕 03897 鼄(邾)嫊	 杞伯每亡𣪕 03898.2 鼄(邾)嫊	 杞伯每亡𣪕 03899.2 鼄(邾)嫊	 杞伯每亡盆 10334 鼄(邾)嫊	 魯伯愈父鬲 00691 鼄(邾)姬	 魯伯愈父鬲 00693 鼄(邾)姬
杞				魯	

 魯伯愈父鬲 00694 竈(邾)姬  魯伯愈父鬲 00695 竈(邾)姬	 魯伯愈父盤 10113 竈(邾)姬  魯伯愈父盤 10114 竈(邾)姬	 魯伯愈父盤 10115 竈(邾)姬  魯伯愈父匜 10244 竈(邾)姬	 竈伯鬲 00669 竈(邾)伯  竈來隹鬲 00670 竈(邾)來隹	 竈討鼎 02426 竈(邾)討  邾口白鼎 02640 竈(邾)翔伯	 邾口白鼎 02641 竈(邾)翔伯  竈叔之伯鐘 00087 竈(邾)叔之伯
			 竈君鐘 00050 竈(邾)君		
			 竈大宰鐘 00086.1 竈(邾)太宰  邾公孫班鎛 00140 竈(邾)公孫	 竈公牼鐘 00150 竈(邾)公  竈公牼鐘 00151 竈(邾)公	 竈公牼鐘 00152 竈(邾)公  竈公華鐘 00245 竈(邾)公
魯			邾		

<table>
<tr>
<td>
邾伯御戎鼎
02525
鼄(邾)伯</td>
<td></td>
<td>
邾友父鬲
mt02939
鼄(邾)友父

鼄友父鬲
00717
鼄(邾)友父</td>
<td>
邾友父鬲
xs1094
鼄(邾)友父

邾友父鬲
mt02941
鼄(邾)友父</td>
<td>
邾公子害簠g
mt05907
鼄(邾)公子

邾公子害簠q
mt05907
鼄(邾)公子</td>
<td>
鼄口匜
10236
鼄(邾)友父
【原倒置】

邾公子害簠
mt05908
鼄(邾)公子</td>
</tr>
<tr><td></td><td></td><td></td><td></td><td></td><td></td></tr>
<tr>
<td>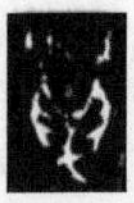
鼄公華鐘
00245
鼄(邾)邦是保

鼄大宰簠
04623
鼄(邾)太宰</td>
<td>
鼄大宰簠
04624
鼄(邾)太宰</td>
<td></td><td></td><td></td><td></td>
</tr>
<tr><td colspan="2">邾</td><td colspan="4">郳</td></tr>
</table>

 邾慶鬲 s02782 鼄(邾)慶	 邾慶簠 mt05879 鼄(邾)慶	 邾君慶壺g mt12333 鼄(邾)君慶	 邾壽父鼎 jk2020.1 鼄(邾)壽父	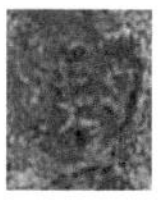 邾華妊鬲 mt02762 鼄(邾)華妊	 邾君慶壺g ms1056 鼄(邾)君
 邾慶簠 mt05878 鼄(邾)慶	 邾慶匜 mt14955 鼄(邾)慶	 邾君慶壺q mt12333 鼄(邾)君慶	 邾眉父鼎 jk2020.1 鼄(邾)眉父	 邾華妊鬲 mt02763 鼄(邾)華妊	 邾君慶壺q ms1056 鼄(邾)君

郳

 邾季脂𦎫簠g ms0571 鼄(邾)季脂𦎫  邾季脂𦎫簠q ms0571 鼄(邾)季脂𦎫	 邾季脂𦎫簠g ms0572 鼄(邾)季脂𦎫	 竈乎簋 04157.2 竈(鼄)乎作寶簋  竈乎簋 04158.1 竈(鼄)乎作寶簋	 竈乎簋 04158.2 竈(鼄)乎作寶簋		
				 次口缶 xs1249 自作卝(盥)缶	 秦公簋 04315.1 十又二公  盄和鐘 00270.1 十又二公
邾		曾		徐	秦

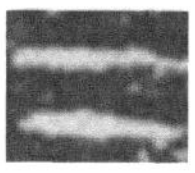 虞侯政壺 09696 二月					 鼄乎簋 04157.1 正二月  鼄乎簋 04157.2 二月
	 鄭大内史叔上匜　10281 十又二月				
		 鼄公牼鐘 00149 龢鐘二堵  鼄公牼鐘 00151 龢鐘二堵	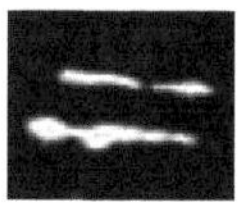 洹子孟姜壺 09729 用璧二  洹子孟姜壺 09729 備（佩）玉二笥	 洹子孟姜壺 09730 用璧二 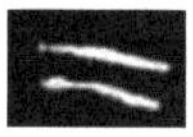 洹子孟姜壺 09730 備（佩）玉二笥	
虞	鄭	邾	齊		曾

亟

 黿乎簋 04158.1 二月  黿乎簋 04158.2 二月	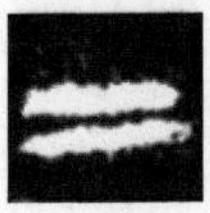 上鄀公敄人簋蓋 04183 正二月	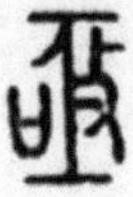 晉姜鼎 02826 作疐爲亟(極)			
			 庚壺 09733.1B 以工(殛)伐鯱□丘		
				 與兵壺q eb878 亟(極)于後民  與兵壺g eb878 亟(極)于後民	 與兵壺 ms1068 亟(極)于後民
曾	CE	晉	齊	鄭	

				亘	凡
 曾大保盆 10336 曾太保𪊨叔亟 (亟)				 曾亘嫚鼎 xs1201 曾亘嫚  曾亘嫚鼎 xs1202 曾亘嫚	
	 王子午鼎 02811.2 敃民之所亟(亟)  王子午鼎q xs444 敃民之所亟(亟)	 王子午鼎 xs445 敃民之所亟(亟)  王子午鼎 xs446 敃民之所亟(亟)	 王子午鼎q xs447 敃民之所亟(亟)  王子午鼎 xs449 敃民之所亟(亟)		
					 𪒠鐘 xs482b 凡君子  𪒠鐘 xs483a 凡及君子父兄
曾	楚			曾	楚

土

				 戎生鐘 xs1614 用建于兹外土	
 黝鎛 xs489a 凡及君子父兄  黝鎛 xs490a 凡及君子父兄	 黝鎛 xs491b 凡及君子父兄  黝鎛 xs492b 凡及君子父兄	 黝鎛 xs494a 凡人君子父兄	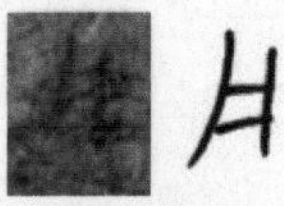 伯怡父鼎 eb312 鄖凡伯怡父 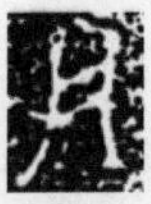 伯怡父鼎 eb313 鄖凡伯怡父		 哀成叔鼎 02782 死(尸)于下土
楚				晉	鄭

	 曾公㖃鎛鐘 jk2020.1 南土  曾公㖃鎛鐘 jk2020.1 復我土疆	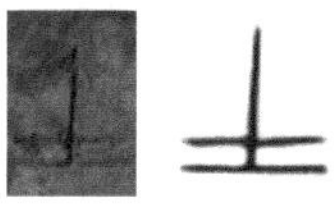 曾公㖃甬鐘 A jk2020.1 南土 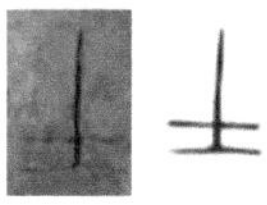 曾公㖃甬鐘 A jk2020.1 復我土[疆]	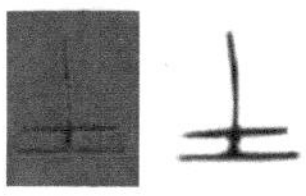 曾公㖃甬鐘 B jk2020.1 南土 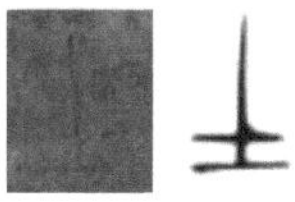 曾公㖃甬鐘 B jk2020.1 復我土疆		
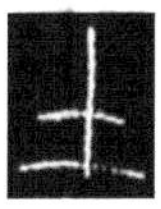 公子土折壺 09709 公子土斧	 曾侯與鐘 mx1029 營宅汭土  曾侯與鐘 mx1032 定徇曾土			 九里墩鼓座 00429.4 [余以]宅東土	 吴王孫無土鼎 02359.1 吴王孫無土  吴王孫無土鼎 02359.2 吴王孫無土
齊	曾			鍾離	吴

坡　　坪

		 高平戈 11020 高坪作戈			
 奇字鐘 mt15176 唯余聿□大土 □□□	 工尹坡盞 mt06060 工尹坡之饋盞		 秦王鐘 00037 王俾命競坪(平) 王之定	 臧孫鐘 00093 坪之子臧孫  臧孫鐘 00094 坪之子臧孫	 臧孫鐘 00095 坪之子臧孫  臧孫鐘 00096 坪之子臧孫
越		D	楚	吳	

均

 臧孫鐘 00097 坪之子臧孫  臧孫鐘 00098 坪之子臧孫	 臧孫鐘 00099 坪之子臧孫  臧孫鐘 00100 坪之子臧孫	 臧孫鐘 00101 坪之子臧孫	 蔡侯紐鐘 00210.1 定均庶邦  蔡侯紐鐘 00211.1 定均庶邦	 蔡侯紐鐘 00217.1 定均庶邦  蔡侯紐鐘 00218.1 定均庶邦	 蔡侯鎛 00222.1 定均庶邦  蔡侯紐鐘 00211.2 均(君)子大夫
吴			蔡		

 蔡侯紐鐘 00217.2 均(君)子大夫  蔡侯鎛 00221.2 均(君)子大	 蔡侯鎛 00222.2 均(君)子大夫	 𪘲鐘 xs482b 龢平均(均)諻  𪘲鐘 xs486b 龢平均(均)諻	 𪘲鐘 xs484b 龢平均(均)諻  𪘲鎛 xs489b 龢平均(均)諻	 𪘲鎛 xs490b 龢平均(均)諻  𪘲鎛 xs491a 龢平均(均)諻	 𪘲鎛 xs492a 龢平均(均)諻  𪘲鎛 xs494b 龢平均(均)諻
蔡		楚			

基			垣	堵	
				 子犯鐘 xs1012 龢鐘九𩁹(堵)  子犯鐘 xs1016 龢鐘九𩁹(堵)	
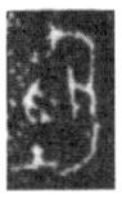 䣄鎛 xs496b 龢平均(均)諻	 子璋鐘 00114 眉壽無基(期)  子璋鐘 00115.1 眉壽無基(期)	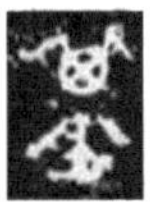 子璋鐘 00116.1 眉壽無基(期)  子璋鐘 00117.1 眉壽無基(期)	 漆垣戈 mt16401 漆垣	 郘𪒠鐘 00225 其竈(簉)四𩁹(堵)  郘𪒠鐘 00226 其竈(簉)四𩁹(堵)	 郘𪒠鐘 00228 其竈(簉)四𩁹(堵)  郘𪒠鐘 00230 其竈(簉)四𩁹(堵)
楚	許			晉	

堵

				 叔夷鐘 00276.1 處禹之堵(圖)  叔夷鐘 00283 處禹之堵(圖)	 叔夷鎛 00285.6 處禹之堵(圖)
 邵黛鐘 00231 其竈(簉)四豬(堵)  邵黛鐘 00233 其竈(簉)四豬(堵)	 邵黛鐘 00235 其竈(簉)四豬(堵)  邵黛鐘 00236 其竈(簉)四豬(堵)	 邵黛鐘 00237 其竈(簉)四豬(堵)	 衛侯之孫書鐘 ms1279 龢鐘六豬(堵)  衛侯之孫書鐘 ms1280 龢鐘六豬(堵)		
晋			衛	齊	

	在		封		城
 孎加編鐘 kg2020.7 帥禹之堵(圖)				 魯少司寇封孫宅盤　10154 魯少司寇圭(封)孫	
 曾侯殘鐘 mx1031 伐武之堵（圖） 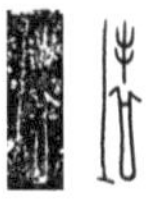 曾侯與鐘 mx1029 伐武之堵（圖）	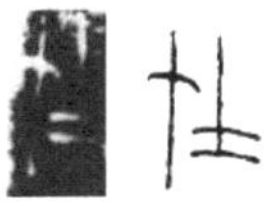 杕氏壺 09715 簟(饕)在我車	 邾公孫班鎛 00140 辰在丁亥	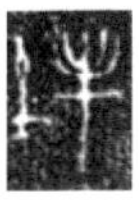 封子楚簠g mx0517 圭(封)子楚  封子楚簠q mx0517 圭(封)子孫		 郳城戟 xs971 郳䜌(城)
曾	燕	邾	鄭	魯	晉

					 孟城瓶 09980 郙□孟𩫨(城)
 武城戈 10900 武城  武城戈 10966 武城	 武城戟 10967 武𩫨(城)  武城戈 11025 武𩫨(城)	 武城戈 11024 武𩫨(城)	 成陽辛城里戈 11154 成陽辛城里  成陽辛城里戈 11155 成陽辛城里	 城陽左戈 ms1352 城陽	
齊			D		CE

					 秦公簋 04315.1 在帝之坏(坯)
 𪒠鐘 xs485a 楚城(成)王  𪒠鎛 xs489b 楚城(成)王	 𪒠鎛 xs490b 楚城(成)王  𪒠鎛 xs491b 楚城(成)王	 𪒠鎛 xs493a 楚城(成)王  𪒠鎛 xs495b 楚城(成)王	 郐諧尹征城 00425.1 自作征城	 奇字鐘 t15176 立建城郚古	
楚			徐	越	秦

⿰土匕	坂	呈	⿱君土	⿱辰土	
			 曾仲鄬君鎮墓獸方座　xs521 曾仲⿰爫阝⿱君土臚		
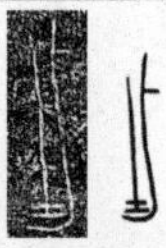 曾侯與鐘 mx1029 君⿰土匕(庇)淮夷	 工⿸虍魚王姑發者坂戈　wy03 工⿸虍魚王姑發諸坂  工⿸虍魚王姑發者坂剑　ms1617 姑發諸坂	 拍敦 04644 繼母(毋)呈用祀		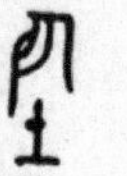 吴王光鐘 00224.6 ⿱辰土(振)鳴且焚	 吴王光鐘 00224.20 ⿱辰土(振)鳴且龢  吴王光鐘 00224.25 ⿱辰土(振)鳴且龢
曾	吴	D	曾	吴	

堋	堅	⿰土尃		⿱隹土	堯
		 叔夷鎛 00285.6 ⿰土尃(溥)受天命			 連迂鼎 02083 連迂之御堯
 冉鉦鋮 00428 子子孫友堋(朋)	 ⿰臣夅公鯢曹戈 11209 堅公鯢		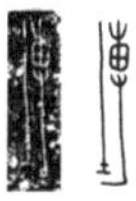 曾侯與鐘 mx1029 親⿰土尃(敷)武功	 九里墩鼓座 00429.1 自作⿱隹土鼓	
吴		齊	曾	鍾離	曾

堇		艱		里	
				 齊伯里父匜 mt14966 齊伯里父	
 叔夷鐘 00276.2 堇(勤)勞其政事  叔夷鐘 00283 堇(勤)勞其政事	 叔夷鎛 00285.7 堇(勤)勞其政事	 叔夷鐘 00274.1 汝専余于艱(艱)恤  叔夷鐘 00282 汝専余于艱(艱)恤	 叔夷鎛 00285.4 汝専余于艱(艱)恤		
 洹子孟姜壺 09729 堇(廑)宴  洹子孟姜壺 09729 堇(廑)宴	 洹子孟姜壺 09730 堇(廑)宴			 平陽高馬里戈 11156 平陽高馬里	 成陽辛城里戈 11154 成陽辛城里  成陽辛城里戈 11155 成陽辛城里
齊		齊		齊	D

釐

	 秦公鐘 00263 純魯多釐  秦公鐘 00266 純魯多釐	 秦公鎛 00267.2 純魯多釐  秦公鎛 00268.2 純魯多釐	 秦公鎛 00269.2 純魯多釐		
	 秦公簋 04315.2 純魯多釐  盄和鐘 00270.2 純魯多釐			 庚壺 09733.1B 齊三軍圍釐(萊)	 叔夷鐘 00273.2 釐(萊)都  叔夷鐘 00273.2 余命汝司以釐(萊)
 右伯君權 10383 右伯君西里疸					
D	秦			齊	

野

 叔夷鐘 00275.1 釐(萊)僕三百又五十家  叔夷鐘 00281 釐(萊)都	 叔夷鎛 00285.3 釐(萊)都  叔夷鎛 00285.5 釐(萊)僕三百又五十家	 者減鐘 00193 [旟眉壽緐]齤(釐)  者減鐘 00195 眉壽[緐]齤(釐)	 者減鐘 00196 眉壽[緐]齤(釐)  者減鐘 00198.1 眉壽繁齤(釐)		
				 九里墩鼓座 00429.3 以支埜(野)于陳□山之下	 邗王是埜戈 11263.1 邗王是埜(野)  邗王是埜戈 xs1638 邗王是埜(野)
晋				鍾離	吴

田　　　時　　　畯

	 秦子簋蓋 eb423 ……時	 秦子鎛 mt15771 畂(畯)黔在位  秦公鐘 00263 畯黔在位	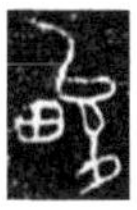 秦公鎛 00267.2 畯黔在位  秦公鎛 00268.2 畯黔在位	 秦公鎛 00269.2 畯紷在位	 戎生鐘 xs1619 畂(畯)保其子孫  晋姜鼎 02826 畂(畯)保其孫子
 雍之田戈 11019 雍之田戈		 秦公簋 04315.2 畂(畯)疐在天	 盄和鐘 00270.2 畯疐在位		
	秦	秦			晋

畜

			 秦公鐘 00262 咸畜左右  秦公鐘 00265 咸畜左右	 秦公鎛 00267.1 咸畜左右  秦公鎛 00268.1 咸畜左右	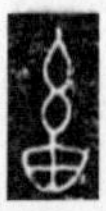 秦公鎛 00269.1 咸畜左右
			 秦公簋 04315.2 咸畜胤士	 盄和鐘 00270.2 咸畜百辟胤士	
 宋右師延敦 CE33001 畯(駿)恭天常	 曾侯與鐘 mx1034 余永用畯(畯)長	 司馬楙鎛 eb50 畯(畯)楙子孫			
宋	曾	滕	秦		

<table>
<tr><th colspan="4">畯</th><th colspan="2">⿱㓝田</th></tr>
<tr><td></td><td></td><td></td><td></td><td></td><td></td></tr>
<tr><td>
晋公盆
10342
咸畜胤士

晋公盤
mx0952
咸畜胤士</td><td></td><td>
曾公畯鎛鐘
jk2020.1
曾公畯

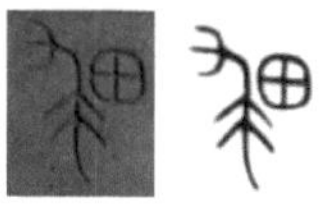
曾公畯甬鐘 A
jk2020.1
曾公畯</td><td>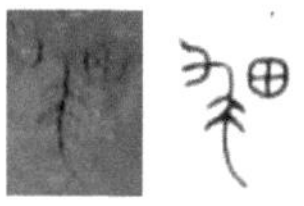
曾公畯甬鐘 B
jk2020.1
曾公畯</td><td></td><td></td></tr>
<tr><td></td><td>
欒書缶
10008.2
余畜孫書也</td><td></td><td></td><td>
鼄大宰簠
04623
邾太宰欉子⿱㓝田

鼄大宰簠
04624
邾太宰欉子⿱㓝田</td><td>
曾侯與鐘
mx1029
⿱㓝田(荆)邦既殘</td></tr>
<tr><td>晋</td><td>楚</td><td colspan="2">曾</td><td>邾</td><td>曾</td></tr>
</table>

畺

			 秦公簋 04315.2 眉壽無疆  盄和鐘 00270.2 眉壽無疆	 晉公盆 10342 …疆	 鼄叔之伯鐘 00087 眉壽無疆
 留篙鐘 00038.1 唯留(荆)篙屈栾	 郐令尹者旨留爐　10391 徐令尹諸稽留(耕)	 吴王壽夢之子劍　xs1407 留(荆)伐徐 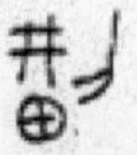 吴王餘眜劍 mx1352 命禦留(荆)			
楚	徐	吴	秦	晉	邾

 奚子宿車鼎 02603.1 萬年無畺(疆)  奚子宿車鼎 02603.2 萬年無畕(疆)	 奚子宿車鼎 02604.1 萬年無畺(疆)				
		 曾侯與鐘 mx1029 改復曾疆  曾侯殘鐘 mx1031 改復曾疆	 曾侯與鐘 mx1037 珥終無疆	 蔡侯䜌尊 06010 □歲無疆  蔡侯䜌盤 10171 千歲無疆	 彭啓簠甲 ww2020.10 眉壽無疆  彭啓簠丙g ww2020.10 眉壽無疆
黃		曾		蔡	CE

	 楚屈子赤目簠 04612 眉壽無疆  楚屈子赤目簠 xs1230 眉壽無疆	 敬事天王鐘 00073 眉壽無疆  敬事天王鐘 00075 眉壽無疆	 敬事天王鐘 00076 眉壽無疆  敬事天王鐘 00078.2 眉壽無疆	 敬事天王鐘 00080.1 眉壽無疆	 庚兒鼎 02715 眉壽無疆  庚兒鼎 02716 眉壽無疆
 彭啓簠丙q ww2020.10 眉壽無疆	 𪒠鐘 xs483b 眉壽無疆  𪒠鐘 xs488b 眉壽無疆	 𪒠鎛 xs489a 眉壽無疆  𪒠鎛 xs490a 眉壽無疆	 𪒠鎛 xs491b 眉壽無疆  𪒠鎛 xs493a 眉壽無疆	 𪒠鎛 xs495a 眉壽無疆  王子啓疆鼎 mt11690 王子啓疆	 郐諮尹征城 00425.2 眉壽無疆
CE	楚				徐

				畺	黃
			 王孫壽甗 00946 眉壽無疆	 鄧公匜 10228 唯鄧棨生吉畺(酬)公金	 秦政伯喪戈 eb1248 喬黃竈専東方  秦政伯喪戈 eb1249 喬黃竈専東方
			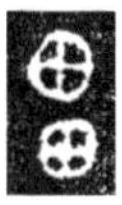 洙伯鼎 02621 其萬年無畕(疆)		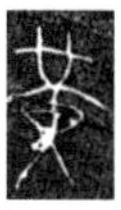 仲滋鼎 xs632 鬻(鐈)良鈇黃
 吴王光鑑 10298 眉壽無疆 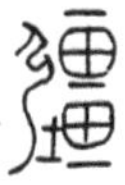 吴王光鑑 10299 眉壽無疆	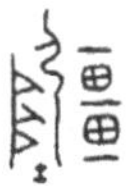 冉鉦鉞 00428 余處此南疅(疆)	 越王者旨於睗鐘　00144 萬世亡(無)疆	 揚鼎 mt02319 眉壽無疆		
吴		越		鄧	秦

 元黃戈 mt16510 元黃口	 戎生鐘 xs1619 黃耇又黹			 黃仲匜 10214 黃仲  黃季鼎 02565 黃季	 叔單鼎 02657 黃孫子口君  黃季佗父戈 xs88 黃季佗父
				 伯亞臣鐳 09974 黃孫馬頸子	 黃子鬲 00624 黃子  黃子鬲 00624 黃夫人
	 黃成戟 xs973	 趙孟庎壺 09678 黃池  趙孟庎壺 09679 黃池	 哀成叔鼎 02782 作鑄飤器黃鑊	 黃韋俞父盤 10146 黃韋俞父	
虢	晉		鄭	黃	

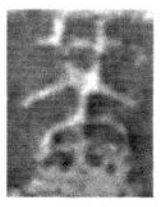 黃子季庚臣簠 ms0589 黃子					
 黃子鬲 00687 黃子  黃子鬲 00687 黃夫人	 黃子鼎 02566 黃子  黃子鼎 02566 黃夫人	 黃子鼎 02567 黃子  黃子鼎 02567 黃夫人	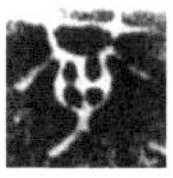 黃子豆 04687 黃子  黃子豆 04687 黃夫人	 黃子豆 xs93 黃子  黃子豆 xs93 黃夫人	 黃子罐 09987 黃子  黃子罐 09987 黃孟姬

黃

 黃子盉 09445 黃子  黃子盉 09445 黃夫人	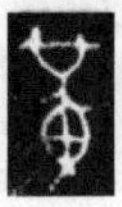 黃子器座 10355 黃子  黃子器座 10355 黃夫人	 黃子壺 09663 黃子  黃子壺 09663 黃夫人	 黃子壺 09664 黃子  黃子壺 09664 黃夫人	 黃子鐳 09966 黃子  黃子鐳 09966 黃夫人	 黃子鐳 xs94 黃子  黃子鐳 xs94 黃夫人

黃

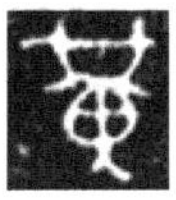 黃子盤 10122 黃子  黃子盤 10122 黃孟姬	 黃子匜 10254 黃子 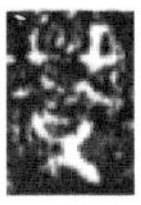 黃子匜 10254 黃孟姬	 黃君孟鼎 02497 黃君孟  黃君孟鼎 xs90 黃君孟	 黃君孟豆 04686 黃君孟  黃君孟壺 09636 黃君孟	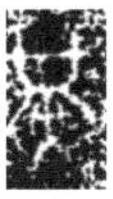 黃君孟壺 xs91 黃君孟  黃君孟戈 11199 黃君孟	 黃君孟鑐 09963 黃君孟 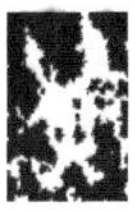 黃君孟鑐 xs92 黃君孟
黃					

 黃君孟盤 10104 黃君孟	 黃太子白克盤 10162 黃太子	 伯遊父鐳 mt14009 黃季氏	 黃君孟壺 ms1054 黃君孟	 黃君孟鐳 ms1176 黃君孟	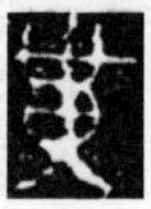 黃子豆 ms0608 黃夫人
 黃君孟匜 10230 黃君孟	 黃太子白克盆 10338 黃太子	 伯遊父卮 mt19239b 黃季	 黃君孟豆 ms0606 黃君孟	 黃子豆 ms0608 黃子	

黃

 曾伯文簋 04051.1 眉壽黃耇  曾伯文簋 04051.2 眉壽黃耇	 曾伯文簋 04052.1 眉壽黃耇  曾伯文簋 04052.2 眉壽黃耇	 曾伯文簋 04053 眉壽黃耇  曾伯文簋 t05237 眉壽黃耇	 曾仲大父𧊒毁 04203 黃耇霝終  曾仲大父𧊒毁 04204.1 黃耇霝終	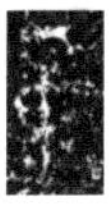 曾仲大父𧊒毁 04204.2 黃耇霝終  曾子伯窞盤 10156 黃耇霝終	 黃朱柢鬲 00610 唯黃朱[illegible]  曾侯簠 04598 黃邦
 孎加鎛乙 ms1283 玄鏐黃鎛  孎加鎛丁 ms1285 霝終黃耇					
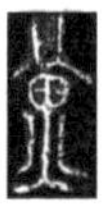 曾少宰黃仲酉鼎 eb279 曾少宰黃仲  曾少宰黃仲酉簠 eb467 曾少宰黃仲酉	 曾少宰黃仲酉壺 eb861 曾少宰黃仲酉  曾少宰黃仲酉匜 eb951 曾少宰黃仲酉	 曾侯與鐘 mx1034 難老黃耇  曾侯與鐘 mx1037 難老黃耇			

曾

 曾伯霥簠 04631 吉金黄鏞  曾伯霥簠 04631 遐不黄耇	 曾伯霥簠 04632 吉金黄鋁  曾伯霥簠 04632 遐不黄耇	 伯克父鼎 ms0285 眉壽黄耇  曾伯克父簋 ms0509 黄耇霝終	 曾伯克父壺g ms1062 眉壽黄耇  曾伯克父壺q ms1062 眉壽黄耇	 曾伯克父壺 ms1063 眉壽黄耇	
					 克黄鼎 xs499 克黄之䵼  克黄鼎 xs500 克黄之䵼
曾					楚

䵝　　男

		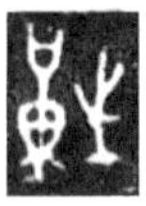 叔家父簠 04615 孫子之䵝(晲)			
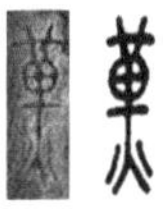 克黃豆 mt06132 楚叔之孫克黃			 鄀公典盤 xs1043 男女無期	 罿子鼎 mt02404A 男子  罿子鼎 mt02404A 男女無期	 叔夷鐘 00278 俾百斯男  叔夷鐘 00280 …斯男
	 黃戈 10901 黃戜			 齐侯作孟姜敦 04645 男女無期  齊侯匜 10283 男女無期	 齊侯盤 10159 男女無期  齊侯鼎 mt02363 男女無期
楚			鄀	齊	

	 鄀公簠蓋 04569 仲孄義男				
 叔夷鎛 00285.8 俾百斯男					 叔夷鐘 00276.2 靈力若虎  叔夷鎛 00285.7 靈力若虎
 慶叔匜 10280 男女無期		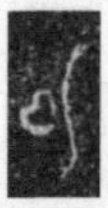 𪒠鐘 xs485a 男子  𪒠鎛 xs491b 男子	 𪒠鎛 xs493b 男子  𪒠鎛 xs495b 男子	 𪒠鎛 xs490b 男子	
齊	CE		楚		齊

劼　　勠　　勞

劼	勠	勞			
 戎生鐘 xs1616 劼(嘉)遣鹵漬					
	 叔夷鐘 00272.2 𢿆(勠)龢三軍徒𨒺  叔夷鎛 00285.2 𢿆(勠)龢三軍徒𨒺	 齊侯鎛 00271 𦉢叔有成褮(勞)于齊邦	 叔夷鐘 00273.1 汝巩褮(勞)朕行師  叔夷鐘 00276.2 勤褮(勞)其政事	 叔夷鐘 00283 勤褮(勞)其政事  叔夷鎛 00285.2 汝巩褮(勞)朕行師	 叔夷鎛 00285.7 勤褮(勞)其政事
晉	齊	齊			

加

 嬭加編鐘 kg2020.7 乃子加嬭  加嬶簋 mx0375 加嬶(芈)	 加嬶簠g ms0556 加嬶  加嬶簠q ms0556 加嬶			 楚王鼎g mt02318 隋仲嬭加  楚王鼎q mt02318 隋仲嬭加	 楚王鼎 mx0210 隋仲嬭加  楚王媵嬭加缶 kg2020.7 隨仲嬭加
 曾侯與鐘 mx1029 乃加於楚		 蔡加子戈 11149 蔡加子	 蔡公子加戈 11148 蔡公子加  蔡公子加戈 mt16903 蔡公子加		
曾		蔡		楚	

勇　　　協

 鄭戕句父鼎 02520 鄭戕(勇)句父			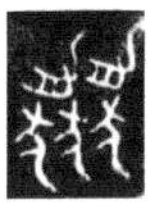 秦公鐘 00262 康奠龣(協)朕國 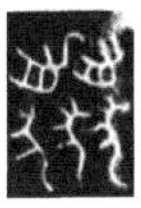 秦公鐘 00265 康奠龣(協)朕國	 秦公鎛 00267.2 康奠龣(協)朕國  秦公鎛 00268.2 康奠龣(協)朕國	 秦公鎛 00269.2 康奠龣(協)朕國
			 盄和鐘 00270.1 龣(協)龢萬民		
	  攻敔王光劍 11654 以擋戕(勇)人 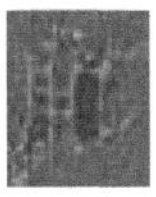 吴王光劍 mt17919 以擋戕(勇)人	 中央勇矛 11566.1 勇龠生安空  中央勇矛 11566.2 勇龠生[安空]			
鄭	吴		秦		

 虢季鐘 xs2 𦔻(協)鐘  虢季鐘 xs3 𦔻(協)鐘	 戎生鐘 xs1616 寶𦔻(協)鐘				
		 叔夷鐘 00277.2 龢𦔻(協)而九事  叔夷鎛 00285.8 龢𦔻(協)而九事	 者減鐘 00196 𦔻(協)于我[霝] 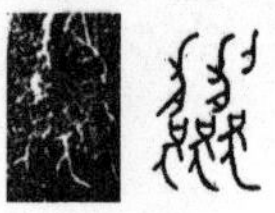 者減鐘 00197.1 𦔻(協)于我霝	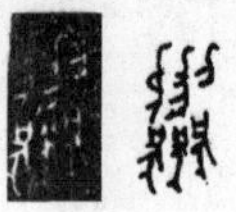 者減鐘 00198.1 𦔻(協)于我霝	
虢	晉	齊	吳		

卷十四

金

時期 \ 區域	虢	晉	晉	晉
早期	 賙金氏孫盤 10098 賙金氏(氏)	 戎生鐘 xs1616 吉金  晉姜鼎 02826 吉金		
中期		 子犯鐘 xs1012 元金  子犯鐘 xs1016 元金	 長子沬臣簠 04625.1 吉金  長子沬臣簠 04625.2 吉金	
晚期		 翏金戈 11262 翏(鏐)金良金  翏金戈 11262 翏(鏐)金良金	 趙孟庎壺 09678 邗王之惕(賜)金  趙孟庎壺 09679 邗王之惕(賜)金	 郘大叔斧 11788 新金

 衛伯須鼎 xs1198 吉金					 許成孝鼎 mx0190 吉金
	 杕氏壺 09715 金哲(𩠐)	 與兵壺q eb878 吉金  與兵壺g eb878 吉金	 與兵壺 ms1068 吉金  封子楚簠g mx0517 吉金	 寬兒鼎 02722 吉金  寬兒缶 mt14091 吉金	 鄦公買簠 04617.2 吉金  鄦公買簠g eb475 吉金
衛	燕	鄭	鄭	蘇	許

戴

叔朕簠
04620
吉金

叔朕簠
04621
吉金

許

鄦子盥自鎛
00153
吉金

鄦子盥自鎛
00154
吉金

子璋鐘
00118.2
吉金

子璋鐘
00116.1
吉金

子璋鐘
00117.1
吉金

子璋鐘
00114
吉金

子璋鐘
00115.1
吉金

鄦公買簠q
eb475
吉金

鄦子妝簠
04616
吉金

			 僉父瓶g mt14036 金瓶  僉父瓶q mt14036 金瓶		
	 鼄叔之伯鐘 00087 吉金  鼄君鐘 00050 吉金				
 樂子簠 04618 吉金	 鼄公牼鐘 00149 吉金  鼄公牼鐘 00151 吉金	 鼄公華鐘 00245 吉金  邾公孫班鎛 00140 吉金	 郳公韍父鎛 mt15815 吉金  郳公韍父鎛 mt15816 吉金	 郳公韍父鎛 mt15817 吉金  郳公韍父鎛 mt15818 吉金	 郳大司馬彊盤 ms1216 吉金  郳大司馬彊匜 ms1260 吉金
宋	邾		郳		

				 上曾太子鼎 02750 吉金	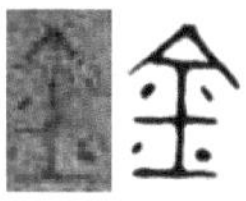 鄧公孫無忌鼎 xs1231 吉金  鄧公匜 10228 唯鄧桊生吉酬 鄧公金
	 齊鞷氏鐘 00142.1 吉金  庚壺 09733.1B 吉金	 叔夷鐘 00276.2 吉金  叔夷鎛 00285.7 吉金		 濫公宜脂鼎 mx0191 哴(良)金	
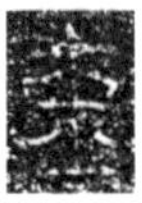 郳大司馬鈚 ms1177 吉金			 䣄侯少子簋 04152 吉金		
郳	齊		莒	D	鄧

		 樊孫伯渚鼎 mx0197 吉金			 黄子季庚臣簠 ms0589 吉金
		 樊君盆 10329.1 吉金  樊君盆 10329.2 吉金	 樊夫人龍嬴壺 09637 吉金  樊夫人龍嬴鬲 00675 吉金	 樊夫人龍嬴鬲 00676 吉金	
 唐子仲瀕兒匜 xs1209 吉金  唐子仲瀕鈚 xs1210 吉金	 唐子仲瀕兒盤 xs1211 吉金	 樊季氏孫仲𪒠鼎　02624.1 吉金  樊季氏孫仲𪒠鼎　02624.2 吉金			
唐		樊			黄

 番口伯者君盤 10140 吉金  番君伯歔盤 10136 青金	 番君匜 10271 士<吉>金	 曾仲大父螽段 04203 𠭯(搥)乃帷(醻) 金  曾仲大父螽段 04204.1 𠭯(搥)乃帷(醻) 金	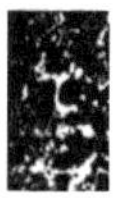 曾仲大父螽段 04204.2 𠭯(搥)乃帷(醻) 金  曾子單鬲 00625 吉金	 黃朱柢鬲 00609 吉金  黃朱柢鬲 00610 吉金	 曾伯霥簠 04631 金道錫行  曾伯霥簠 04631 吉金黃鏞
 番子鼎 ww2012.4 吉金		 曾公㫃鎛鐘 jk2020.1 吉金 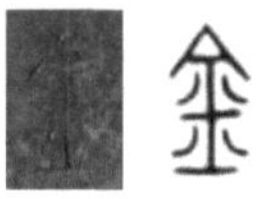 曾公㫃甬鐘B jk2020.1 吉金	 曾公子叔湲簠g mx0507 吉金  曾子仲宣鼎 02737 吉金	 嬭加鎛乙 ms1283 吉金  曾侯寶鼎 ms0265 吉金	 曾侯宏鼎 mt02219 吉金  曾侯宏鼎 mt02220 吉金
 鄱子成周鐘 xs283 吉金 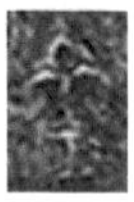 鄱子成周鐘 mt15256 吉金		 曾侯與鐘 mx1029 吉金  曾侯殘鐘 mx1031 吉金	 嬺盤 mx0948 吉金		
番		曾			

 曾伯霥簠 04632 金道錫行  曾伯霥簠 04632 吉金	 曾仲斿父方壺 09628.1 吉金  曾仲斿父方壺 09629.1 吉金	 曾伯陭壺 09712.1 吉金  曾伯陭壺 09712.4 吉金	 孟爾克母簠g ms0583 吉金  孟爾克母簠q ms0583 吉金	 曾太保簠g ms0559 吉金  曾太保簠q ms0559 吉金	 曾伯宮父穆鬲 00699 吉金  曾子斿鼎 02757 吉金
 曾侯宧鼎 mx0187 吉金  曾侯宧簋 mt04975 吉金	 曾侯宧簋 mt04976 吉金  曾侯宧壺 mt12390 吉金	 曾侯宧鼎 mx0185 吉金  曾侯宧鼎 mx0186 吉金			

曾

 曾子仲謱鼎 02620 吉金	 曾大保簠 04054 吉金	 曾子伯窞盤 10156 吉金	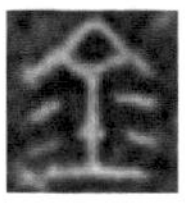 曾子伯皮鼎 mx0166 吉金	 曾太保嬦簠 mx0425 吉金	 曾侯子鎛 mt15763 吉金
 曾仲子敔鼎 02564 吉金	 炌右盤 10150 吉金	 曾大保盆 10336 吉金	 伯克父鼎 ms0285 吉金	 曾師季䩛盤 10138 吉金	 曾侯子鎛 mt15764 吉金

曾

 曾侯子鎛 mt15765 吉金  曾侯子鎛 mt15766 吉金					
				 上鄀府簠 04613.1 吉金  上鄀府簠 04613.2 吉金	 上鄀公簠g xs401 吉金
	 丁兒鼎蓋 xs1712 吉金	 申文王之孫簠 mt05943 吉金  申公壽簠 mx0498 吉金	 彭子壽簠 mx0497 吉金  彭子射盂鼎 mt02264 吉金		
曾	CE				

	 鄁公鼎 02714 吉金  鄁公簋 04016 吉金	 鄁公簋 04017.1 吉金  鄁公簋 04017.2 吉金	 廍季伯歸鼎 02644 吉金  廍季伯歸鼎 02645 吉金	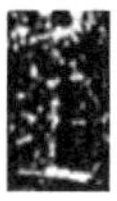 伯歸臺盤 mt14484 吉金  彭子仲盆蓋 10340 吉金	 楚太師登鐘 mt15511a 吉金  楚太師登鐘 mt15512a 吉金
 郳伯受簠 04599.1 吉金  郳伯受簠 04599.2 吉金	 �子䵼盤 xs1372 吉金	 鄝膚簠 mx0500 吉金  侯孫老簠g ms0586 吉金	 章子鄭戈 11295A 元金 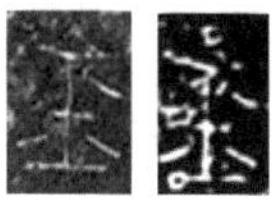 蔡子𨿑盞g xs1235 吉金	 諆余鼎 mx0219 吉金  登鐸 mx1048 吉金	 何次簠 xs402 吉金  以鄧匜 xs405 吉金
	 侯古堆鎛 xs276 吉金  侯古堆鎛 xs277 吉金	 侯古堆鎛 xs278 吉金  侯古堆鎛 xs279 吉金	 侯古堆鎛 xs280 吉金  侯古堆鎛 xs281 吉金	 襄王孫盞 xs1771 吉金  羅兒匜 xs1266 吉金	 子季嬴青簠 04594.1 吉金  子季嬴青簠 04594.2 吉金
CE					楚

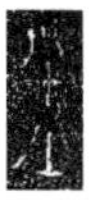

 楚太師登鐘 mt15513a 吉金	 楚太師登鐘 mt15516a 吉金	 楚太師登鐘 mt15518a 吉金	 楚太師鄧子辥慎鎛 mx1045 吉金		
 楚太師登鐘 mt15514a 吉金	 楚太師登鐘 mt15517 吉金	 楚太師登鐘 mt15519b 吉金	 中子化盤 10137 吉金		
 以鄧鼎g xs406 吉金	 仲改衛簠 xs399 吉金	 孟縢姬缶 10005 吉金	 楚子棄疾簠 xs314 吉金	 王孫誥鐘 xs418 吉金	 王孫誥鐘 xs421 吉金
 以鄧鼎q xs406 吉金	 仲改衛簠 xs400 吉金	 孟縢姬缶 xs416 吉金	 王孫誥鐘 xs443 吉金	 王孫誥鐘 xs420 吉金	 王孫誥鐘 xs422 吉金
 𪑘鐘 xs482a 吉金	 𪑘鐘 xs486a 吉金	 𪑘鎛 xs490a 吉金	 𪑘鎛 xs492a 吉金	 𪑘鎛 xs496a 吉金	 郘夫人嬭鼎 mt02425 古<吉>金
 𪑘鐘 xs484a 吉金	 𪑘鎛 xs489a 吉金	 𪑘鎛 xs491a 吉金	 𪑘鎛 xs494a 吉金	 欒書缶 10008.2 吉金	 子辛戈 xs526 吉金
楚					

 王孫誥鐘 xs423 吉金  王孫誥鐘 xs425 吉金	 王孫誥鐘 xs426 吉金  王孫誥鐘 xs427 吉金	 王孫誥鐘 xs428 吉金  王孫誥鐘 xs429 吉金	 王孫誥鐘 xs430 吉金  王孫誥鐘 xs434 吉金	 王孫誥鐘 xs435 吉金  王孫誥鐘 xs433 吉金	 王孫遺者鐘 00261.1 吉金  發孫虜鼎g xs1205 吉金
 復公仲壺 09681 吉金  復公仲簋蓋 04128 吉金					

楚

 發孫虜鼎q xs1205 吉金  發孫虜簠 xs1773 吉金	 楚叔之孫倗鼎q xs473 吉金	 王子吴鼎 02717 吉金  王子吴鼎 mt02343b 吉金	 王子午鼎 02811.2 吉金  王子午鼎q xs444 吉金	 王子午鼎 xs446 吉金  王子午鼎q xs447 吉金	 王子午鼎 xs449 吉金
		楚			

童麗君柏匠q
mx0494
吉金

童麗君柏匠g
mx0494
吉金

九里墩鼓座
00429.1
吉金

童麗君柏匠q
mx0495
吉金

童麗君柏匠g
mx0495
吉金

童麗君柏鐘
mx1016
鍾離之金

童麗君柏鐘
mx1017
鍾離之金

童麗君柏鐘
mx1018
童鍾離之金

童麗君柏鐘
mx1019
鍾離之金

童麗君柏鐘
mx1020
鍾離之金

童麗君柏鐘
mx1021
鍾離之金

童麗君柏鐘
mx1023
鍾離之金

童麗君柏鐘
mx1024
鍾離之金

鍾離

	 鄃王鼎攤鼎 02675 良金				
 季子康鎛 15786a 吉金  季子康鎛 mt15790a 吉金	 次□缶 xs1249 吉金  徐王容巨戟 mx1230 [用]金				
	 沇兒鎛 00203.1 吉金  鄃王義楚觶 06513 吉金	 徐王義楚盤 10099 吉金  徐王義楚之元子劍　11668 吉金	 余購逐兒鐘 00183.2 吉金  余購逐兒鐘 00184.1 吉金	 郤令尹者旨暂爐　10391 吉金  三兒簋 04245 吉金	 之乘辰鐘 xs1409 吉金
鍾離	徐				

 遷邟鐘 mt15520 吉金  遷邟鐘 mt15520 吉金	 遷邟鐘 mt15521 吉金  遷邟鐘 mt15521 吉金	 遷邟鎛 mt15796 吉金  遷邟鎛 mt15796 吉金	 遷邟鎛 mt15794 吉金  遷邟鎛 mt15794 吉金	 遷邟鐘 mx1027 吉金  遷邟鐘 mx1027 吉金	 夫欧申鼎 xs1250 吉金

舒

 者遾鐘 00194 吉金	 者遾鐘 00197.1 吉金				
 者遾鐘 00196 吉金	 者遾鐘 00198.1 吉金				
 姑發諸樊之弟劍　xs988 可<吉>金	 吴王餘眜劍 mx1352 吉金	 吴王光鐘 00224.7 辟金	 攻吴王光韓劍 xs1807 吉金	 吴王光鑑 10299 吉金	 吴王光帶鈎 mx1388 壽金
 工吴王叡夠工吴劍 mt17948 吉金	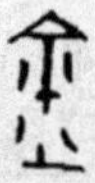 吴王光鐘 00224.1 辟金	 吴王光鐘 00224.13 辟金	 吴王光鑑 10298 吉金	 攻敔王光鐸 mx1047 壽金	 攻吴王夫差鑑 mx1000 吉金
吴					

 吴王光帶鈎 mx1387 壽金	 配兒鉤鑃 00427.2 吉金	 臧孫鐘 00094 吉金	 臧孫鐘 00096 吉金	 臧孫鐘 00100 吉金	 叡巢鎛 xs1277 吉金
 吴王光帶鈎 mx1390 壽金	 臧孫鐘 00093 吉金	 臧孫鐘 00095 吉金	 臧孫鐘 00098 吉金	 臧孫鐘 00101 吉金	 者差劍 xs1869 吉金

吴

 吴王夫差鑑 10294 吉金  吴王夫差鑑 10296 吉金	 吴王夫差盉 xs1475 吴王夫差吴金  攻吴王夫差鑑 xs1477 吉金	 吴王夫差缶 mt14082 吉金  冉鉦鋮 00428 吉金	 姑馮昏同之子句鑃 00424.1 吉金  其次句鑃 00421 吉金	 其次句鑃 00422A 吉金  其次句鑃 00422B 吉金	 者尚余卑盤 10165 吉金
吴			越		

	 伯刺戈 11400 良金	 郳子良人甗 00945 吉金  王孫壽甗 00946 吉金			
	 □偖生鼎 02632 吉金  □偖生鼎 02633 吉金	 鎬鼎 02478 吉金  金盉 xs1628 金	 巳金劍 11580 巳(巽)□金鐘  王孫叔諲甗 mt03362 吉金		
 越王者旨於睗鐘 00144 吉金  忾不余席鎮 mx1385 吉金	 嘉子昜伯臚簠 04605.1 吉金  嘉子昜伯臚簠 04605.2 吉金	 何訇君鼎 02477 [吉]金  揚鼎 mt02319 吉金	 蔡劍 mt17861 玄金  蔡劍 mt17862 玄金	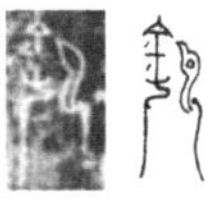 虡公劍 11663A 吉金  虡公劍 eb1297 吉金	 虡公劍 eb1298 吉金  自用命劍 11610 未以金
越					

錫	銅		鋚	鑄	
 曾伯霥簠 04631 金道鐊(錫)行  曾伯霥簠 04632 金道鐊(錫)行			 曾伯陭壺 09712.1 吉金鐈鋚  曾伯陭壺 09712.4 吉金鐈鋚	 秦公鼎 xs1337 作[illegible](鑄)用鼎  秦公鼎 xs1338 作[illegible](鑄)用鼎	 秦公簋 xs1342 作[illegible](鑄)用簋  秦公鼎 xs1339 作[illegible](鑄)用鼎
	 洹子孟姜壺 09729 用鑄爾羞銅	 洹子孟姜壺 09729 用鑄爾羞銅  洹子孟姜壺 09730 用鑄爾羞銅			
曾	齊		曾	秦	

 秦公鐘 xs1345 作盨(鑄)鎛鐘	 秦公壺 xs1347 作盨(鑄)尊壺	 秦公鼎 eb249 作盨(鑄)用鼎	 秦公壺 ms1041 作盨(鑄)尊壺	 秦公鼎 mx0107 作盨(鑄)用鼎	 秦公簋 ms0427 作盨(鑄)用簋
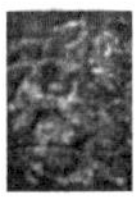 秦公壺 xs1346 作盨(鑄)尊壺	 秦公壺 xs1348 作盨(鑄)尊壺	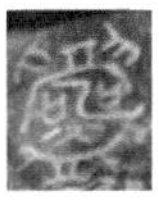 秦公壺 mt12184 作盨(鑄)尊壺	 秦公壺 ms1042 作盨(鑄)用壺	 秦公鼎 ms0173 作盨(鑄)用鼎	 秦公簋 mt04387 作盨(鑄)用簋
秦					

 秦公簋 mt04388 作鬻(鑄)用簋  秦公簋 mt04389 作鬻(鑄)用簋	 卜淦□高戈 xs816 作盟(鑄)	 内公鐘鈎 00032 作盟(鑄)從鐘之鈎  内公鐘鈎 00033 作盟(鑄)從鐘之鈎	 内公簋蓋 03707 作盟(鑄)從簋  内公簋蓋 03708 作盟(鑄)從簋	 内公簋蓋 03709 ［乍］盟(鑄)□簋  内公壺 09596 作盟(鑄)從壺	 内公壺 09597 盟(鑄)從壺  内公壺 09598 作盟(鑄)從壺
秦		芮			

 内大子白壺蓋 09644 作盥(鑄)寶壺	 内大子白壺 09645.2 作盥(鑄)寶壺	 芮太子鬲 eb78 作盥(鑄)鬲	 内公鼎 02475 作盥(鑄)飤鼎	 内太子鼎 02448 作盥(鑄)鼎	 内公簠 04531 作盥(鑄)寶醢
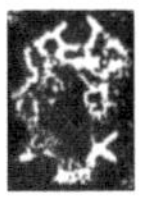 内大子白壺 09645.1 作盥(鑄)寶壺	 芮公鬲 eb77 作盥(鑄)鬲	 内公鼎 00743 作盥(鑄)…賸鬲	 内公鼎 02389 作盥(鑄)從鼎	 内太子鼎 02449 作盥(鑄)鼎	

芮

芮	晉	衛	鄭	鄭	許
 芮公鼎 ms0254 作豐(鑄)匔宮寶鼎  芮公鼎 ms0255 作豐(鑄)匔宮寶鼎	 晉姞盤 mt14461 作盥(鑄)旅盤匜  晉姞匜 mt14954 作盥(鑄)旅盤匜		 鄭饔原父鼎 02493 …盥(鑄)鼎		 喬夫人鼎 02284 盥(鑄)其饙鼎
	 翏金戈 11262 以鑄(鑄)良兵	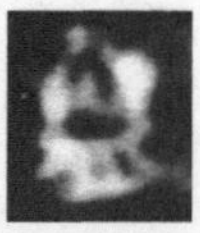 衛侯之孫書鐘 ms1279 作盥(鑄)龢鐘  衛侯之孫書鐘 ms1280 作盥(鑄)龢鐘	 哀成叔鼎 02782 作鑄(鑄)飤器黃鑊	 鄭莊公之孫缶 xs1238 盥(鑄)鬻彝  鄭莊公之孫盧鼎　mt02409 作盥(鑄)鬻彝	 鄦子妝簠 04616 用盥(鑄)其簠
芮	晉	衛	鄭		許

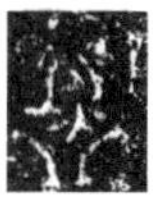 杞伯每亡匜 10255 𨮷(鑄)…用寶匜	 魯正叔盤 10124 作𨮷(鑄)其御盤				
		 鼄大宰簠 04623 𨮷(鑄)其𩜙䀁  鼄大宰簠 04624 𨮷(鑄)其䀁	 鼄公牼鐘 00149 𨮷(鑄)以龢鐘二堵  鼄公牼鐘 00150 𨮷(鑄)以龢鐘二堵	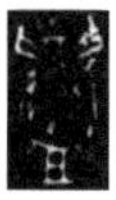 鼄公牼鐘 00151 𨮷(鑄)以龢鐘二堵  鼄公華鐘 00245 用𨮷(鑄)厥龢鐘	 鼄公華鐘 00245 𨮷(鑄)其龢鐘
杞	魯	邾			

 邾季脂䓈簠g ms0571 用[illegible](鑄)寶簠  邾季脂䓈簠q ms0571 用[illegible](鑄)寶簠	 邾季脂䓈簠g ms0572 用[illegible](鑄)寶簠		 鑄子叔黑臣鼎 02587 [illegible](鑄)子叔黑臣  鑄子叔黑臣盨 04423 [illegible](鑄)子叔黑臣	 鑄子叔黑臣盨 mt05608 [illegible](鑄)子叔黑臣  鑄子叔黑臣簠 04570.1 [illegible](鑄)子叔黑臣	 鑄子叔黑臣簠 04570.2 [illegible](鑄)子叔黑臣  鑄子叔黑臣簠 04571.1 [illegible](鑄)子叔黑臣
 郳始鬲 00596 [illegible](鑄)其羞鬲			 鑄司寇鼎 xs1917 [illegible](鑄)司寇		
 郳公韍父鎛 mt15815 型[illegible](鑄)和鐘  郳公韍父鎛 mt15816 型[illegible](鑄)和鐘	 郳公韍父鎛 mt15817 型[illegible](鑄)和鐘  郳公韍父鎛 mt15818 型[illegible](鑄)和鐘	 隨公克敦 04641 [illegible](鑄)其饙敦			
郳			鑄		

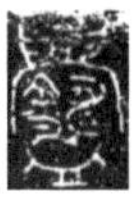 鑄子叔黑叵簠 04571.2 𨯫(鑄)子叔黑叵  鑄子叔黑叵簋 03944 𨯫(鑄)子叔黑叵	 鑄子叔黑叵鬲 00735 𨯫(鑄)子叔黑叵  鑄公簠蓋 04574 𨯫(鑄)公	 鑄叔盤 mt14456 𨯫(鑄)叔  鑄叔作嬴氏鼎 02568 𨯫(鑄)叔	 鑄叔作嬴氏簠 04560.1 𨯫(鑄)叔  鑄叔作嬴氏簠 04560.2 𨯫(鑄)叔	 鑄子撫匜 10210 𨯫(鑄)子  鑄侯求鐘 00047 盟(鑄)侯	
					 王子安戈 11122 䰞(鑄)寢戈
鑄					滕

 國差𦉜 10361 𨥫(鑄)西墉寶𦉜  庚壺 09733.1B 以𨥫(鑄)其盥壺	 叔夷鐘 00277.1 用作𨯶(鑄)其寶鐘  叔夷鎛 00285.7 用作𨯶(鑄)其寶鎛	 簷叔之仲子平鐘　00172 自作𨥫(鑄)游鐘  簷叔之仲子平鐘　00173 𨥫(鑄)其游鐘	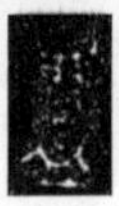 簷叔之仲子平鐘　00174 自作𨥫(鑄)其游鐘  簷叔之仲子平鐘　00174 𨥫(鑄)其游鐘	 簷叔之仲子平鐘　00175 𨥫(鑄)其游鐘  簷叔之仲子平鐘　00176 𨥫(鑄)其游鐘	 簷叔之仲子平鐘　00177 作𨥫(鑄)其游鐘  簷叔之仲子平鐘　00177 𨥫(鑄)其游鐘
 洹子孟姜壺 09729 用𨥫(鑄)爾羞銅  洹子孟姜壺 09729 用𨥫(鑄)爾羞銅	 洹子孟姜壺 09730 用𨯶(鑄)爾羞瓶  公子土折壺 09709 作子仲姜𨥫(鑄)之盤壺				
齊		莒			

		 己侯壺 09632 作鑄(鑄)壺			 鄧公孫無忌鼎 xs1231 盥(鑄)其□鼎 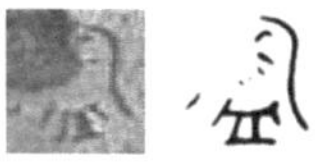 鄧公孫無忌鼎 xs1231 盥(鑄)其□鼎
 簷叔之仲子平鐘　00179 盥(鑄)其游鐘  簷叔之仲子平鐘　00180 作盥(鑄)其游鐘	 簷叔之仲子平鐘　00180 盥(鑄)其游鐘  公鑄壺 09513 公鑄(鑄)壺		 取膚上子商盤 10126 …鑄(鑄)盤  取膚上子商匜 10253 …鑄(鑄)匜	 濫公宜脂鼎 mx0191 用鋥(鑄)其□宜鼎	
				 荆公孫敦 04642 鑄(鑄)其膳敦  荆公孫敦 mt06070 鑄(鑄)其膳敦	
莒		紀	D		鄧

		 樊伯千鼎 mx0200 …鏧(鑄)鼎	 曾子斿鼎 02757 用鑗(鑄)𩰫彝  曾子伯誩鼎 02450 𡕖(鑄)行器	 曾伯陭鉞 xs1203 盨(鑄)戚鉞	
					 蔡大司馬燮盤 eb936 𡕖(鑄)盥盤
 唐子仲瀕兒匜 xs1209 鏧(鑄)其御逾匜  唐子仲瀕鈚 xs1210 鏧(鑄)其御瓶	 唐子仲瀕兒盤 xs1211 鏧(鑄)其御盤		 曾子原彝簠 04573 盨(鑄)媵藍  曾季关臣盤 eb933 鬻(鑄)其盥盤	 巫鼎 ms0212 盨(鑄)行緐鼎  巫簠 ms0557 盨(鑄)其行器	
唐		樊	曾		蔡

				 楚嬴盤 10148 盥（鑄）其寶盤  楚嬴匜 10273 盥（鑄）其匜	
 上鄀府簠 04613.1 盥（鑄）其鬻簠  上鄀府簠 04613.2 盥（鑄）其鬻簠	 上鄀公簠g xs401 盨（鑄）…賸簠	 鄝公戈 ms1429 鄝公盥（鑄）  鄝公戈 ms1430 鄝公盥（鑄）	 鄬膚簠 mx0500 臾（鑄）賸簠  邟子栽盤 xs1372 盥（鑄）其盥盤	 楚子暖簠 04575 盥（鑄）其飤簠  楚子暖簠 04576 盥（鑄）其飤簠	 楚子暖簠 04577 盥（鑄）其飤簠  以鄧匜 xs405 盥（鑄）其會匜
			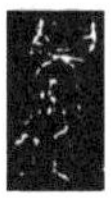 愠兒盞q xs1374 作盥（鑄）其盞盂	 競孫旟也鬲 mt03036 作臾（鑄）鬻彝  欒書缶 10008.2 以作盥（鑄）缶	 𪒠鐘 xs482a 盥（鑄）其反鐘  𪒠鐘 xs486a 盥（鑄）其反鐘
CE				楚	

				 郚王鼎㯺鼎 02675 盤(鑄)其餴鼎	
 以鄧鼎g xs406 盤(鑄)其緐鼎  以鄧鼎q xs406 盤(鑄)其緐鼎	 子諆盆 10335.1 盤(鑄)其行雩(盂) 【部件分置】	 子諆盆 10335.2 盤(鑄)其行雩(盂) 【部件分置】		 宜桐盂 10320 作曳(鑄)飤盂	
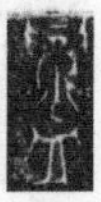 𪓐鐘 xs484a 盤(鑄)其反鐘  𪓐鎛 xs490a 盤(鑄)其㪿鐘	 𪓐鎛 xs491a 盤(鑄)其反鐘  𪓐鎛 xs492a 盤(鑄)其反鐘	 𪓐鎛 xs494a 盤(鑄)其反鐘  𪓐鎛 xs496a 盤(鑄)其反鐘	 𪓐鎛 xs489a 盨(鑄)其㪿鐘  郳夫人嫘鼎 mt02425 作盨(鑄)迅鼎	 余購逐兒鐘 00183.2 以鐳(鑄)龢鐘  余購逐兒鐘 00184.2 以鐳(鑄)龢鐘	 嬰同盆 ms0621 盤(鑄)用鍺
楚				徐	

 夫欧申鼎 xs1250 作盥(鑄)飤鼎	 遷沭鐘 mt15520 作盥(鑄)龢鐘	 遷沭鐘 mt15521 作盥(鑄)龢鐘	 遷沭鎛 mt15796 作盥(鑄)龢鐘	 遷沭鎛 mt15794 作盥(鑄)龢鐘	 遷沭鐘 mx1027 作盥(鑄)龢鐘
 夫欧申鼎 xs1250 余以盥(鑄)以 鬻	 遷沭鐘 mt15520 作盥(鑄)龢鐘	 遷沭鐘 mt15521 作盥(鑄)龢鐘	 遷沭鎛 mt15796 作盥(鑄)龢鐘	 遷沭鎛 mt15794 作盥(鑄)龢鐘	 遷沭鐘 mx1027 作盥(鑄)龢鐘

舒

				 奢虎簠 04539.1 釁(鑄)其寶簠  奢虎簠 04539.2 釁(鑄)其寶簠	 旅虎簠 04540 釁(鑄)其寶簠  旅虎簠 04541.1 釁(鑄)其寶簠
				 微乘簠 04486 醫(鑄)其寶簠  鑄簠 04470 盥(鑄)	 匹君壺 09680 鑾(鑄)…媵盥壺  □子季□盆 10339 作煛(鑄)□盆
 吳王夫差盉 xs1475 釁(鑄)女子之器  冉鉦鋮 00428 盥(鑄)此鉦鋮	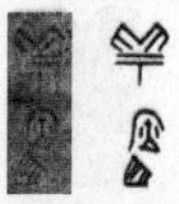 者差劍 xs1869 盥(鑄)用劍  玄夫戈 11091 玄夫煛(鑄)用	 其次句鑃 00421 盥(鑄)句鑃  其次句鑃 00422A 盥(鑄)句鑃	 其次句鑃 00422B 盥(鑄)句鑃  者尚余卑盤 10165 自作鑐(鑄)其盤		
吳		越			

鍾

 旅虎簠 04541.2 𩰫(鑄)其寶䀇  叔皮父簋 04127 作𩰫(鑄)叔皮父尊簋	 □鏞用戈 11334 𩰫(鑄)其𢧢戈  叔夜鼎 02646 𥁰(鑄)其𩞁鼎				
 王孫叔䛑甗 mt03362 作𩰫(鑄)𨨶甗	 公父宅匜 10278 𥁰(鑄)其行匜 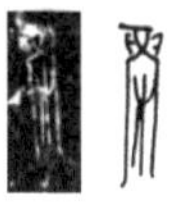 耳鑄公劍 xs1981 耳𦥯(鑄)公劍				
	 公孫疕戈 mx1233 鑄用戈	 郘黛鐘 00226 作爲余鍾(鐘)  郘黛鐘 00227 作爲余鍾(鐘)	 郘黛鐘 00228 作爲余鍾(鐘)  郘黛鐘 00230 作爲余鍾(鐘)	 郘黛鐘 00231 作爲余鍾(鐘) 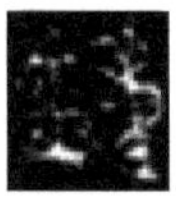 郘黛鐘 00232 作爲余鍾(鐘)	 郘黛鐘 00233 作爲余鍾(鐘)  郘黛鐘 00234 作爲余鍾(鐘)
		晋			

 郘黛鐘 00235 作爲余鍾(鐘)  郘黛鐘 00237 作爲余鍾(鐘)	 郘黛鐘 00225 大鍾(鐘)  郘黛鐘 00228 大鍾(鐘)	 郘黛鐘 00230 大鍾(鐘)  郘黛鐘 00231 大鍾(鐘)	 郘黛鐘 00233 大鍾(鐘)  郘黛鐘 00235 大鍾(鐘)	 郘黛鐘 00236 大鍾(鐘) 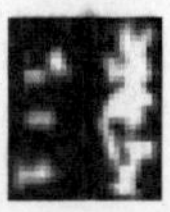 郘黛鐘 00237 大鍾(鐘)	 韓鍾劍 11588 鍬鍾之鐪(造)劍
晋					

 鼄叔之伯鐘 00087 龢鍾(鐘)					
 邾公釛鐘 00102 龢鍾(鐘) 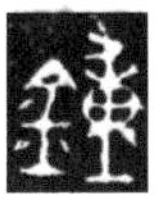 鼄君鐘 00050 龢鍾(鐘)					
 鼄大宰鐘 00086.1 �(扣)鍾(鐘) 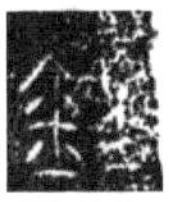 鼄公牼鐘 00149 龢鍾(鐘)	 鼄公牼鐘 00149 龢鍾(鐘)  鼄公牼鐘 00150 龢鍾(鐘)	 鼄公牼鐘 00151 龢鍾(鐘)  鼄公牼鐘 00151 龢鍾(鐘)	 鼄公華鐘 00245 龢鍾(鐘)  鼄公華鐘 00245 龢鍾(鐘)	 郳公𩵦父鎛 mt15815 和鍾(鐘)  郳公𩵦父鎛 mt15816 和鍾(鐘)	 郳公𩵦父鎛 mt15817 和鍾(鐘)  郳公𩵦父鎛 mt15818 和鍾(鐘)
邾				郳	

 叔夷鐘 00277.2 鍾(鐘)鼓	 叔夷鐘 00284 鍾(鐘)鼓	 篖叔之仲子平鐘　00172 游鍊(鐘)	 篖叔之仲子平鐘　00173 游鍊(鐘)	 篖叔之仲子平鐘　00174 游鍊(鐘)	 篖叔之仲子平鐘　00176 游鍊(鐘)
 叔夷鐘 00277.1 寶鍾(鐘)	 叔夷鎛 00285.8 鍾(鐘)鼓	 篖叔之仲子平鐘　00172 游鍊(鐘)	 篖叔之仲子平鐘　00174 游鍊(鐘)	 篖叔之仲子平鐘　00175 游鍊(鐘)	 篖叔之仲子平鐘　00177 游鍊(鐘)
 洹子孟姜壺 09729 鼓鍾(鐘)  洹子孟姜壺 09730 鼓鍾(鐘)					
齊		莒			

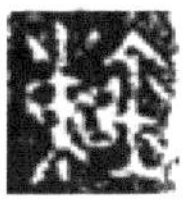 簷叔之仲子平鐘 00178 游錬(鐘)  簷叔之仲子平鐘 00179 游錬(鐘)	 簷叔之仲子平鐘 00180 游錬(鐘)  簷叔之仲子平鐘 00180 游錬(鐘)				
		 遷邟鐘 mt15520 龢鍾(鐘)  遷邟鐘 mt15520 龢鍾(鐘)	 遷邟鐘 mt15521 龢鍾(鐘)  遷邟鐘 mt15521 龢鍾(鐘)	 遷邟鎛 mt15796 龢鍾(鐘)  遷邟鎛 mt15796 龢鍾(鐘)	 遷邟鎛 mt15794 龢鍾(鐘)  遷邟鎛 mt15794 龢鍾(鐘)
莒		舒			

鑑　　鐈

					 曾伯陭壺 09712.1 吉金鐈鋚  曾伯陭壺 09712.4 吉金鐈鋚
			 叔夷鎛 00285.7 吉金鈇鎬錛鋁		
 遷邟鐘 mx1027 龢鍾(鐘)  遷邟鐘 mx1027 龢鍾(鐘)	 智君子鑑 10288 弄鑑  智君子鑑 10289 弄鑑	 吳王光鑑 10298 薦鑑  吳王光鑑 10299 薦鑑		 鄧子午鼎 02235 飤鐈	
舒	晉	吳	齊	鄧	曾

		鑊	鎬		鋻
 曾伯霥壺 ms1069 用其鐈鏐					 華母壺 09638 薦盟(鋻)
			 叔夷鐘 00277.1 吉金鈇鎬	 鎬鼎 02478 □□□鎬	
	 盅子或鼎蓋 02286 自作飤鐈	 哀成叔鼎 02782 作鑄飤器黃鑊 (鑊)			
曾	CE	鄭	齊		

鉉	鋻	錡	鈹	鍳	鎮
		 克黄豆 mt06132 克黄之錡			 秦公簋 04315.2 鋇(鎮)静不廷  盄和鐘 00270.2 鋇(鎮)静不廷
 配兒鉤鑃 00427.2 鉉(玄)鏐鏞鋁	 攻吴王之孫盉 xs1283 作爲鋻		 我自鑄鈹 mt17860 少卒之用鈹	 工尹坡盞 mt06060 工尹坡之饋鍳 (盞)	
吴	吴	楚			秦

錐　　鐲　　鈴

 上曾太子鼎 02750 哀哀利錐					 楚太師登鐘 mt15511a 鈴鐘  楚太師登鐘 mt15512a 鈴鐘
			 敶大喪史仲高鐘　00353.1 鈴鐘  敶大喪史仲高鐘　00355.1 鈴鐘	 鼄君鐘 00050 龢鈴(鈴)	
	 之乘辰鐘 xs1409 自作其鐲	 鄦子盟自鎛 00153 鈴鐘  鄦子盟自鎛 00154 鈴鐘			
D	徐	許	陳	鄀	楚

				鉦	鐸
 楚太師登鐘 mt15513a 鈴鐘  楚太師登鐘 mt15514a 鈴鐘	 楚太師登鐘 mt15517 鈴鐘  楚太師登鐘 mt15516a 鈴鐘	 楚太師登鐘 mt15518a 鈴鐘  楚太師登鐘 mt15519b 鈴鐘	 楚太師鄧子辥慎鎛　mx1045 鈴鐘  楚王領鐘 00053.2 鈴鐘		
					 鄦子白鐸 xs393 鄦子白受之鎴(鐸)
				 冉鉦鋮 00428 自作鉦鋮  冉鉦鋮 00428 鑄此鉦鋮	
楚				吴	CE

鐘

 秦子鎛 mt15771 龢鐘(鐘)	 秦公鐘 00266 龢鐘(鐘)	 秦公鎛 00268.2 龢鐘(鐘)	 内公鐘 00031 從鐘	 内公鐘鈎 00033 從鐘	 虢季鐘 xs2 協鐘
 秦公鐘 00263 龢鐘(鐘)	 秦公鎛 00267.2 龢鐘(鐘)	 秦公鎛 00269.2 龢鐘(鐘)	 内公鐘鈎 00032 從鐘		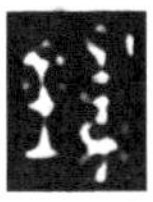 虢季鐘 xs3 協鐘
秦			芮		虢

 戎生鐘 xs1616 寶協鐘(鐘)					
 子犯鐘 xs1012 龢鐘(鐘)  子犯鐘 xs1016 龢鐘(鐘)					
 郘黛鐘 00226 大鐘(鐘)  郘黛鐘 00228 大鐘(鐘)	 郘黛鐘 00230 大鐘(鐘)  郘黛鐘 00231 大鐘(鐘)	 郘黛鐘 00232 大鐘(鐘)  郘黛鐘 00233 大鐘(鐘)	 郘黛鐘 00237 大鐘	 衛侯之孫書鐘 ms1279 龢鐘  衛侯之孫書鐘 ms1280 龢鐘	 子璋鐘 00113 龢鐘  子璋鐘 00114 龢鐘
晋				衛	許

				 陳大喪史仲高鐘　00354.1 鈴鐘  陳大喪史仲高鐘　00355.1 鈴鐘	 宋公戌鎛 00008 歌鐘  宋公戌鎛 00009 歌鐘
 子璋鐘 00115.2 龢鐘  子璋鐘 00116.2 龢鐘	 子璋鐘 00117.2 龢鐘  子璋鐘 00118.1 龢鐘	 鄦子盟自鎛 00153 鈴鐘  鄦子盟自鎛 00154 鈴鐘	 鄦子盟自鎛 00153 龢鐘  鄦子盟自鎛 00154 龢鐘		
許				陳	宋

				 鑄侯求鐘 00047 媵鐘	
 宋公戌鎛 00010 歌鐘  宋公戌鎛 00011 歌鐘	 宋公戌鎛 00012 歌鐘  宋公戌鎛 00013 歌鐘	 郳公韄鐘 gs1.金 1.13 靁禾鐘			
			 滕侯賕鎛 mt15757 歌鐘		 鄱子成周鐘 mt15256 穌鐘  鄱子成周鐘 mt15257 穌鐘
宋		郳	滕	鑄	番

	 曾侯子鐘 mt15141 行鐘  曾侯子鐘 mt15142 行鐘	 曾侯子鐘 mt15143 行鐘  曾侯子鐘 mt15144 行鐘	 曾侯子鐘 mt15145 行鐘  曾侯子鐘 mt15146 行鐘	 曾侯子鐘 mt15147 行鐘  曾侯子鐘 mt15149 行鐘	
	 嬭加鎛乙 ms1283 龢鐘				
 鄱子成周鐘 xs286 龢鐘  鄱子成周鐘 xs289 □鐘	 曾侯與鐘 mx1029 龢鐘				 蔡侯紐鐘 00210.2 歌鐘  蔡侯紐鐘 00211.2 歌鐘
番	曾				蔡

 蔡侯紐鐘 00216.2 歌鐘  蔡侯紐鐘 00217.2 歌鐘	 蔡侯紐鐘 00218.2 歌鐘  蔡侯鎛 00222.2 歌鐘	 蔡侯紐鐘 00212 行鐘  蔡侯紐鐘 00213 行鐘	 蔡侯紐鐘 00215 行鐘	 侯古堆鎛 xs276 龢鐘  侯古堆鎛 xs277 龢鐘	 侯古堆鎛 xs278 龢鐘  侯古堆鎛 xs279 龢鐘
蔡				CE	

	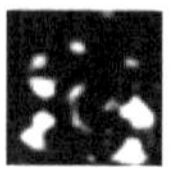 楚太師登鐘 mt15511a 鈴鐘	 楚太師登鐘 mt15512a 鈴鐘  楚太師登鐘 mt15513a 鈴鐘	 楚太師登鐘 mt15514a 鈴鐘  楚太師登鐘 mt15516a 鈴鐘	 楚太師登鐘 mt15517 鈴鐘  楚太師登鐘 mt15518a 鈴鐘	 楚太師登鐘 mt15519b 鈴鐘  楚太師鄧子辥慎鎛 mx1045 鈴鐘
	 楚屈叔佗戈 11393.1 元右王鐘	 王孫誥鐘 xs418 龢鐘  王孫誥鐘 xs418 龢鐘	 王孫誥鐘 xs419 龢鐘  王孫誥鐘 xs419 龢鐘	 王孫誥鐘 xs420 龢鐘  王孫誥鐘 xs420 龢鐘	 王孫誥鐘 xs421 [龢]鐘  王孫誥鐘 xs421 龢鐘
 侯古堆鎛 xs281 龢鐘	 𪒠鐘 xs482a 反鐘  𪒠鐘 xs486a 反鐘	 𪒠鐘 xs484a 反鐘  𪒠鎛 xs489b 鈑(反)鐘	 𪒠鎛 xs490b 鈑(反)鐘  𪒠鎛 xs491a 反鐘	 𪒠鎛 xs494a 反鐘  𪒠鎛 xs496a 反鐘	
CE	楚				

 楚王領鐘 00053.2 鈴鐘  楚王鐘 00072 龢鐘					
 王孫誥鐘 xs422 龢鐘  王孫誥鐘 xs422 龢鐘	 王孫誥鐘 xs424 龢鐘  王孫誥鐘 xs424 龢鐘	 王孫誥鐘 xs423 龢鐘  王孫誥鐘 xs425 龢鐘	 王孫誥鐘 xs425 龢鐘  王孫誥鐘 xs426 龢鐘	 王孫誥鐘 xs426 龢鐘  王孫誥鐘 xs427 龢鐘	 王孫誥鐘 xs427 龢鐘  王孫誥鐘 xs428 龢鐘

楚

 王孫誥鐘 xs428 龢鐘	 王孫誥鐘 xs429 龢鐘	 王孫誥鐘 xs431 龢鐘	 王孫誥鐘 xs433 龢鐘	 王孫誥鐘 xs435 龢鐘	 王孫誥鐘 xs439 龢鐘
 王孫誥鐘 xs429 龢鐘	 王孫誥鐘 xs430 龢鐘	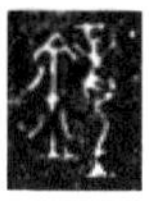 王孫誥鐘 xs432 龢鐘	 王孫誥鐘 xs434 龢鐘	 王孫誥鐘 xs436 龢鐘	 王孫誥鐘 xs441 龢鐘

楚

 王孫誥鐘 xs443 龢鐘	 王孫遺者鐘 00261.2 龢鐘	 鄬子受鐘 xs505 歌鐘	 鄬子受鐘 xs511 歌鐘	 鄬子受鎛 xs513 歌鐘	 鄬子受鎛 xs518 歌鐘
 王孫遺者鐘 00261.1 龢鐘	 王子嬰次鐘 00052 龢鐘	 鄬子受鐘 xs508 歌鐘		 鄬子受鎛 xs516 歌鐘	 鄬子受鎛 xs520 歌鐘

楚

 童麗君柏鐘 mx1016 行鐘	 童麗君柏鐘 mx1018 行鐘	 童麗君柏鐘 mx1020 行鐘	 童麗君柏鐘 mx1022 行鐘	 童麗君柏鐘 mx1024 行鐘	 季子康鎛 mt15789a 龢鐘
 童麗君柏鐘 mx1017 行鐘	 童麗君柏鐘 mx1019 行鐘	 童麗君柏鐘 mx1021 行鐘	 童麗君柏鐘 mx1023 行鐘		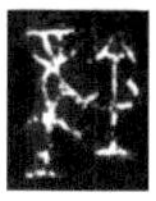 季子康鎛 mt15790a 龢鐘

鍾離

		 者𣾰鐘 00193 謠鐘  者𣾰鐘 00195 [⿰䌛欠]鐘	 者𣾰鐘 00196 [⿰䌛欠]鐘  者𣾰鐘 00197.1 謠鐘	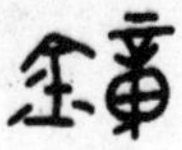 者𣾰鐘 00198.1 謠鐘	
 沇兒鎛 00203.1 龢鐘  徐王子旃鐘 00182.1 龢鐘	 余購逐兒鐘 00184.2 龢鐘	 吳王光鐘 00224.6 龢鐘  吳王光鐘 00224.29 和鐘	 吳王光鐘 00224.12 龢鐘  臧孫鐘 00093 龢鐘	 臧孫鐘 00094 龢鐘  臧孫鐘 00095 龢鐘	 臧孫鐘 00097 龢鐘  臧孫鐘 00098 龢鐘
徐		吳			

鎛

			 秦子鎛 mt15771 三鎛		
		 鐘伯侵鼎 02668 太師鐘伯侵  巴金劍 11580 巴(巽)□金鐘			 齊侯鎛 00271 寶鎛  叔夷鎛 00285.7 寶鎛
 臧孫鐘 00099 龢鐘  臧孫鐘 00100 龢鐘	 臧孫鐘 00101 龢鐘  叡巢鎛 xs1277 龢鐘			 郳公孫班鎛 00140 龢鎛	
吳			秦	郳	齊

			鍠		鎗
 曾侯子鎛 mt15763 行鑮(鎛)  曾侯子鎛 mt15764 行鑮(鎛)	 曾侯子鎛 mt15765 行鑮(鎛)  曾侯子鎛 mt15766 行鑮(鎛)				 戎生鐘 xs1617 鎗鎗鏓鏓
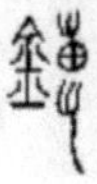 曾公畎鎛鐘 jk2020.1 穌鎛  曾公畎甬鐘 A jk2020.1 穌鎛	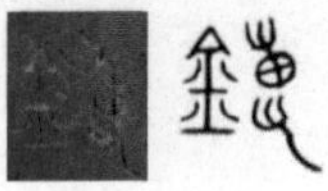 曾公畎甬鐘 B jk2020.1 穌鎛  嬭加鎛乙 ms1283 玄鏐黃鎛		 登鐸 mx1048 元鳴孔鍠	 嬭加鎛丙 ms1284 休淑孔韹(鍠)	
		 余購逐兒鐘 00183.2 吉金鎛鋁  余購逐兒鐘 00184.1 吉金鎛鋁			
曾		徐	CE	曾	晉

鏐

 郘黛鐘 00226 玄鏐鏞鋁  郘黛鐘 00228 玄鏐鏞鋁	 郘黛鐘 00230 玄鏐鏞鋁  郘黛鐘 00231 玄鏐鏞鋁	 郘黛鐘 00233 玄鏐鏞鋁  郘黛鐘 00234 玄鏐鏞鋁	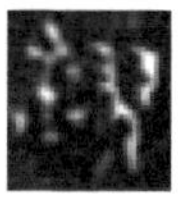 郘黛鐘 00237 玄鏐鏞鋁  吉日壬午劍 mt18021 玄鏐鏞鋁	 少虡劍 11696.1 玄鏐鋪吕  少虡劍 11697 玄鏐鋪吕	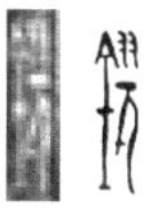 少虡劍 xs985 玄鏐[鋪吕]
晋					

					 曾伯霥壺 ms1069 用其鐈鏐
		 叔夷鐘 00277.1 玄鏐鏻鋁	 簷叔之仲子平鐘　00172 玄鏐鏅鏞  簷叔之仲子平鐘　00174 玄鏐鏅鏞	 簷叔之仲子平鐘　00177 玄鏐鏅鏞  簷叔之仲子平鐘　00180 玄鏐鏅鏞	 嬭加鎛乙 ms1283 玄鏐黄鎛
 鼄公牼鐘 00149 玄鏐膚吕  鼄公牼鐘 00150 玄鏐膚吕	 鼄公牼鐘 00151 玄鏐膚吕  鼄公華鐘 00245 玄鏐赤鏞				
邾		齊	莒		曾

 丁兒鼎蓋 xs1712 玄鏐鑪鋁	 玄鏐戟 xs535 玄鏐  玄鏐戟 xs536 玄鏐	 玄鏐戟 xs537 玄鏐  玄鏐戟 xs538 玄鏐	 玄鏐戟 xs539 玄鏐	 九里墩鼓座 00429.1 玄鏐鈍吕	 蓬邧鐘 mt15520 鏞鏐是擇  蓬邧鎛 mt15794 鏞鏐是擇
CE		楚		鍾離	舒

				鑾	鉣
				 尹小叔鼎 02214 鑾(䜌)鼎	 秦政伯喪戈 eb1248 市鮴用逸宜  秦政伯喪戈 eb1249 市鮴用逸宜
 遷邟鎛 mt15796 鏞鏐是擇  遷邟鐘 mx1027 鏞鏐是擇	 配兒鉤鑃 00427.2 玄鏐鏞鋁  玄鏐戈 xs1289 玄鏐赤鏞	 玄鏐戟 ww2020.10 玄鏐之用  玄鏐之用戈 mt16713 玄鏐之用	 壬午吉日戈 mt17119 元用玄鏐  壬午吉日戈 mt17120 元用玄鏐		
舒	吴			虢	秦

鋪				鍼	鈓
 虢仲鋪 mx0527 旅盨（鋪）					
			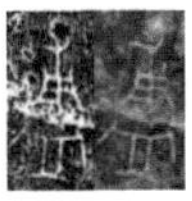 曾公得鋪 ms600 薦盨（鋪）		 邾公鈓鐘 00102 邾公鈓
	 少虡劍 11696.2 玄鏐鋪（鏞）吕 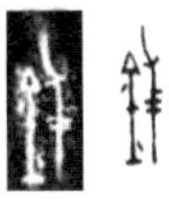 少虡劍 11697 玄鏐鋪（鏞）吕	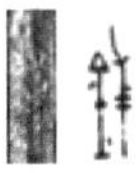 少虡劍 11698 玄鏐鋪（鏞）吕		 冉鉦鍼 00428 鉦鍼  冉鉦鍼 00428 鉦鍼	
虢	晉		曾	吳	邾

		 孟城瓶 09980 行鈚(瓶)			
			 湛之鈚 kx2021.1 鬳鈚		
 郳大司馬鈚 ms1177 行鈚	 唐子仲瀕鈚 xs1210 御鈚(瓶)			 蔡侯䵼瓶 09976 蔡侯䵼之盤(瓶)	 [食支]孫宋鼎 xs1626 飤鈑(繁)
郳	唐	CE	曾	蔡	

鈇		銧		鉥	
				 秦子鎛 mt15771 厥音鉥鉥(肅肅)雍雍  秦公鐘 00263 靈音鉥鉥(肅肅)雍雍	 秦公鐘 00266 靈音鉥鉥(肅肅)雍雍  秦公鎛 00267.2 靈音鉥鉥(肅肅)雍雍
 仲滋鼎 xs632 鐈良鈇黄	 叔夷鐘 00277.1 吉金鈇鎬  叔夷鎛 00285.7 吉金鈇鐈錛鋁			 盄和鐘 00270.2 其音鉥鉥(肅肅)雍雍孔煌	
		 吴王光鑑 10298 玄銧白銧  吴王光鑑 10298 玄銧白銧	 吴王光鑑 10299 玄銧白銧  吴王光鑑 10299 玄銧白銧		
秦	齊	吴		秦	

銿		鋿			錛
 秦公鎛 00268.2 靈音鉥鉥(肅肅)雍雍  秦公鎛 00269.2 靈音鉥鉥(肅肅)雍雍	 戎生鐘 xs1617 鎗鎗銿銿				
		 簷叔之仲子平鐘　00172 玄鏐鋿鏞  簷叔之仲子平鐘　00174 玄鏐鋿鏞	 簷叔之仲子平鐘　00176 玄鏐鋿鏞  簷叔之仲子平鐘　00177 玄鏐鋿鏞	 簷叔之仲子平鐘　00180 玄鏐鋿鏞	 叔夷鐘 00277.1 玄鏐鎈(錛)鋁  叔夷鎛 00285.7 吉金鈇鎬錛鋁
秦	晋	莒			齊

鍺		⿰金於	鍴	⿰金倝	⿰金聖
					 曾公𰈡鎛鐘 jk2020.1 □神其⿰金聖(聖) 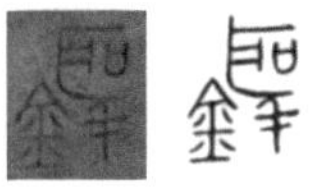 曾公𰈡甬鐘 A jk2020.1 □神其⿰金聖(聖)
 鼄公牼鐘 00149 龢鐘二鍺(堵) 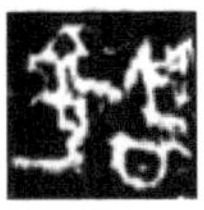 鼄公牼鐘 00151 龢鐘二鍺(堵)	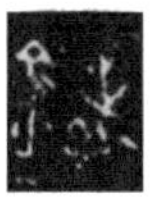 嬰同盆 ms0621 用鍺	 吴王夫差矛 11534 自作用⿰金於(鋘)	 郐王義楚觶 06513 自作祭鍴	 韓鍾劍 11588 ⿰金倝(韓)鍾之造劍	
邾	徐	吴	徐	晋	曾

鑰　　　　鏊　　鑃

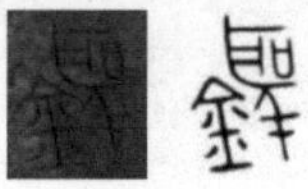 曾公畩甬鐘 B jk2020.1 𦉢神其鑃(聖)	 虘𨚕丘堂匜 10194 鑰(會)匜		 登鐸 mx1048 龢鏊(鐸)		
		 王子申匜 xs1675 鑰匜		 姑馮昏同之子 句鑃　00424.2 商句鑃  其次句鑃 00421 句鑃	 其次句鑃 00422A 句鑃  其次句鑃 00422B 句鑃
曾	郳	楚	CE	越	

鋁

				 叔夷鐘 00277.1 玄鏐鏷鋁  叔夷鎛 00285.7 吉金鈇鎬鏷鋁	
 郘黛鐘 00226 玄鏐鏞鋁  郘黛鐘 00227 玄鏐鏞鋁	 郘黛鐘 00228 玄鏐鏞鋁  郘黛鐘 00230 玄鏐鏞鋁	 郘黛鐘 00231 玄鏐鏞鋁  郘黛鐘 00233 玄鏐鏞鋁	 郘黛鐘 00235 玄鏐鏞鋁  郘黛鐘 00237 玄鏐鏞鋁		 丁兒鼎蓋 xs1712 玄鏐鑪鋁
晉				齊	CE

鏞

 余購逐兒鐘 00183.2 吉金鏞鋁  余購逐兒鐘 00184.1 吉金鏞鋁	 配兒鉤鑃 00427.2 玄鏐鏞鋁	 郘黛鐘 00226 玄鏐鏞鋁  郘黛鐘 00228 玄鏐鏞鋁	 郘黛鐘 00230 玄鏐鏞鋁  郘黛鐘 00231 玄鏐鏞鋁	 郘黛鐘 00233 玄鏐鏞鋁  郘黛鐘 00235 玄鏐鏞鋁	 郘黛鐘 00237 玄鏐鏞鋁
徐	吳	晉			

				 曾伯霥簠 04631 吉金黄鏞 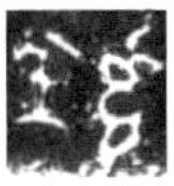 曾伯霥簠 04632 吉金黄鏞	
	 篖叔之仲子平鐘　00172 玄鏐鋿鏞  篖叔之仲子平鐘　00174 玄鏐鋿鏞	 篖叔之仲子平鐘　00176 玄鏐鋿鏞  篖叔之仲子平鐘　00177 玄鏐鋿鏞	 篖叔之仲子平鐘　00180 玄鏐鋿鏞	 曾公畎鎛鐘 jk2020.1 吉金鐈鏞 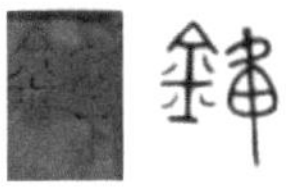 曾公畎甬鐘 A jk2020.1 吉金鐈鏞	 曾公畎甬鐘 B jk2020.1 吉金鐈鏞
 鼄公華鐘 00245 玄鏐赤鏞					
郳	莒			曾	

					 □鏞用戈 11334 □鏞用  公鏞戈 xs1968 □□公鏞戈
 丁兒鼎蓋 xs1712 玄鏐鏞鋁	 遷邟鐘 mt15520 鏞鏐是擇  遷邟鐘 mt15521 鏞鏐是擇	 遷邟鎛 mt15796 鏞鏐是擇	 遷邟鎛 mt15794 鏞鏐是擇  遷邟鐘 mx1027 鏞鏐是擇	 配兒鉤鑃 00427.2 玄鏐鏞鋁  玄鏐戈 xs1289 玄鏐赤鏞	
CE	舒			舒	

鑑	鎾	鑺			
 莃仲甓鑑 mt14087 作…尊鑑(甒)					
	 王孫叔諲甗 mt03362 作鑄鎾甗				
		 郘黛鐘 00226 玉鑺鼉鼓  郘黛鐘 00228 玉鑺鼉鼓	 郘黛鐘 00230 玉鑺鼉鼓  郘黛鐘 00232 玉鑺鼉鼓	 郘黛鐘 00233 玉鑺鼉鼓  郘黛鐘 00235 玉鑺鼉鼓	 郘黛鐘 00236 玉鑺鼉鼓  郘黛鐘 00237 玉鑺鼉鼓
AB		晋			

處　　　　　　　　　　　　　　　　且

					 秦公鐘 00262 先且(祖)  秦公鐘 00264 先且(祖)
 鼄君鐘 00050 用處大政	 叔夷鐘 00276.1 處堣之堵(圖)  叔夷鐘 00283 處堣之堵(圖)	 叔夷鎛 00285.6 處堣之 堵(圖)			 秦公簋 04315.1 皇且(祖)  秦公簋 04315.2 皇且(祖)
			 姑發𦣻反劍 11718 余處江之陽  工𢊁王姑發者 坂劍　ms1617 余處江之陽	 冉鉦鋮 00428 余處此南疆	
邾	齊		吳		秦

 秦公鎛 00267.1 先且(祖)  秦公鎛 00268.1 先且(祖)	 秦公鎛 00269.1 先且(祖)				
 盄和鐘 00270.1 皇且(祖)		 晋公盆 10342 皇且(祖)  晋公盤 mx0952 皇且(祖)			
		 郘黛鐘 00225 先且(祖)  郘黛鐘 00226 先且(祖)	 郘黛鐘 00227 先且(祖)  郘黛鐘 00228 先且(祖)	 郘黛鐘 00229 先且(祖)  郘黛鐘 00230 先且(祖)	 郘黛鐘 00231 先且(祖)  郘黛鐘 00232 先且(祖)
秦		晋			

		 毛叔虎父簋g mx0424 皇且(祖)  毛叔虎父簋q mx0424 皇且(祖)	 毛叔虎父簋g hx2021.5 皇且(祖)  毛叔虎父簋q hx2021.5 皇且(祖)		 鄧公孫無忌鼎 xs1231 皇高且(祖)
				 鼄叔之伯鐘 00087 皇且(祖)	
 郘黛鐘 00233 先且(祖)  郘黛鐘 00235 先且(祖)	 郘黛鐘 00237 先且(祖)			 鼄公華鐘 00245 皇且(祖)	
晋		毛		邾	鄧

 曾者子鼎 02563 用享于且(祖)	 曾伯霥簠 04631 皇且(祖)  曾伯霥壺 ms1069 皇且(祖)	 曾伯克父簋 ms0509 皇且(祖)  曾太保嬀簋 mx0425 皇且(祖)	 黿乎簋 04157.1 皇且(祖)  黿乎簋 04157.2 皇且(祖)	 黿乎簋 04158.1 皇且(祖)  黿乎簋 04158.2 皇且(祖)	 上鄀公敄人簋 蓋　04183 皇且(祖)  鄀公敄人鐘 00059 皇且(祖)
 曾公𠹅鎛鐘 jk2020.1 高且(祖)  曾公𠹅鎛鐘 jk2020.1 皇且(祖)	 曾公𠹅鎛鐘 jk2020.1 皇且(祖) 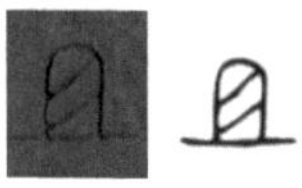 曾公𠹅甬鐘 A jk2020.1 高且(祖)	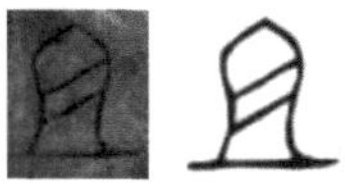 曾公𠹅甬鐘 A jk2020.1 皇且(祖) 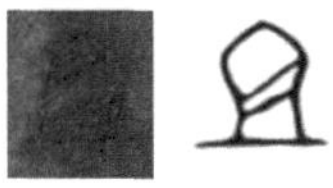 曾公𠹅甬鐘 A jk2020.1 皇且(祖)	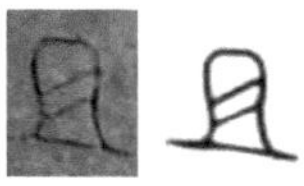 曾公𠹅甬鐘 B jk2020.1 高且(祖)  曾公𠹅甬鐘 B jk2020.1 皇且(祖)	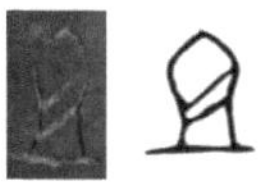 曾公𠹅甬鐘 B jk2020.1 皇且(祖)	
 曾侯與鐘 mx1029 皇𠀠(祖)  曾侯與鐘 mx1030 皇𠀠(祖)	 曾鎮墓獸方座 xs521 曾仲𨙶𡉢腱之 且𢾊(藝)				
曾					CE

 都公平侯鼎 02771 皇且(祖)  都公平侯鼎 02772 皇且(祖)	 都公諴鼎 02753 皇且(祖)考				
		 王孫遺者鐘 00261.1 皇且(祖)	 王子午鼎 02811.2 皇且(祖)  王子午鼎q xs444 皇且(祖)	 王子午鼎 xs445 皇且(祖)  王子午鼎 xs446 皇且(祖)	 王子午鼎q xs447 皇且(祖)  王子午鼎 xs449 皇且(祖)
CE		楚			

組

	 者瀘鐘 00193 皇且(祖)  者瀘鐘 00195 皇且(祖)	 者瀘鐘 00196 皇且(祖)  者瀘鐘 00197.1 皇且(祖)	  者瀘鐘 00198.1 皇且(祖)		
 余贎逐兒鐘 00183.2 先且(祖)  余贎逐兒鐘 00184.2 先且(祖)				 與兵壺q eb878 皇組(祖) 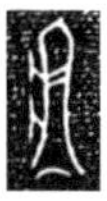 與兵壺q eb878 皇考烈組(祖)	 與兵壺g eb878 皇考烈組(祖)
徐	吴			鄭	

斧　　　　斨

	 太子車斧 xs44 車斧				
 與兵壺 ms1068 皇俎(祖)  與兵壺 ms1068 皇考烈俎(祖)		 吕大叔斧 11786 貳車之斧  吕大叔斧 11787 貳車之斧	 郘大叔斧 11788 貳車之斧	 公子土折壺 09709 公子土斧	 子璋鐘 00114 群孫斨子璋  子璋鐘 00115.1 群孫斨子璋
鄭	虢	晋		齊	許

所

			 子犯鐘 xs1012 子犯之所  子犯鐘 xs1016 子犯之所	  子犯鐘 xs1021 不聽命于王所	
 子璋鐘 00116.1 群孫斨子璋  子璋鐘 00117.1 群孫斨子璋	 子璋鐘 00118.2 群孫斨子璋	 鴋子斨戈 mt16766 鴋（唐）子斨			 宋公差戈 11281 所造茆族戈  宋公差戈 11289 所造不昜族戈
許		唐	晉		宋

		 庚壺 09733.1B 靈公之所  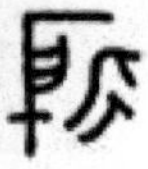 庚壺 09733.2B 靈公之所	 庚壺 09733.2B 莊公之所	 叔夷鐘 00275.2 有敢在帝所  叔夷鐘 00276.2 是辟于齊侯之所	 叔夷鐘 00276.2 有恭于桓武靈公之所  叔夷鎛 00285.6 有敢在帝所
 郳公鞁父鎛 mt15815 以供朝于王所  郳公鞁父鎛 mt15816 以供朝于王所	 郳公鞁父鎛 mt15817 以供朝于王所  郳公鞁父鎛 mt15818 以供朝于王所				
郳		齊			

 叔夷鎛 00285.6 是辟于齊侯之所  叔夷鎛 00285.7 有恭于公所			 王子午鼎 02811.2 𣪕民之所亟  王子午鼎q xs444 𣪕民之所亟	 王子午鼎 xs445 𣪕民之所亟 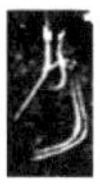 王子午鼎 xs446 𣪕民之所亟	 王子午鼎q xs447 𣪕民之所亟  王子午鼎 xs448 [𣪕民]之所[亟]
	 聽盂 xs1072 聽所獻爲下寢盂	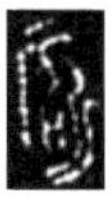 彭公孫無所鼎 eb299 彭公之孫無所  無所簠 eb474 彭公之孫無所			
齊	D	CE	楚		

斯

 王子午鼎 xs449 殹民之所亟		 叔夷鐘 00278 俾百斯男  叔夷鐘 00278 而埶斯字	 叔夷鐘 00280 …斯男  叔夷鐘 00280 而埶斯字	 叔夷鎛 00285.8 俾百斯男  叔夷鎛 00285.8 而埶斯字	
	 𠭯料盆蓋 10326 𠭯料東所[寺]  𠭯料盆蓋 10327 𠭯料東所持				 余購逐兒鐘 00185.2 余迭斯于之孫
楚		齊			徐

新			斗	料	升
		 窟敾王戟 mt16977 新族戟			
	 倗戟 xs469 新命楚王□				
 郘大叔斧 11788 新金			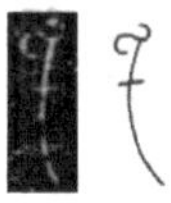 曾公子棄疾斗 mx0913 御斗	 𨜨料盆蓋 10326 𨜨料柬所[寺]  𨜨料盆蓋 10327 𨜨料柬所持	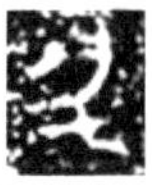 鄭莊公之孫缶 xs1238 升剌之尊器
晋	楚	吴	曾		鄭

抍

 連迂鼎 02084.1 連迂之行升(鼾)  連迂鼎 02084.2 連迂之行升(鼾)	 連迂鼎 mt01468 連迂之行升(鼾)				
		 鄬子孟升嬭鼎g xs523 倗子孟升嬭  鄬子孟升嬭鼎q xs523 倗子孟升嬭	 郘𪗋尹征城 00425.2 次𠬝升𦛅	 曾旨尹喬匜 ms1245 曾旨尹喬之抍(升)	  主之升 kx2020.4 宔之抍（升）
曾		楚	徐	曾	

矛			稆	車	
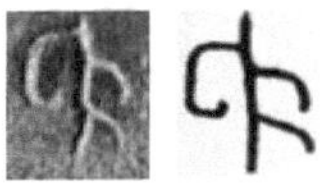 有司伯喪矛 eb1271 車矛  有司伯喪矛 eb1272 車矛				 有司伯喪矛 eb1271 車矛  有司伯喪矛 eb1272 車矛	 太子車斧 xs44 車斧
	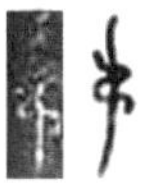 倗矛 xs470 倗之用矛			 秦公戈 mx1238 秦公作子車用	
		 越王諸稽矛 xs1735 自作用矛	 郤諳尹征城 00425.2 次峹升稆		
秦	楚	越	徐	秦	虢

 晉公戈 xs1866 歲之禜車					 杞伯雙聯鬲 mx0262 杞伯作車母媵鬲
 子犯鐘 xs1011 輅車  子犯鐘 xs1023 輅車					
 呂大叔斧 11786 貳車 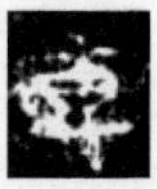 呂大叔斧 11787 貳車	 郘大叔斧 11788 貳車	 晉公車軎 12027 晉公之車  晉公車軎 12028 晉公之車	 杕氏壺 09715 [illegible](饔)在我車	 許公戈 xs585 車戈  許公戈 eb1121 車戈	
晉			燕	許	杞

 鑄公簠蓋 04574 孟妊車母  鑄公簠 sh379 孟妊車母					
	 庚壺 09733.1B 衣裘車馬  庚壺 09733.2B 兵甲車馬	 庚壺 09733.2B 兵甲車馬	 叔夷鐘 00275.1 馬車戎兵  叔夷鎛 00285.5 車馬戎兵		
				 王武戈 mx1125 車戈  王武戈 mx1126 車戈	 車戈 mx1074 車戈  車戈 mx1076 車戈
鑄	齊			D	

 奚子宿車鼎 02603.1 緊子丙車  奚子宿車鼎 02603.2 緊子丙車	 奚子宿車鼎 02604.1 緊子丙車  奚子宿車鼎 02604.2 緊子丙車	 郯季寬車匜 10234 郯季寬車  郯季寬車盤 10109 郯季寬車	 郯子宿車盆 10337 郯子宿車  郯季寬車壺 09658.1 唯季寬車	 郯季寬車壺 09658.2 唯季寬車	
					 車戈 eb1079 車戈
		黃			曾

	 專車季鼎 02476 專車季作寶鼎		 □鏞用戈 11334 鑄其載戈		
	 㜏妊車軎 12030 安車	 子犯鐘 xs1011 輅車  子犯鐘 xs1023 輅車		 庚壺 09733.1B 三軍  叔夷鐘 00272.2 三軍	 叔夷鐘 00273.1 三軍  叔夷鎛 00285.1 三軍
 南君旟鄒戈 mt17052 車戈  南君旟鄒戈 xs1180 車戈					
楚		晋		齊	

軋

 叔夷鎛 00285.2 三軍	 上將軍牌飾 ms1730 上將軍	 子犯鐘 xs1010 子軋(犯)  子犯鐘 xs1011 子軋(犯)	 子犯鐘 xs1016 子軋(犯)  子犯鐘 xs1012 子軋(犯)	 子犯鐘 xs1020 子軋(犯)  子犯鐘 xs1021 子軋(犯)	 子犯鐘 xs1022 子軋(犯)  子犯鐘 xs1023 子軋(犯)
齊		晉			

軌		䡨			𨊻
					 袒𨊻伯壺蓋 ms1057 袒𨊻伯  袒𨊻伯壺蓋 ms1058 袒𨊻伯
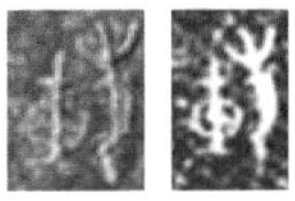 子犯鬲 mt02727 子𨊠(犯)					
	 忾不余席鎮 mx1385 於軌九州	 蔡侯龖尊 06010 肇䡨(佐)天子  蔡侯龖盤 10171 肇䡨(佐)天子	 蔡侯紐鐘 00210.1 䡨(左)右楚王  蔡侯紐鐘 00211.1 䡨(左)右楚王	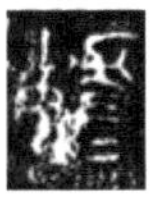 蔡侯紐鐘 00217.1 䡨(左)右楚王  蔡侯鎛 00222.1 䡨(左)右楚王	
晋	越	蔡			CE

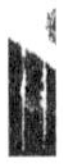

自

 祁帳伯壺 mx0831 祁帳伯	 晉姜鼎 02826 京自(師)				
	 子犯鐘 xs1010 喪厥自(師)  子犯鐘 xs1021 西之六自(師)	 子犯鐘 xs1022 喪厥自(師)	 晉公盆 10342 建宅京自(師)  晉公盤 mx0952 建宅京自(師)		 季子康鎛 mt15790b 以從我自(師)行
				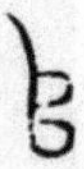 鄦子盟自鎛 00153 許子盟自  鄦子盟自鎛 00154 許子醬自	
CE	晉			許	鍾離

音			⿰齒叔	陵	陰
				 鄧子伯鼎甲 jk2022.3 小陵鼎 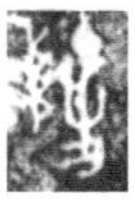 鄧子伯鼎乙 jk2022.3 小陵鼎	 㠱伯子宭父盨 04442.1 其険(陰)其陽 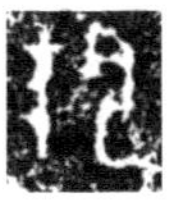 㠱伯子宭父盨 04442.2 其険(陰)其陽
			  蔡子⿰齒叔盞g xs1235 蔡子⿰齒叔(⿰齒敝)  蔡子⿰齒叔盞q xs1235 蔡子⿰齒叔(⿰齒敝)		
 侯古堆鎛 xs276 遂以之音(逝)  侯古堆鎛 xs277 遂以之音(逝)	 侯古堆鎛 xs278 遂以之音(逝)  侯古堆鎛 xs279 遂以之音(逝)	 侯古堆鎛 xs281 遂以之音(逝)  鄱子成周鐘 xs291 遂以之音(逝)			
CE			CE	鄧	㠱

 㠱伯子宼父盨 04443.1 其陰(陰)其陽  㠱伯子宼父盨 04443.2 其陰(陰)其陽	 㠱伯子宼父盨 04444.1 其陰(陰)其陽  㠱伯子宼父盨 04444.2 其陰(陰)其陽	 㠱伯子宼父盨 04445.2 其陰(陰)其陽			
			 敬事天王鐘 00074 江漢之陰陽  敬事天王鐘 00079 江漢之陰陽	 敬事天王鐘 00081.1 江漢之陰陽	
					 冉鉦鋮 00428 其陰其陽
	㠱		楚		吴

陽

				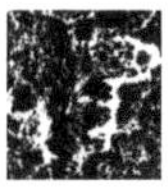 㠱伯子庭父盨 04442.1 其陰其陽  㠱伯子庭父盨 04442.2 其陰其陽	 㠱伯子庭父盨 04443.1 其陰其陽  㠱伯子庭父盨 04443.2 其陰其陽
 陰明武劍 ms1579 陰□武用	 平陽高馬里戈 11156 平⿱陽土(陽)  平陽左庫戈 11017 平陽	 成陽左戈 ms1372 成⿱陽山(陽)	 成陽辛城里戈 11154 成⿱陽山(陽)  成陽辛城里戈 11155 成⿱陽山(陽)		
	齊			㠱	

<table>
<tr>
<td>
㠯伯子宎父盨
04444.1
其陰其陽

㠯伯子宎父盨
04444.2
其陰其陽</td>
<td>
㠯伯子宎父盨
04445.1
其陰其陽

㠯伯子宎父盨
04445.2
其陰其陽</td>
<td></td>
<td></td>
<td></td>
<td></td>
</tr>
<tr>
<td></td>
<td></td>
<td>
陽侯制随侯鼎
kg2020.7
陽(唐)侯

唐侯制鼎
ms0219
陽(唐)侯</td>
<td>
唐侯制鼎
ms0220
陽(唐)侯

唐侯制簋
ms0468
陽(唐)侯</td>
<td>
唐侯制簋
ms0468
陽(唐)侯

唐侯制壺
mx0829
陽(唐)侯</td>
<td>
登鐸
mx1048
中翰虘陽(揚)</td>
</tr>
<tr>
<td></td>
<td></td>
<td></td>
<td></td>
<td></td>
<td></td>
</tr>
<tr>
<td colspan="2">㠯</td>
<td colspan="3">唐</td>
<td>CE</td>
</tr>
</table>

 敬事天王鐘 00074 江漢之陰陽  敬事天王鐘 00077 江漢之陰陽	 敬事天王鐘 00079 江漢之陰陽  敬事天王鐘 00081.2 江漢之陰陽	 倗戟 xs469 陽利□□			
			 姑發䀢反劍 11718 余處江之陽  工盧王姑發者坂劍　ms1617 余處江之陽	 吴王光鐘 00224.4 鳴陽(揚)條虡  吴王光鐘 00224.18 鳴陽(揚)條虡	 吴王光鐘 00224.21 鳴陽(揚)條虡  冉鉦鋮 00428 其陰其陽
楚			吴		

	陸		阿	阪	隆
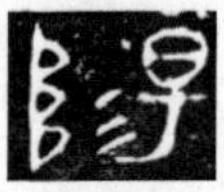 叔姬鼎 02392 陽伯				 仲阪父盆g ms0619 仲阪父  仲阪父盆q ms0619 仲阪父	
	 邾公釛鐘 00102 陸融之孫	 庚壺 09733.2B 庚伐陸寅			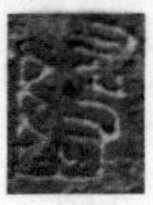 墮侯制随侯鼎 kg2020.7 隱(随)侯 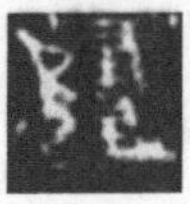 唐侯制鼎 ms0219 隱(隋)夫人
 揚鼎 mt02319 墮(陽)孀子揚			 平阿右戟 xs1542 平堲(阿)  平阿左戈 xs1496 平堲(阿)		
	邾	齊	齊		唐

陟

 唐侯制鼎 ms0220 隓(隋)夫人  唐侯制簋 ms0468 隓(隋)侯	 唐侯制簋 ms0468 隓(随)侯  唐侯制壺 mx0829 隓(隋)夫人	 曾公𠹭鎛鐘 jk2020.1 陟降上下  曾公𠹭甬鐘 A jk2020.1 陟降上下	 曾公𠹭甬鐘 B jk2020.1 陟降上下 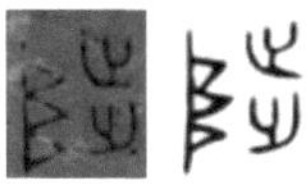 曾公𠹭甬鐘 B jk2020.1 陟降上下	 嬭加編鐘 kg2020.7 恭公早陟	
					 蔡侯𩵦尊 06010 上下陟否  蔡侯𩵦盤 10171 上下陟否
唐		曾			蔡

降

 宗婦鄁嫛鼎 02683 以降大福	 宗婦鄁嫛鼎 02685 以降大福	 宗婦鄁嫛鼎 02687 以降大福	 宗婦鄁嫛鼎 02689 以降大福	 宗婦鄁嫛𣪕 04078 以降大福	 宗婦鄁嫛𣪕 04080 以降大福
 宗婦鄁嫛鼎 02684 以降大福	 宗婦鄁嫛鼎 02686 以降大福	 宗婦鄁嫛鼎 02688 以降大福	 宗婦鄁嫛𣪕 04077 以降大福	 宗婦鄁嫛𣪕 04079 以降大福	 宗婦鄁嫛𣪕 04081 以降大福

BC

 宗婦鄁嫛毀 04082 以降大福	 宗婦鄁嫛毀 04084 以降大福	 宗婦鄁嫛毀 04086.1 以降大福	 宗婦鄁嫛毀 04087 以降大福	 宗婦鄁嫛壺 09699.1 以降大福	 宗婦鄁嫛盤 10152 以降大福
 宗婦鄁嫛毀 04083 以降大福	 宗婦鄁嫛毀 04085 以降大福	 宗婦鄁嫛毀 04086.2 以降大福	 宗婦鄁嫛壺 09698.2 以降大福	 宗婦鄁嫛壺 09699.2 以降大福	

BC

		陭		陶	陳
		 曾伯陭壺 09712.1 曾伯陭  曾伯陭壺 09712.4 曾伯陭	 曾伯陭鉞 xs1203 曾伯陭	 鄧子伯戈 jk2022.3 陶戈	 陳灰鬲 00705 陳侯  陳灰鬲 00706 陳侯
 曾公𠹌鎛鐘 jk2020.1 陟降上下  曾公𠹌甬鐘 A jk2020.1 陟降上下	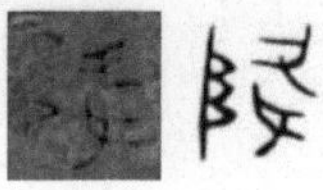 曾公𠹌甬鐘 B jk2020.1 陟降上下  曾公𠹌甬鐘 B jk2020.1 陟降上下				 陳灰盤 10157 陳侯
 曾侯與鐘 mx1029 其純德墬(降)					
曾		曾		鄧	陳

阩

 陳厌鬲 00705 陳侯  陳厌鬲 00706 陳侯					
				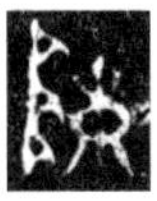 益余敦 xs1627 陳叔嫣	 曾侯宏鼎 mt02219 阩(升)鼎  曾侯宏鼎 mt02220 阩(升)鼎
	 陳子戈 11084 陳子山徒戟  陳□造戈 11034 陳卯造戈	 陳□戈 10964 陳豖戈  陳爾戈 xs1499 墬(陳)尔徒戈	 永陳缶蓋 xs1191 永墬(陳)之尊缶		 崎鼎 mx0079 阩(升)鼎
陳	齊		楚		曾

		阦	阝孚	阝皃	四
			 王作贊母鬲 00611 阝孚讟贊母		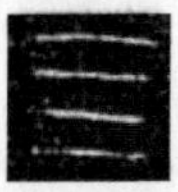 秦公鐘 00263 三(四)方 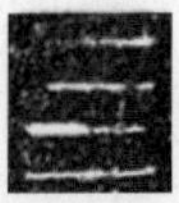 秦公鎛 00267.2 三(四)方
 曾侯宝鼎 mx0187 阩(升)鼎  曾侯寶鼎 ms0265 阩(升)鼎	 曾侯宝鼎 mx0185 阩(升)鼎  曾侯宝鼎 mx0186 阩(升)鼎				 秦公簋 04315.2 三四)方
		 阦伯戈 xs1906 阦伯徒戈		 阝巤公克敦 04641 阝巤(郳)公克	
曾			周	郳	秦

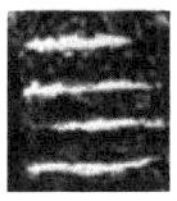 秦公鎛 00268.2 三(四)方 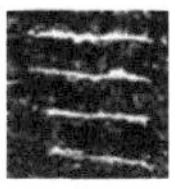 秦公鎛 00269.2 三(四)方	 秦子簋蓋 eb423 三(四)方	 晉公戈 xs1866 三(四)年			
 盄和鐘 00270.2 三(四)方		 子犯鐘 xs1011 三(四)牡  子犯鐘 xs1023 三(四)牡	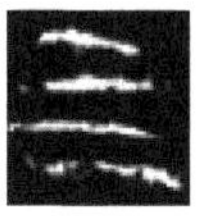 晉公盆 10342 三(四)方  晉公盆 10342 媵螽三(四)酉	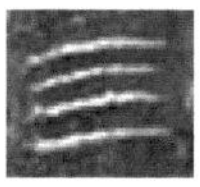 晉公盤 mx0952 三(四)方	
		 郘黛鐘 00225 其竈四堵  郘黛鐘 00226 其竈四堵	 郘黛鐘 00228 其竈四堵  郘黛鐘 00229 其竈四堵	 郘黛鐘 00230 其竈四堵  郘黛鐘 00231 其竈四堵	 郘黛鐘 00233 其竈四堵  郘黛鐘 00234 其竈四堵
秦		晉			

			 鄧公簋 03858 十又亖(四)月	 曾子斿鼎 02757 四國	 都公諴鼎 02753 十又亖(四)月
		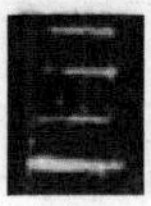 齊侯鎛 00271 亖(四)事是以 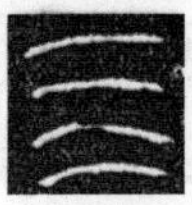 國差罎 10361 寶罎亖(四)秉			
 郘黛鐘 00235 其竈四堵  郘黛鐘 00236 其竈四堵	 郘黛鐘 00237 其竈四堵			 曾侯與鐘 mx1029 亖(四)方  曾侯殘鐘 mx1031 亖(四)方	
晋		齊	鄧	曾	CE

 登鐸 mx1048 三(四)方	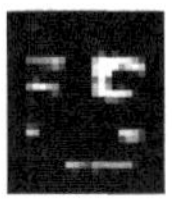 王孫誥鐘 xs418 三(四)國 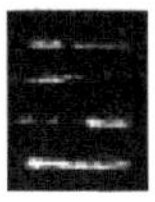 王孫誥鐘 xs420 三(四)國	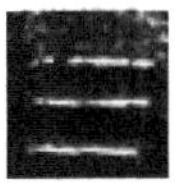 王孫誥鐘 xs421 三(四)國 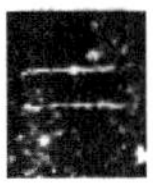 王孫誥鐘 xs422 三(四)國	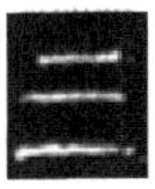 王孫誥鐘 xs423 三(四)國 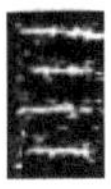 王孫誥鐘 xs425 三(四)國	 王孫誥鐘 xs426 三(四)國  王孫誥鐘 xs427 三(四)國	 王孫誥鐘 xs428 三(四)國 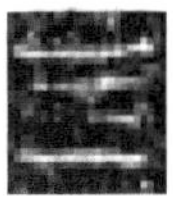 王孫誥鐘 xs429 三(四)國
CE	楚				

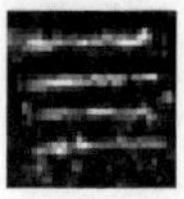 王孫誥鐘 xs430 三(四)國	 王孫誥鐘 xs432 三(四)國	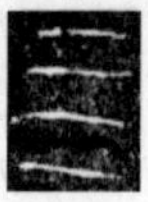 王孫誥鐘 xs440 三(四)國	 鄬子受鐘 xs504 十又四年叁月	 鄬子受鐘 xs509 十又四年叁月	 鄬子受鎛 xs514 十又四年叁月
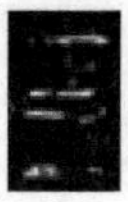 王孫誥鐘 xs434 三(四)國	 王孫誥鐘 xs439 三(四)國		 鄬子受鐘 xs506 十又四年叁月	 鄬子受鎛 xs513 十又四年叁月	 鄬子受鎛 xs515 十又四年叁月

楚

 鄬子受鎛 xs516 十又四年叁月  鄬子受鎛 xs519 十又四年叁月			 者𢃳鐘 00197.2 四方 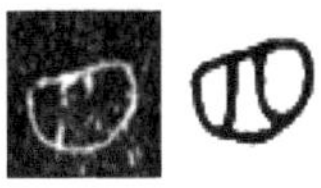 者𢃳鐘 00198.2 四方	 作司口匜 10260 三(四)方	 伯亞臣鐳 09974 黃孫須頸子伯亞臣
	 徐王子旃鐘 00182.2 四方	 夫欧申鼎 xs1250 三(四)方			
楚	徐	舒	吳		黃

五

		 鄭師口父鬲 00731 五月			
 子犯鐘 xs1008 五月  子犯鐘 xs1020 五月	 叔左鼎 mt02334 五月		 許公簠g mx0510 五月  許公簠g mx0511 五月	 許公簠q mx0511 五月  許公簠q mx0510 五月	 齊侯鎛 00271 五月
		 與兵壺q eb878 五月			
晉	BC	鄭	許		齊

			 黃子季庚臣簠 ms0589 五月	 曾仲大父蝨段 04203 五月  曾仲大父蝨段 04204.1 五月	 曾仲大父蝨段 04204.2 五月
 叔夷鐘 00272.1 五月  叔夷鎛 00285.1 五月	 叔夷鐘 00275.1 三百又五十  叔夷鎛 00285.5 五十		 伯遊父鐳 mt14009 五月	 曾公畎鎛鐘 jk2020.1 五月  曾公畎甬鐘 A jk2020.1 五月	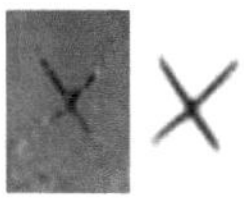 曾公畎甬鐘 B jk2020.1 五月 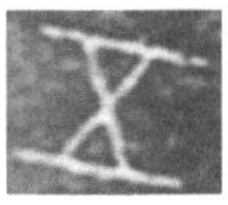 曾侯寶鼎 ms0265 五月
		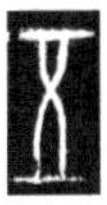 鄘侯少子簋 04152 五年正月			
齊		莒	黃	曾	

 曾侯宦鼎 mt02219 五月 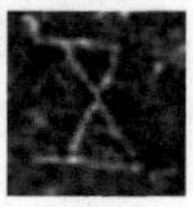 曾侯宦鼎 mt02220 五月	 曾侯宦鼎 mx0187 五月  曾侯宦簋 mt04975 五月	 曾侯宦簋 mt04976 五月  曾侯宦壺 mt12390 五月	 曾侯宦鼎 mx0185 五月 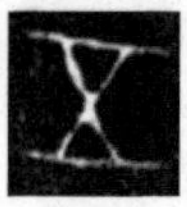 曾侯宦鼎 mx0186 五月		
				 蔡侯紐鐘 00210.1 五月  蔡侯紐鐘 00211.1 五月	 蔡侯紐鐘 00218.1 五月  蔡侯鎛 00222.1 五月
曾				蔡	

六

 矩甗 xs970 申五氏孫	 郘侯戈 11202 五百	 郐大子鼎 02652 五月		 叔液鼎 02669 五月	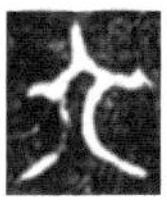 太師盤 xs1464 六月 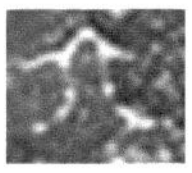 晋公戈 xs1866 六月
					 子犯鐘 xs1021 西之六師
			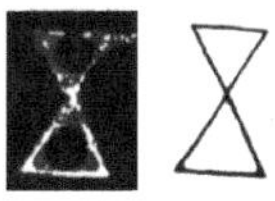 吴王光鑑 10298 五月  吴王光鑑 10299 五月	 中央勇矛 11566.1 五酉之後	
CE	楚	徐	吴		晋

		 鼄叔之伯鐘 00087 六[月]			
			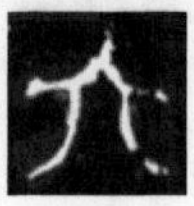 伯遊父壺 mt12412 六月  伯遊父壺 mt12413 六月	 伯遊父盤 mt14510 六月	 上鄀府簠 04613.1 六月  上鄀府簠 04613.2 六月
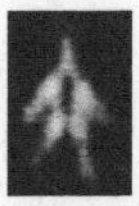 衛侯之孫書鐘 ms1279 龢鐘六堵  衛侯之孫書鐘 ms1280 龢鐘六堵	 虘鼎q xs1237 六月  鄭莊公之孫虘鼎　mt02409 六月				
衛	鄭	邾	黃		CE

		七		九	
	 冶仲考父壺 09708 六月			 晋姜鼎 02826 九月	 陳公子甗 00947 九月
	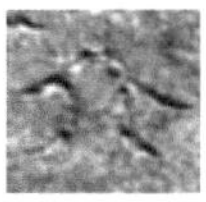 王孫叔謜甗 mt03362 六月			 子犯鐘 xs1012 龢鐘九堵  子犯鐘 xs1016 龢鐘九堵	
 夫跌申鼎 xs1250 甫遽公甚六		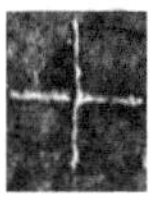 吴王壽夢之子劍　xs1407 攴七邦君	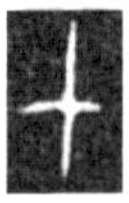 乙鼎 02607 七月		
舒		吴		晋	陳

		 齊侯鎛 00271 二百又九十又九  齊侯鎛 00271 二百又九十又九	 叔夷鐘 00283 九州  叔夷鎛 00285.6 九州	 叔夷鐘 00276.1 九州  叔夷鐘 00274.1 汝女康能乃九事	 叔夷鐘 00277.2 龢協而九事  叔夷鎛 00285.3 汝康能乃九事
 郳公鞁父鎛 mt15815 九月  郳公鞁父鎛 mt15816 九月	 郳公鞁父鎛 mt15817 九月  郳公鞁父鎛 mt15818 九月				
郳		齊			

	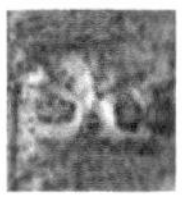 鄧子伯鼎甲 jk2022.3 九月  鄧子伯鼎乙 jk2022.3 九月	 鄧公簋蓋 04055 九月 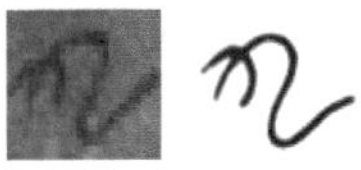 鄧公孫無忌鼎 xs1231 九月	 曾伯霥簠 04631 九月  曾伯霥簠 04632 九月	 夨叔匜 ms1257 九月	
 叔夷鎛 00285.8 龢協而九事					
			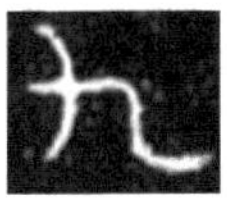 曾子原彝簠 04573 九月		 九里墩鼓座 00429.4 九禮
齊	鄧		曾		鍾離

禽　萬

		 禽簋 hx2022.2 禽作姬□寶簋	 秦子鎛 mt15771 眉壽萬人(年)無彊  秦公鐘 00263 萬年	 秦公鐘 00266 萬年  秦公鎛 00267.2 萬年	 秦公鎛 00268.2 萬年  秦公鎛 00269.2 萬年
	 □子季□盆 10339 九月		 盄和鐘 00270.1 萬民  盄和鐘 00270.2 萬生(姓)		
 余購逐兒鐘 00183.1 九月  余購逐兒鐘 00185.1 九月	 嘉子昜伯臚簠 04605.1 九月  嘉子昜伯臚簠 04605.2 九月				
徐		魯	秦		

 芮公鼎 ms0254 萬年 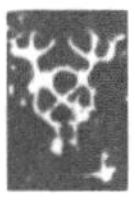 芮公鼎 ms0255 萬年	 太師小子白歒父鼎　ms0261 萬[年]	 鄀仲臨鑑 mt14087 萬年	 筍侯匜 10232 萬壽	 虢季鐘 xs2 萬壽  虢季鐘 xs3 萬壽	 虢季鼎 xs9 萬年  虢季鼎 xs10 萬年
芮		AB	荀	虢	

 虢季鼎 xs11 萬年	 虢季鼎 xs13 萬年	 虢季鼎 xs15 萬年	 虢季鬲 xs23 萬年	 虢季鬲 xs25 萬年	 虢季鬲 xs27 萬年
 虢季鼎 xs12 萬年	 虢季鼎 xs14 萬年	 虢季鬲 xs22 萬年	 虢季鬲 xs24 萬年	 虢季鬲 xs26 萬年	 虢季鬲 xs29 萬年

虢

 虢碩父簠g xs52 萬年  虢碩父簠q xs52 萬年	 虢仲簠 xs46 萬年  虢季氏子組簋 03971 萬年	 虢季氏子組簋 03972 萬年  虢季氏子組簋 03973 萬年	 虢季氏子組盤 ms1214 萬年	 戎生鐘 xs1619 萬年  晉侯簋g mt04713 萬年	 晉姞盤 mt14461 萬年  晉姞匜 mt14954 萬年
				 子犯鐘 xs1015 萬年  子犯鐘 xs1019 萬年	 晉公盆 10342 萬邦  晉公盆 10342 萬年
虢				晉	

 晋姜鼎 02826 萬民	 晋叔家父壺 mt12357 萬年	 晋姜鼎 02826 萬民	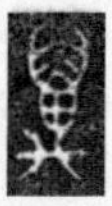 叔休盨 mt05617 萬年	 叔休盨 mt05619 萬年	 叔休壺 ms1059 萬年
 晋姜鼎 02826 萬年	 晋叔家父壺 xs908 萬年	 晋刑氏鼎 ms0247 萬年	 叔休盨 mt05618 萬年	 叔休盤 mt14482 萬年	 叔休壺 ms1060 萬年
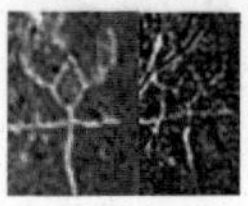 晋公盤 mx0952 萬邦	 長子沫臣簠 04625.1 萬年				
 晋公盤 mx0952 萬年	 長子沫臣簠 04625.2 萬年				

晋

 仲考父匜 jk2020.4 萬年  楷宰仲考父鼎 jk2020.4 萬年	 燕仲鼎 kw2021.3 萬年		 毛叔盤 10145 萬年  毛叔虎父簋g mx0424 萬年	 毛叔虎父簋q mx0424 萬年  毛叔虎父簋g hx2021.5 萬年	 毛叔虎父簋q hx2021.5 萬年
	 匽公匜 10229 萬年	 叔左鼎 mt02334 萬年			
黎	燕	BC	毛		

 單子白盨 04424 萬年	 伯高父甗 00938 萬年  鄭伯氏士叔皇父鼎　02667 萬年	 子耳鼎 mt02253 萬年		 穌公子毁 04014 萬年  穌公子毁 04015 萬年	 蘇公匜 xs1465 萬年
	 鄭大内史叔上匜　10281 萬年				
	 盧鼎q xs1237 萬世  鄭莊公之孫盧鼎　mt02409 萬世	 與兵壺 ms1068 萬世	 封子楚簠g mx0517 萬世  封子楚簠q mx0517 萬世		
單	鄭			蘇	

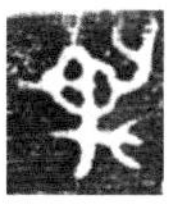 伯國父鼎 mx0194 萬壽無疆  鄦奓魯生鼎 02605 萬年		 陳侯壺 09633.1 萬年  陳侯壺 09633.2 萬年	 陳侯壺 09634.1 萬年  陳侯壺 09634.2 萬年	 陳公子甗 00947 萬年  原氏仲簠 xs395 萬年	 原氏仲簠 xs396 萬年 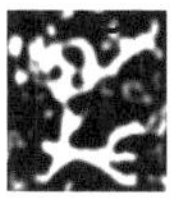 原氏仲簠 xs397 萬年
		 陳公子中慶簠 04597 萬年  陳公孫㝨父瓶 09979 萬年	 陳侯作孟姜㛸簠 04606 萬年  陳侯盤 10157 萬年		
 喬君鉦鋮 00423 萬年	 鄦子盟自鎛 00153 萬年  鄦子盟自鎛 00154 萬年				
許		陳			

 陳戻鬲 00705 萬年  陳戻鬲 00706 萬年	 𢦏叔朕鼎 02690 萬年  𢦏叔朕鼎 02691 萬年	 𢦏叔朕鼎 02692 萬年	 叔朕簠 04620 萬年  叔朕簠 04621 萬年	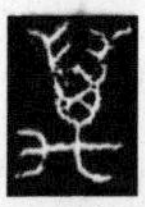 商丘叔簠 04557 萬年  商丘叔簠 04558 萬年	 商丘叔簠 04559.1 萬年  商丘叔簠 04559.2 萬年
				 樂子簠 04618 萬年	
陳	戴			宋	

 商丘叔簠 xs1071 萬年	 曹伯狄段 04019 萬年	 杞伯每亡鼎 02642 萬年  杞伯每亡壺 09688 萬年	 杞伯每亡壺蓋 09687 萬年  杞伯雙聯鬲 mx0262 萬年	 魯侯鼎 xs1067 萬年  魯侯簠 xs1068 萬年	 魯仲齊甗 00939 萬年  魯司徒仲齊盨 04440.1 萬年
				 魯大司徒厚氏元簠 04689 萬年  魯大司徒厚氏元簠 04690.1 萬年	 魯大司徒厚氏元簠 04690.2 萬年  魯大司徒厚氏元簠 04691.1 萬年
宋	曹	杞		魯	

 魯司徒仲齊盨 04440.2 萬年	 魯司徒仲齊盨 04441.2 萬年	 魯司徒仲齊匜 10275 萬年	 魯伯俞父簠 04567 萬年	 魯伯愈父簠 ms0561 萬年	 魯大司徒子仲白匜　10277 萬年
 魯司徒仲齊盨 04441.1 萬年	 魯司徒仲齊盤 10116 萬年	 魯伯俞父簠 04566 萬年	 魯伯俞父簠 04568 萬年	 魯宰駟父鬲 00707 萬年	 魯伯大父作孟姜簋　03988 萬年
 魯大司徒厚氏元簠　04691.2 萬年	 魯大左嗣徒元鼎　02593 萬年	 魯少司寇封孫宅盤　10154 萬年			
 魯大左嗣徒元鼎　02592 萬年	 魯大司徒元盂 10316 萬年				
魯					

 魯伯大父作仲姬俞簋　03989 萬年  魯伯大父作季姬婧簋　03974 萬年	 魯伯悆盨 04458.1 萬年  魯伯悆盨 04458.2 萬年	 魯大宰邍父簋 03987 萬年  魯酉子安母簠g mt05902 萬年	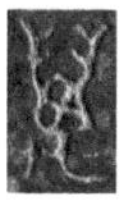 魯酉子安母簠q mt05902 萬年  魯酉子安母簠q mt05903 萬年	 鼄伯鬲 00669 萬年  鼄來隹鬲 00670 萬年	 鼄叔彪父簠 04592 萬年  邾□白鼎 02640 萬年
				 虖訇丘君盤 wm6.200 萬年	
				 鼄大宰簠 04623 萬年  鼄大宰簠 04624 萬年	 邾公孫班鎛 00140 萬年
魯				邾	

 邾慶簠 mt05878 萬年	 邾慶匜 mt14955 萬年	 邾君慶壺g mt12333 萬年	 邾君慶壺 mt12334 萬年	 邾君慶壺 mt12336 萬年	 邾君慶壺g ms1056 萬年
 邾慶簠 mt05879 萬年	 邾公子害簠 mt05908 萬年	 邾君慶壺q mt12333 萬年	 邾君慶壺 mt12335 萬年	 邾君慶壺 mt12337 萬年	 邾君慶壺q ms1056 萬年

郳

 子皇母簋 mt05853 萬年	 郳公子害簋g mt05907 萬年	 郳壽父鼎 jk2020.1 萬年	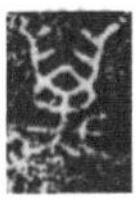 郳季脂䵼簋g ms0571 萬年	 郳季脂䵼簋g ms0572 萬年	 滕侯穌盨 04428 萬年
 畢仲弁簋 mt05912 萬年	 郳公子害簋q mt05907 萬年	 郳眉父鼎 jk2020.1 萬年	 郳季脂䵼簋q ms0571 萬年		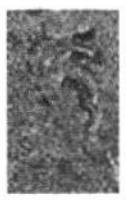 滕侯蘇盨 mt05620 萬年
郳					滕

 薛侯盤 10133 萬年	 郜仲簠g xs1045 萬年	 郜仲簠 xs1046 萬年	 郜伯祀鼎 02602 萬年	 鑄子叔黑臣鼎 02587 萬年	 鑄子叔黑臣盨 mt05608 萬年
 薛侯匜 10263 萬年	 郜仲簠q xs1045 萬年		 郜伯鼎 02601 萬年	 鑄子叔黑臣盨 04423 萬年	 鑄子叔黑臣簠 04570.1 萬年
薛	郜			鑄	

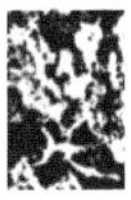 鑄子叔黑臣簠 04570.2 萬年	 鑄子叔黑臣簋 03944 萬年	 鑄公簠蓋 04574 萬年	 鑄叔作嬴氏簠 04560.1 萬年	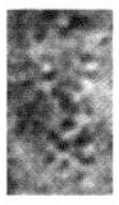 鑄叔盤 mt14456 萬年	 弗奴父鼎 02589 萬年
 鑄子叔黑臣簠 04571.2 萬年	 鑄子叔黑臣鬲 00735 萬年	 鑄叔作嬴氏鼎 02568 萬年	 鑄叔作嬴氏簠 04560.2 萬年		
鑄					費

 齊侯匜 10242 萬年  齊侯盤 10117 萬年	 齊縈姬盤 10147 萬年	 尋仲盤 10135 萬年  尋仲匜 10266 萬年			
 齊医敦 04638 萬年	 齊医敦 04639.1 萬年  齊医敦 04639.2 萬年		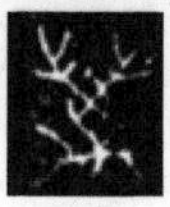 簷叔之仲子平鐘　00173 萬年  簷叔之仲子平鐘　00174 萬年	 簷叔之仲子平鐘　00175 萬年 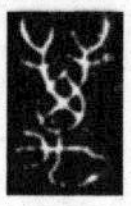 簷叔之仲子平鐘　00177 萬年	 簷叔之仲子平鐘　00179 萬年  簷叔之仲子平鐘　00180 萬年
 公子土折壺 09709 萬年					
齊		鄩	莒		

 㠱侯弟叟鼎 02638 萬年	 鄑甘䈞鼎 xs1091 萬年	 鄧伯吉射盤 10121 萬年	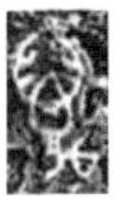 樊伯千鼎 mx0200 萬年	 黄子季庚臣簠 ms0589 萬年  叔單鼎 02657 萬年	 □□單盤 10132 萬年  奚□單匜 10235 萬年
				 黄太子白克盤 10162 萬禾(年)	 伯遊父鐳 mt14009 萬年
 㠱公壺 09704 萬年					
㠱	D	鄧	樊	黄	

 奚子宿車鼎 02603.1 萬年	 奚子宿車鼎 02604.1 萬年	 番□伯者君盤 10139 萬年	 番□伯者君匜 10269 萬年	 番君酟伯鬲 00733 萬年	 番昶伯者君鼎 02617 萬年
 奚子宿車鼎 02603.2 萬年	 郹子宿車盆 10337 萬年	 番□伯者君匜 10268 萬年	 番君酟伯鬲 00732 萬年	 番君酟伯鬲 00734 萬年	 番昶伯者君鼎 02618 萬年
黄		番			

 番君伯歡盤 10136 萬年	 番伯□孫鬲 00630 其萬…	 曾伯文簋 04051.1 萬年	 曾伯文簋 04052.1 萬年	 曾伯文簋 04053 萬年	 𬀪右盤 10150 萬年
 番伯畬匜 10259 萬年	 番君匜 10271 萬年	 曾伯文簋 04051.2 萬年	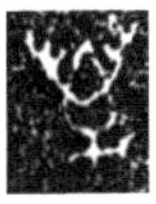 曾伯文簋 04052.2 萬年	 曾伯文簋 mt05028 萬年	 曾子伯窞盤 10156 萬年
		 孎加鎛丁 ms1285 萬年	 曾侯與鐘 mx1029 萬世	 曾子仲宣鼎 02737 萬年	
番		曾			

 伯克父鼎 ms0285 萬年	 曾伯克父壺g ms1062 萬年	 曾伯克父壺 ms1063 萬年	 孟爾克母簠g ms0583 萬年	 竈乎簋 04157.1 其萬人(年)永用	 竈乎簋 04158.1 其萬人(年)永用
 曾伯克父簋 ms0509 萬年	 曾伯克父壺q ms1062 萬年		 孟爾克母簠q ms0583 萬年	 竈乎簋 04157.2 其萬人(年)永用	 竈乎簋 04158.2 其萬人(年)永用

曾

 蔡大善夫趣簋g xs1236 萬年  蔡大善夫趣簋q xs1236 萬年	 蔡公子叔湯壺 xs1892 萬年  蔡侯鼎 xs1905 萬年	 讎公彭宇簠 04610 萬年 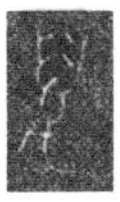 讎公彭宇簠 04611 萬年	 蠚公諴簠 04600 萬年  鄀公平侯鼎 02771 萬年	 鄀公平侯鼎 02772 萬年  鄀公諴鼎 02753 萬年	 鄂伯邍鼎 ms0241 萬年 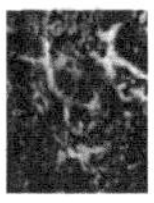 [illegible]人屖石盤 ms1200 萬年
			 上鄀公簠g xs401 萬年 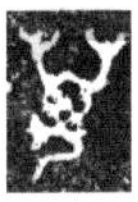 上鄀公簠q xs401 萬年		
		 無所簠 eb474 萬年			
蔡		CE			

 □人屖石匜 ms1246 萬年	 䢅伯業鼎 02622 萬年	 䢅盤 10094 萬年	 䢅仲無龍匜 10249 萬年	 䢅帳伯壺蓋 ms1057 萬年	 䢅帳伯壺 mx0831 萬年
 備兵鼎 jjmy007 萬年	 䢅伯墉盤 10130 萬年	 䢅仲匜 mt14953 萬年	 䢅仲無龍鬲 00713 萬年	 䢅帳伯壺蓋 ms1058 萬年	 䢅仲侯盤 ms1206 萬年

CE

 袒帳伯壺 jjmy011 萬年		 鄁公鼎 02714 萬年  鄁公簋 04016 萬年	 鄁公簋 04017.1 萬年  鄁公簋 04017.2 萬年	 幻伯隹壺 xs1200 萬[年]  醫子奠伯鬲 00742 萬年	 郘君盧鼎 mx0198 萬年  郭伯貝懋盤 mx0941 萬年
	 叔師父壺 09706 萬年				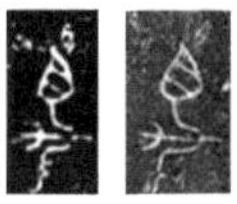 蔡子齹盞g xs1235 萬年  蔡子齹盞q xs1235 萬年
			 侯古堆鎛 xs276 萬年  侯古堆鎛 xs277 萬年	 侯古堆鎛 xs278 萬年  侯古堆鎛 xs279 萬年	 侯古堆鎛 xs280 萬年 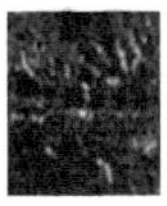 侯古堆鎛 xs281 萬年
CE					

 楚嬴盤 10148 萬年	 考叔𣄰父簠 04608.1 萬年	 考叔𣄰父簠 04609.1 萬年	 楚太師登鐘 mt15511a 萬年	 楚太師登鐘 mt15513b 萬年	 楚太師登鐘 mt15518b 萬年
 楚嬴匜 10273 萬年子		 考叔𣄰父簠 04609.2 萬年	 楚太師登鐘 mt15512a 萬年	 楚太師登鐘 mt15516b 萬年	 楚太師鄧子辥慎鎛　mx1045 萬年
 何次簠 xs402 萬年	 何次簠g xs403 萬年	 王孫遺者鐘 00261.1 世萬孫子	 王子午鼎 02811.2 萬年	 王子午鼎 xs445 萬年	 王子午鼎 xs449 萬年
 何次簠g xs404 萬年	 何次簠q xs403 萬年	 王孫遺者鐘 00261.2 萬年	 王子午鼎q xs444 萬年	 王子午鼎 xs446 萬年	
 欒書缶 10008.2 萬世	 復公仲簋蓋 04128 萬邦				

楚

					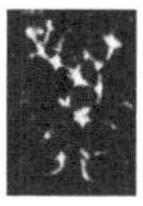 朿仲𤼈父簋 mx0404 萬年  朿仲𤼈父簋蓋 03924 萬年
					 㛸片䄷豯鼎 02570 萬年  㛸片䄷豯鼎 02571 萬年
 徐王子旃鐘 00182.1 萬世  郐諧尹征城 00425.2 世萬子孫	 三兒簋 04245 萬年	 冉鉦鋮 00428 萬世	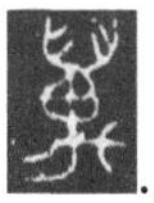 其次句鑃 00422A 萬壽  其次句鑃 00422B 萬壽	 其次句鑃 00421 萬壽 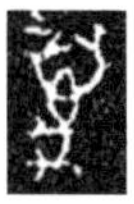 者尚余卑盤 10165 萬年	  伯怡父鼎 eb312 萬年  伯怡父鼎 eb313 萬年
徐		吴	越		

 仲阪父盆g ms0619 萬年	 郱子良人甗 00945 萬年	 伯筍父鼎 02513 萬年	 叔皮父簋 04127 萬年	 自作尊鼎 02430 萬年	 夢子匜 10245 萬年
 仲阪父盆q ms0619 萬年	 王孫壽甗 00946 萬年	 雍鼎 02521 萬年		 伯其父簠 04581 萬年	 皇與匜 eb954 萬年
 嘉子孟嬴指缶 xs1806 萬年	 深伯鼎 02621 萬年	 般仲柔盤 10143 萬年			
	 伯□父簠 04535 萬年	 □子季□盆 10339 萬年			
 尊父鼎 mt02096 萬年	 師麻孝叔鼎 02552 萬年				

 叔液鼎 02669 萬年  冶仲考父壺 09708 萬年					
	 伯亞臣鐳 09974 ⿰萬月(萬)年	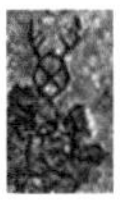 宋公圝鋪 mt06157 ⿱萬土(萬)年  宋公圝鋪 mx0532 ⿱萬土(萬)年	 宋公圝鼎g mx0209 ⿱萬土(萬)年  宋公圝鼎q mx0209 ⿱萬土(萬)年	 邾公釸鐘 00102 ⿱萬土(萬)年	
		 宋君夫人鼎q eb304 ⿱萬土(萬)年  宋君夫人鼎g eb304 ⿱萬土(萬)年		 鼄公牼鐘 00149 ⿱萬土(萬)年  鼄公牼鐘 00151 ⿱萬土(萬)年	 鼄公華鐘 00245 ⿱萬土(萬)年
	黃	宋		邾	

禹

			 秦公簋 04315.1 鼏宅禹責(蹟)	 叔夷鐘 00276.1 處堣(禹)之堵(圖)  叔夷鐘 00283 處堣(禹)之堵(圖)	 叔夷鎛 00285.6 處堣(禹)之堵(圖)
 司馬楙鎛 eb50 薑(萬)年	 夫欧申鼎 xs1250 世薑(萬)子孫	 越王者旨於睗鐘　00144 薑(萬)世無疆			
滕	舒	越	秦	齊	

嘼

					 □鏞用戈 11334 戠(戴)大巢(酋)得臣  大嘼戈 10892 大嘼(酋)
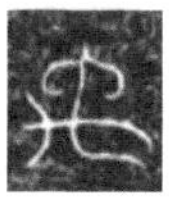 嬭加編鐘 kg2020.7 帥禹之堵(圖)				 鄀郭公子戈 xs1129 嘼(酋)𡵂戈	
	 郘黛鐘 00226 余嘼(狩)丮武  郘黛鐘 00228 余嘼(狩)丮武	 郘黛鐘 00230 余嘼(狩)丮武  郘黛鐘 00231 余嘼(狩)丮武	 郘黛鐘 00233 余嘼(狩)丮武		
曾	晋			D	

獸

 鄭義伯𦉜 09973.1 我以畬獸(狩)  鄭義伯𦉜 09973.2 我以畬獸(狩)					
	 祝司寇獸鼎 02474 祝司寇獸	 王子午鼎 02811.2 闌闌獸獸(獸獸)  王子午鼎q xs444 闌闌獸獸(獸獸)	 王子午鼎 xs445 闌闌獸獸(獸獸)  王子午鼎 xs446 闌闌獸獸(獸獸)	 王子午鼎 xs449 闌闌獸獸(獸獸)	
					 吴王光逭劍 wy029 以獸(狩)越人  攻吾王光劍 wy030 以獸(狩)越人
鄭	鑄	楚			吴

甲　　　　乙

	 穌公子𣪘 04014 蘇公子癸父甲  穌公子𣪘 04015 蘇公子癸父甲				 虢季氏子組盤 ms1214 乙亥
			 叔師父壺 09706 甲戌		
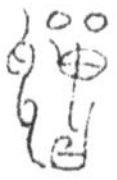 越王者旨劍 wy070 以獸(狩)吳人		 曾侯與鐘 mx1029 甲午		 郤夫人孎鼎 mt02425 孟甲在奎之際	
越	蘇	曾	CE	楚	虢

 戎生鐘 xs1613 乙亥  晉姜鼎 02826 乙亥					
	 鄭大内史叔上匜　10281 十又二月初吉乙子<巳>	 宋公𪌒鋪 mt06157 有殷天乙唐(湯)  宋公𪌒鋪 mx0532 有殷天乙唐(湯)	 宋公𪌒鼎 mx0209 有殷天乙唐(湯)  宋公𪌒鼎q mx0209 有殷天乙唐(湯)		
		 宋公緣簠 04589 有殷天乙唐(湯)  宋公緣簠 04590 有殷天乙唐(湯)		 鼄公牼鐘 00149 乙亥  鼄公牼鐘 00151 乙亥	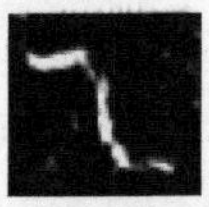 鼄公牼鐘 00152 乙亥  鼄公華鐘 00245 乙亥
晉	鄭	宋		邾	

			 上鄀公敄人簋蓋　04183 乙丑		
		 𡢁加編鐘 kg2020.7 乙亥		 䢵子鰍盞g xs1235 乙亥  䢵子鰍盞q xs1235 乙亥	 邵子㦸盤 xs1372 乙亥
 拍敦 04644 乙丑	 樊季氏孫仲𪔵鼎　02624.1 乙亥  樊季氏孫仲𪔵鼎　02624.2 乙亥	 曾□□簠 04614 丁亥			
D	樊	曾	CE		

				尤	丙
			 雍鼎 02521 母乙	 鑄司寇鼎 xs1917 鑄司寇尤	 晉姞盤 mt14461 丙寅  晉姞匜 mt14954 丙寅
 何次簠g xs403 乙亥  何次簠q xs403 乙亥	 何次簠g xs404 乙亥  何次簠q xs404 乙亥	 何次簠 xs402 乙亥  東姬匜 xs398 乙亥	 侃孫奎母盤 10153 十月乙口		
			 乙鼎 02607 乙自作飤繁		
楚				鑄	晉

丁

		 郗仲盬鑪 mt14087 丁亥	 虢季鐘 xs1 丁亥  虢季鐘 xs2 丁亥	 虢季鐘 xs3 丁亥	 晉公戈 xs1866 丁亥
	 鄾膚簠 mx0500 丙辰				 子犯鐘 xs1008 丁未  子犯鐘 xs1020 丁未
 𨟭侯少子簋 04152 丙午					 郘黛鐘 00225 丁亥  郘黛鐘 00226 丁亥
莒	CE	AB	虢		晉

					 鄭師口父鬲 00731 丁酉
 晉公盤 mx0952 丁亥  晉公盆 10342 丁亥	 長子沫臣簠 04625.1 丁亥  長子沫臣簠 04625.2 丁亥				
 郘黛鐘 00227 丁亥  郘黛鐘 00228 丁亥	 郘黛鐘 00229 丁亥  郘黛鐘 00230 丁亥	 郘黛鐘 00231 丁亥  郘黛鐘 00232 丁亥	 郘黛鐘 00233 丁亥  郘黛鐘 00237 丁亥	 衛侯之孫書鐘 ms1279 丁亥	 封子楚簠g mx0517 丁亥  封子楚簠q mx0517 丁亥
晉				衛	鄭

 許公簠g mx0510 丁亥  許公簠g mx0511 丁亥	 許公簠q mx0511 丁亥				
 鄦公買簠 04617.2 丁亥  鄦公買簠g eb475 丁亥	 鄦公買簠q eb475 丁亥  鄦子妝簠 04616 丁亥	 子璋鐘 00113 丁亥  子璋鐘 00114 丁亥	 子璋鐘 00115.1 丁亥  子璋鐘 00116.1 丁亥	 子璋鐘 00117.1 丁亥 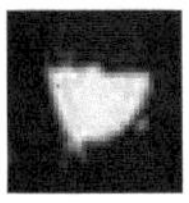 子璋鐘 00118.1 丁亥	 無子盟自鎛 00153 丁亥  無子盟自鎛 00154 丁亥

許

 陳侯鼎 02650 丁亥  陳公子甗 00947 丁亥	 原氏仲簠 xs395 丁亥  原氏仲簠 xs396 丁亥	 原氏仲簠 xs397 丁亥			
 陳医作孟姜𡠆 簠 04606 丁亥  陳医作孟姜𡠆 簠 04607 丁亥	 陳医作王仲嬀 𡠆簠 04603.1 丁亥  陳医作王仲嬀 𡠆簠 04603.2 丁亥	 陳医作王仲嬀 𡠆簠 04604.1 丁亥  陳医作王仲嬀 𡠆簠 04604.2 丁亥	 陳医盤 10157 丁亥  陳侯匜 xs1833 丁亥	 陳子匜 10279 丁亥  有兒簋 mt05166 丁亥	
					 樂子簠 04618 丁亥
陳					宋

					 夆叔盤 10163 丁亥  夆叔匜 10282 丁亥
	 齊太宰歸父盤 10151 丁亥 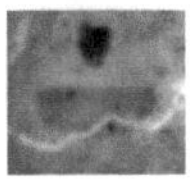 歸父盤 mx0932 丁亥	 齊侯鎛 00271 丁亥  齊鞷氏鐘 00142.1 丁亥	 國差罎 10361 丁亥  庚壺 09733.1B 丁亥	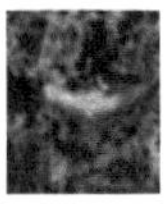 齊侯子仲姜鬲 mx0260 丁亥	
 郳公孫班鎛 00140 丁亥					
郳	齊				逢

	 鄧公孫無忌鼎 xs1231 丁亥				
 此余王鼎 mx0220 丁亥  濫公宜脂鼎 mx0191 丁亥	 鄧子盤 xs1242 丁亥		 伯亞臣鐳 09974 丁亥	 黃太子白克盤 10162 丁亥  黃太子白克盆 10338 丁亥	 伯遊父壺 mt12412 丁亥  伯遊父壺 mt12413 丁亥
		 唐子仲瀕鈚 xs1210 丁亥			
D	鄧	唐		黃	

			 曾侯子鎛 mt15763 丁亥 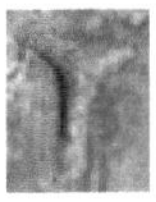 曾侯子鎛 mt15764 丁亥	 曾侯子鎛 mt15765 丁亥  曾侯子鎛 mt15766 丁亥	
 伯遊父鐳 mt14009 丁亥  伯遊父盤 mt14510 丁亥	 番子鼎 ww2012.4 丁亥		 曾公畎鎛鐘 jk2020.1 丁亥 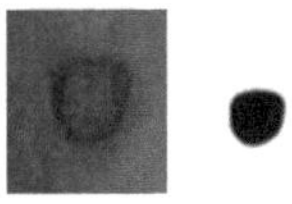 曾公畎甬鐘 A jk2020.1 丁亥	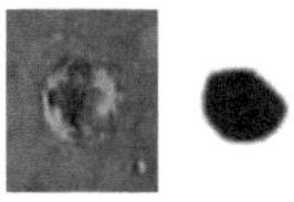 曾公畎甬鐘 B jk2020.1 丁亥	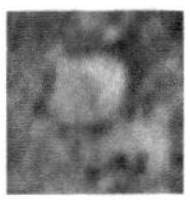 曾公子叔淩簠g mx0507 丁亥 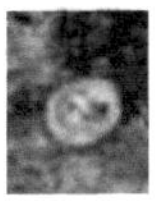 曾公子叔淩簠 mx0508 丁亥
	 鄱子成周鐘 xs283 丁亥 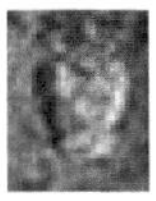 鄱子成周鐘 mt15256 丁亥	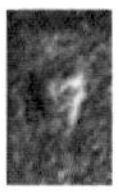 鄱子成周鐘 mt15257 丁亥	 曾季关臣盤 eb933 丁亥	 曾子□簠 04588 丁亥	
黄	番		曾		

 蔡公子叔湯壺 xs1892 丁亥					
 鄬中姬丹盤 xs471 丁亥  鄬中姬丹匜 xs472 丁亥	 蔡大司馬燮盤 eb936 丁亥  蔡大司馬燮匜 mx0997 丁亥			 上鄀公簠g xs401 丁亥	 上鄀府簠 04613.1 丁亥  上鄀府簠 04613.2 丁亥
 蔡大師鼎 02738 丁亥  蔡叔季之孫貫 匜　10284 丁亥	 蔡侯簠g xs1896 丁亥  蔡侯簠q xs1896 丁亥	 蔡侯簠 xs1897 丁亥  蔡侯簠 ms0582 丁亥	 丁兒鼎蓋 xs1712 應侯之孫丁兒		
蔡			CE		

 伯戔盤 10160 丁亥	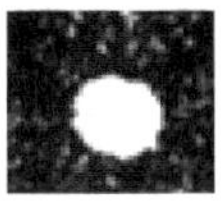 彭子仲盆蓋 10340 丁亥				
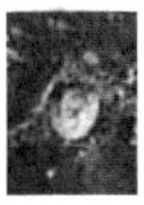 櫜君季𩠐鑑 mx0535 丁亥	 諆余鼎 mx0219 丁亥	 盜叔壺 09625 擇厥吉日丁 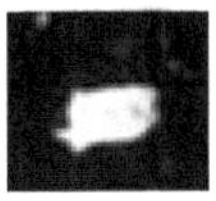 盜叔壺 09626 擇厥吉日丁			
	 義子鼎 eb308 丁亥	 侯古堆鎛 xs276 丁亥 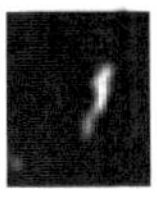 侯古堆鎛 xs277 丁亥	 侯古堆鎛 xs278 丁亥 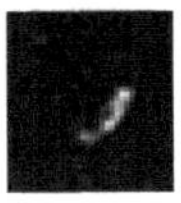 侯古堆鎛 xs279 丁亥	 侯古堆鎛 xs280 丁亥 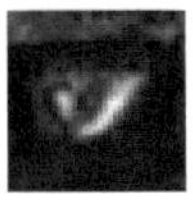 侯古堆鎛 xs281 丁亥	 侯古堆鎛 xs282 丁亥
CE					

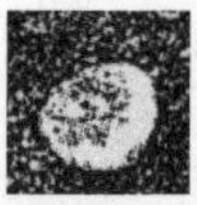 考叔㽙父簠 04608.1 丁亥	 考叔㽙父簠 04609.1 丁亥  考叔㽙父簠 04609.2 丁亥	 楚王領鐘 00053.1 丁亥  楚王鐘 00072 丁亥			
 以鄧匜 xs405 丁亥  以鄧鼎g xs406 丁亥	 以鄧鼎q xs406 丁亥	 楚屈子赤目簠 04612 丁亥  楚屈子赤目簠 xs1230 丁亥	 仲改衛簠 xs399 丁亥  仲改衛簠 xs400 丁亥	 孟縢姬缶 10005 丁亥  孟縢姬缶 xs416 丁亥	 王孫誥鐘 xs419 丁亥  王孫誥鐘 xs420 丁亥
 競之㸓鼎 mx0178 丁丑  競之朝鼎 hnbw 丁丑					
楚					

 王孫誥鐘 xs421 丁亥  王孫誥鐘 xs422 丁亥	 王孫誥鐘 xs423 丁亥  王孫誥鐘 xs425 丁亥	 王孫誥鐘 xs427 丁亥  王孫誥鐘 xs428 丁亥	 王孫誥鐘 xs429 丁亥  王孫誥鐘 xs430 丁亥	 王孫誥鐘 xs434 丁亥  王孫誥鐘 xs435 丁亥	 王孫誥鐘 xs433 丁亥  王孫誥鐘 xs443 丁亥

楚

 王孫遺者鐘 00261.1 丁亥	 發孫虜鼎g xs1205 丁亥	 發孫虜簠 xs1773 丁亥	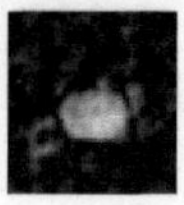 楚王鼎q mt02318 丁亥	 王子午鼎 02811.2 丁亥	 王子午鼎 xs446 丁亥
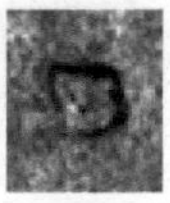 楚王鼎 mx0188 丁亥	 發孫虜鼎q xs1205 丁亥	 楚王鼎g mt02318 丁亥	 楚王鼎 mx0210 丁亥	 王子午鼎q xs444 丁亥	 王子午鼎q xs447 丁亥

楚

 王子午鼎 xs449 丁亥	 王子吴鼎 02717 丁亥	 童麗君柏叵q mx0494 丁亥	 童麗君柏叵q mx0495 丁亥	 童麗君柏鐘 mx1016 丁亥	 童麗君柏鐘 mx1018 丁亥
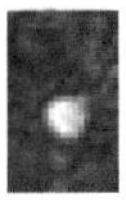 楚王媵嬭加缶 kg2020.7 丁亥	 王子吴鼎 mt02343b 丁亥	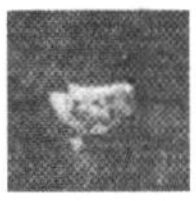 童麗君柏叵g mx0494 丁亥	 童麗君柏叵g mx0495 丁亥	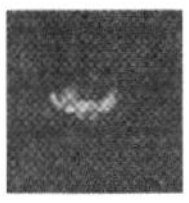 童麗君柏鐘 mx1017 丁亥	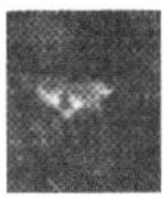 童麗君柏鐘 mx1019 丁亥
楚		鍾離			

 童麗君柏鐘 mx1020 丁亥	 童麗君柏鐘 mx1022 丁亥  童麗君柏鐘 mx1023 丁亥	 童麗君柏鐘 mx1024 丁亥  季子康鎛 mt15787a 丁亥	 季子康鎛 15786a 丁亥  季子康鎛 mt15789a 丁亥	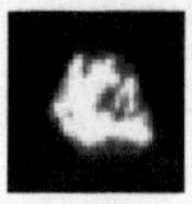 季子康鎛 mt15790a 丁亥  季子康鎛 mt15791a 丁亥	 庚兒鼎 02715 丁亥  庚兒鼎 02716 丁亥
					 沇兒鎛 00203.1 丁亥  郘王義楚觶 06513 丁酉
鍾離					徐

 余贎逐兒鐘 00183.1 丁亥  余贎逐兒鐘 00185.1 丁亥	 三兒簋 04245 初吉丁子<巳>	 之乘辰鐘 xs1409 丁巳	 夫欧申鼎 xs1250 丁亥	 遷沭鐘 mt15520 丁亥  遷沭鐘 mt15521 丁亥	 遷沭鎛 mt15796 丁亥  臧孫鐘 00101 丁亥
徐			舒		

<table>
<tr><td></td><td></td><td></td><td></td><td></td><td></td></tr>
<tr>
<td>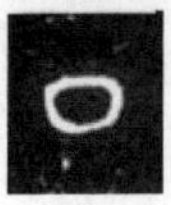
者濫鐘
00193
丁亥

者濫鐘
00195
丁亥</td>
<td>
者濫鐘
00197.1
丁亥

者濫鐘
00198.1
丁亥</td>
<td>
者濫鐘
00201
丁亥

者濫鐘
00202
丁亥</td>
<td></td><td></td><td></td>
</tr>
<tr>
<td>
臧孫鐘
00093
丁亥

臧孫鐘
00094
丁亥</td>
<td>
臧孫鐘
00095
丁亥

臧孫鐘
00096
丁亥</td>
<td>
臧孫鐘
00097
丁亥

臧孫鐘
00098
丁亥</td>
<td>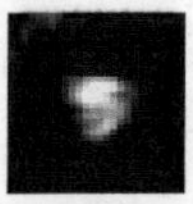
臧孫鐘
00099
丁亥

臧孫鐘
00100
丁亥</td>
<td>
遷邟鎛
mt15794
丁亥

遷邟鐘
mx1027
丁亥</td>
<td>
冉鉦鋮
00428
丁亥</td>
</tr>
<tr><td colspan="5">舒</td><td>吳</td></tr>
</table>

				 王孫壽甗 00946 丁亥	 冶仲考父壺 09708 丁亥
				 鎬鼎 02478 丁亥	
 姑馮昏同之子句鑃00424.1 丁亥  其次句鑃 00421 丁亥	 其次句鑃 00422A 丁亥  其次句鑃 00422B 丁亥	 者尚余卑盤 10165 丁亥	 越王者旨於睗鐘 00144 丁亥	 乙鼎 02607 丁亥  揚鼎 mt02319 丁亥	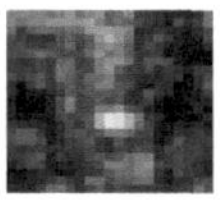 與子具鼎 xs1399 丁亥
越					

戊　　成

 叔夷鐘 00272.1 戊寅  叔夷鎛 00285.1 戊寅	 鄬子受鐘 xs506 戊申  鄬子受鐘 xs509 戊申	 鄬子受鎛 xs513 戊申  鄬子受鎛 xs514 戊申	 鄬子受鎛 xs515 戊申  鄬子受鎛 xs516 戊申	 鄬子受鎛 xs517 戊申	
					 黄成戟 xs973 黄成
齊	楚				晉

		 許成孝鼎 mx0190 許成孝擇其吉金			
			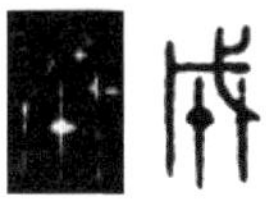 齊侯鎛 00271 皇祖有成惠叔  齊侯鎛 00271 皇妣有成惠姜	 齊侯鎛 00271 鮑叔有成勞于齊邦	 叔夷鐘 00272.2 肅成朕師旟之政德  叔夷鐘 00275.2 赫赫成唐(湯)
 哀成叔鼎 02782 哀成叔  哀成叔鉶 04650 哀成叔	 哀成叔豆 04663 哀成叔				
鄭		許	齊		

 叔夷鎛 00285.2 肅成朕師旟之政德  叔夷鎛 00285.5 赫赫成唐(湯)	 叔夷鐘 00278 武靈成  叔夷鎛 00285.8 武靈成				 曾公𠰻鎛鐘 jk2020.1 咸成我事  曾公𠰻鎛鐘 jk2020.1 有成有慶
		 成陽左戈 ms1372 成陽	 成陽辛城里戈 11154 成陽辛城里  成陽辛城里戈 11155 成陽辛城里	 鄱子成周鐘 xs283 鄱子成周  鄱子成周鐘 mt15257 鄱子成周	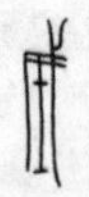 曾侯與鐘 mx1029 余申圝楚成  曾侯殘鐘 mx1031 余申圝楚成
齊		D		番	曾

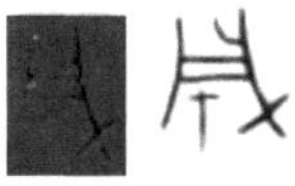 曾公𰱽甬鐘 A jk2020.1 咸成我事  曾公𰱽甬鐘 A jk2020.1 咸成我事	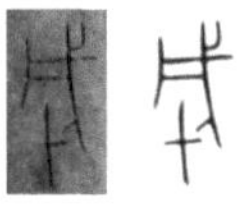 曾公𰱽甬鐘 A jk2020.1 有成有慶 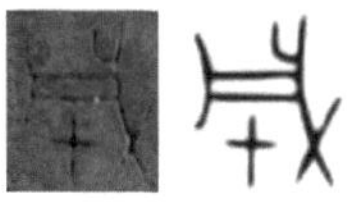 曾公𰱽甬鐘 B jk2020.1 咸成我事	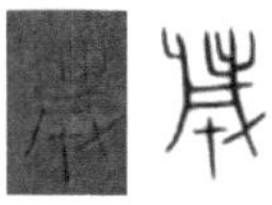 曾公𰱽甬鐘 B jk2020.1 有成有慶			
			 蔡侯紐鐘 00210.2 休有成慶  蔡侯紐鐘 00211.2 休有成慶	 蔡侯紐鐘 00217.2 休有成慶  蔡侯紐鐘 00218.2 休有成慶	 蔡侯鎛 00221.2 休有成慶  蔡侯鎛 00222.2 休有成慶
曾			蔡		

己

				 甫弃生鼎 02524 成媿  叔家父簠 04615 用成（盛）稻粱	 芮公鼓架銅套 ms1725 己丑
				 匹君壺 09680 成公	
 沇兒鎛 00203.2 孔嘉元成	 吴王光鐘 0223.1 入成（城）不賡  吴王光鐘 00224.1 入成（城）不賡	 吴王光鐘 00224.2 入成（城）不□  吴王光鐘 00224.22 [入]成（城）不 [賡]	 霸服晉邦劍 wy054 □之與成□	 永祿鈹 t17926 永成壽畐（福）	
徐	吴				芮

	 毛虎壺g hx2021.5 己亥  毛虎壺q hx2021.5 己亥		 己華父鼎 02418 己(紀)華父  己侯壺 09632 己(紀)侯		
 叔左鼎 mt02334 唯己考仲之子					
		 盧鼎q xs1237 吉日唯己  鄭莊公之孫盧鼎 mt02409 吉日唯己		 禾簋 03939 己亥	 唐子仲瀕兒匜 xs1209 己未
BC	毛	鄭	紀	D	唐

㠱

 鄂侯夫人鼎 jjmy004 己丑	 鄂侯鼎 ms0230 己丑  鄂侯鬲 ms0319 己丑				 㠱侯弟叟鼎 02638 㠱侯  㠱甫人匜 10261 㠱夫人
			 宜桐盂 10320 己酉	 鐘伯侵鼎 02668 己亥	
		 欒書缶 10008.1 己丑  欒書缶 10008.2 己丑			 㠱公壺 09704 㠱公
CE		楚	徐		㠱

 㠱侯簋 xs1462 㠱侯	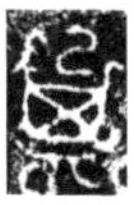 㠱伯子𡨦父盨 04442.2 㠱伯	 㠱伯子𡨦父盨 04443.2 㠱伯	 㠱伯子𡨦父盨 04444.2 㠱伯	 㠱伯子𡨦父盨 04445.2 㠱伯	 㠱伯𡨦父匜 10211 㠱伯
 㠱侯簋 xs1462 㠱井姜妢母	 㠱伯子𡨦父盨 04443.1 㠱伯	 㠱伯子𡨦父盨 04444.1 㠱伯	 㠱伯子𡨦父盨 04445.1 㠱伯	 㠱伯𡨦父盤 10081 㠱伯	

㠱

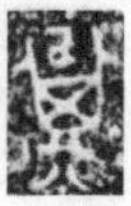 哀鼎g mt02311 曩晏甥  哀鼎q mt02311 曩晏甥		 鄧子仲無忌戈 xs1232 鄧子仲無䢂(忌)  鄧子仲無忌戈 xs1233 鄧子仲無䢂(忌)	 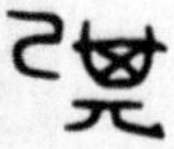 鄧子仲無忌戈 xs1234 鄧子仲無䢂(忌)		 眚仲之孫簋 04120 曩父
				 次□缶 xs1249 眉壽無曩(期)	
	 鼄大宰簠 04623 萬年無曩(期)  鼄大宰簠 04624 萬年無曩(期)				
曩	郳	鄧		徐	

庚

	 𢦏叔朕鼎 02690 庚申  𢦏叔朕鼎 02691 庚申	 𢦏叔朕鼎 02692 庚申  叔朕簠 04620 庚午			
 哀成叔鼎 02782 庚午			 郳公韍父鎛 mt15815 庚午  郳公韍父鎛 mt15816 庚午	 郳公韍父鎛 mt15817 庚午  郳公韍父鎛 mt15818 庚午	 郳大司馬彊盤 ms1216 庚午  郳大司馬彊匜 ms1260 庚午
鄭	戴		郳		

		 庚壺 09733.1B 武叔曰庚 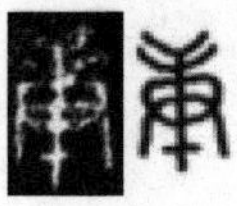 庚壺 09733.1B 庚大門之	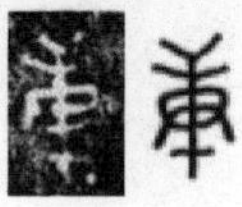 庚壺 09733.1B 庚率二百乘舟  庚壺 09733.2B 庚戠(捷)其兵甲車馬	 庚壺 09733.2B 庚伐陸寅	 簷叔之仲子平鐘　00173 庚午  簷叔之仲子平鐘　00174 庚午
 郳大司馬鈚 ms1177 庚午	 司馬楙鎛 eb47 庚午				
郳	滕	齊			莒

	 鄧子伯鼎甲 jk2022. 3 庚午  鄧子伯鼎乙 jk2022. 3 庚午	 黄子季庚臣簠 ms0589 庚申  黄子季庚臣簠 ms0589 季庚	 曾仲大父螽毁 04203 庚申  曾仲大父螽毁 04204.1 庚申	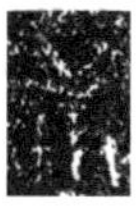 曾仲大父螽毁 04204.2 庚申	 曾伯霥簠 04631 庚午  曾伯霥簠 04632 庚午
 簷叔之仲子平鐘　00180 庚午			 曾侯宝鼎 mt02219 庚申  曾侯宝鼎 mt02220 庚申	 曾侯宝鼎 mx0187 庚申  曾侯宝簋 mt04975 庚申	 曾侯宝簋 mt04976 庚申  曾侯宝壺 mt12390 庚申
		 黄韋俞父盤 10146 庚申	 曾侯與鐘 mx1032 庚午	 曾子原彝簠 04573 庚申	
郳	鄧	黄	曾		

 曾伯霥壺 ms1069 庚午	 孟爾克母簠g ms0583 庚申  孟爾克母簠q ms0583 庚申				
 曾侯宏鼎 mx0185 庚申  曾侯宏鼎 mx0186 庚申	 曾侯寶鼎 ms0265 庚申				
		 蔡侯紐鐘 00210.1 初吉孟庚  蔡侯紐鐘 00211.1 初吉孟庚	 蔡侯紐鐘 00217.1 初吉孟庚  蔡侯紐鐘 00218.1 初吉孟庚	 蔡侯鎛 00221.1 初吉孟庚  蔡侯鎛 00222.1 初吉孟庚	 申文王之孫簠 mt05943 庚午  彭啓簠甲 ww2020.10 正月孟庚
曾		蔡			CE

	 伯戔盆g 10341 庚午	 楚嬴盤 10148 庚午  楚嬴匜 10273 庚午	 塞公孫寣父匜 10276 庚午  楚太師登鐘 mt15511a 庚午	 楚太師登鐘 mt15512a 庚午  楚太師登鐘 mt15513a 庚午	 楚太師登鐘 mt15514a 庚午  楚太師登鐘 mt15516a 庚午
	 登鐸 mx1048 庚午	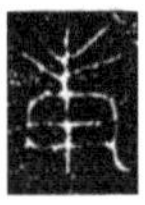 楚子暖簠 04575 庚申  楚子暖簠 04576 庚申	 楚子暖簠 04577 庚申  敬事天王鐘 00073 庚申	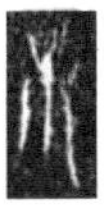 敬事天王鐘 00075 庚申  敬事天王鐘 00076 庚申	 敬事天王鐘 00078.1 庚申  敬事天王鐘 00080.1 庚申
 彭啓簠丙g ww2020.10 正月孟庚  彭啓簠丙q ww2020.10 正月孟庚					
CE		楚			

 楚太師鄧子辥慎鎛　mx1045 庚午  楚太師登鐘 mt15518a 庚午					
 王子午鼎 02811.2 令尹子庚  王子午鼎q xs444 令尹子庚	 王子午鼎 xs446 令尹子庚	 庚兒鼎 02715 徐王之子庚兒  庚兒鼎 02716 徐王之子庚兒			
		 沇兒鎛 00203.1 徐王庚  郐諮尹征城 00425.1 日在庚	 郐𩡮尹譬鼎 02766.1 吉日初庚  郐𩡮尹譬鼎 02766.2 吉日初庚	 吴王光鐘 0223.1 吉日初庚  吴王光鐘 00224.1 吉日[初]庚	 吴王光鐘 00224.31 [吉日初]庚  吴王光鑑 10298 吉日初庚
楚		徐		吴	

康

		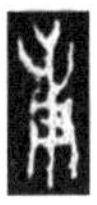 華母壺 09638 庚午	 叔液鼎 02669 庚申	 秦公鐘 00262 康奠協朕國  秦公鐘 00263 其康寶	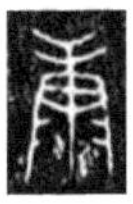 秦公鐘 00265 康奠協朕國  秦公鎛 00267.2 康奠協朕國
		 嘉子孟嬴指缶 xs1806 庚午	 公父宅匜 10278 庚午  □子季□盆 10339 庚午		
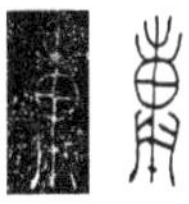 吴王光鑑 10299 吉日初庚	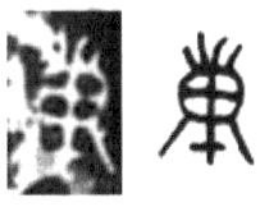 配兒鉤鑃 00427.1 庚午  䣄巢鎛 xs1277 庚午	 痟父匜 mt14986 庚寅			
吴				秦	

 秦公鎛 00267.2 其康寶  秦公鎛 00268.2 康奠協朕國	 秦公鎛 00268.2 其康寶  秦公鎛 00269.2 康奠協朕國	 秦公鎛 00269.2 其康寶	 晉姜鼎 02826 康揉綏褱		
					 叔夷鐘 00274.1 汝康能乃九事  叔夷鎛 00285.3 汝康能乃九事
				 哀成叔鼎 02782 康公	
	秦		晉	鄭	齊

 曾公畎鎛鐘 jk2020.1 康宮 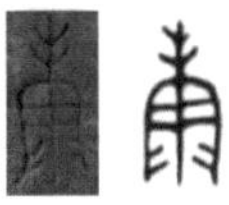 曾公畎甬鐘 A jk2020.1 康宮	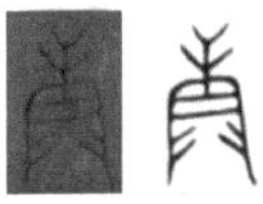 曾公畎甬鐘 B jk2020.1 康宮		 季子康鎛 mt15787a 鍾離公柏之季子康  季子康鎛 15786b 柏之季康是良	 季子康鎛 mt15789a 柏之季子康  季子康鎛 mt15789b 柏之季康是良	 季子康鎛 mt15790a 鍾離公柏之季子康  季子康鎛 mt15790b 柏之季康是良
		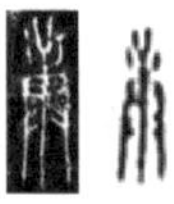 蔡侯𩸐尊 06010 康諧穆好  蔡侯𩸐盤 10171 康諧穆好			
曾		蔡	鍾離		

辛

 太師盤 xs1464 辛亥	 衛量 10369 衛師辛巽戞	 琱射壺 kw2021.3 仲辛			
				 □之辛造戈 sh799 □之辛造戈	
			 簷太史申鼎 02732 辛亥	 成陽辛城里戈 11154 成陽辛城里 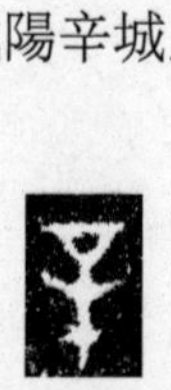 成陽辛城里戈 11155 成陽辛城里	 唐子仲瀕兒盤 xs1211 辛亥
晋	衛	燕	莒	D	唐

辪

	 鄦公彭宇簠 04610 十又一月辛子〈巳〉  鄦公彭宇簠 04611 十又一月辛子〈巳〉			 宗婦鄁嬰鼎 02683 保辪鄁國  宗婦鄁嬰鼎 02684 保辪鄁國	 宗婦鄁嬰鼎 02685 保辪鄁國  宗婦鄁嬰鼎 02686 保辪鄁國
 蔡侯䰝尊 06010 辛亥  蔡侯䰝盤 10171 辛亥		 鄬子辛簠g xs541 俶子辛  子辛戈 xs526 [俶]子辛	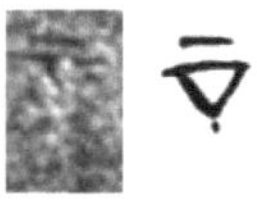 伯怡父鼎 eb312 辛亥  伯怡父鼎 eb313 辛亥		
蔡	CE	楚		BC	

 宗婦鄁嬰鼎 02687 保辥鄁國	 宗婦鄁嬰鼎 02689 保辥鄁國	 宗婦鄁嬰段 04077 保辥鄁國	 宗婦鄁嬰段 04079 保辥鄁國	 宗婦鄁嬰段 04081 保辥鄁國	 宗婦鄁嬰段 04084 保辥鄁國
 宗婦鄁嬰鼎 02688 保辥鄁國	 宗婦鄁嬰段蓋 04076 保辥鄁國	 宗婦鄁嬰段 04078 保辥鄁國	 宗婦鄁嬰段 04080 保辥鄁國	 宗婦鄁嬰段 04082 保辥鄁國	 宗婦鄁嬰段 04085 保辥鄁國

BC

 宗婦鄁嫛𣪘 04086.1 保辥鄁國  宗婦鄁嫛𣪘 04086.2 保辥鄁國	 宗婦鄁嫛𣪘 04087 保辥鄁國 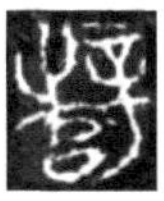 宗婦鄁嫛壺 09698.2 保辥鄁國	 宗婦鄁嫛壺 09699.1 保辥鄁國  宗婦鄁嫛盤 10152 保辥鄁國	 晉姜鼎 02826 嬖(辥)我萬民		 楚太師登鐘 mt15511a 楚太師登嬖 (辥)紻(慎)  楚太師登鐘 mt15512a 楚太師登嬖 (辥)紻(慎)
			 晉公盆 10342 整嬖(辥)爾家	 晉公盤 mx0952 保嬖(乂)王國  晉公盤 mx0952 謍嬖(敕乂)爾 家	
BC			晉		楚

辝

 楚太師登鐘 mt15513a 楚太師登䞶(辥)慼(慎)  楚太師登鐘 mt15514a 楚太師登辥慼(慎)	 楚太師登鐘 mt15516a 楚太師登䞶(辥)慼(慎)  楚太師登鐘 mt15517 楚太師登辥慼(慎)	 楚太師登鐘 mt15518a 楚太師登䞶(辥)慼(慎)	 楚太師登鐘 mt15519a 楚太師登䞶(辥)慼(慎)  楚太師鄧子鎛 mx1045 楚太師鄧子䞶(辥)慼(慎)	 戎生鐘 xs1613 休辝皇祖憲公  戎生鐘 xs1614 至于辝皇考卲伯	 晋姜鼎 02826 䜭(紹)匹辝辟
楚				晋	

				 郳叔彪父簋q ms0573 杞孟辝(姒)  郳叔彪父簋 04592 杞孟辝(姒)	
	 齊侯鎛 00271 世萬至於辝孫子  齊侯鎛 00271 是辝可事	 叔夷鐘 00273.1 汝敬恭辝命  叔夷鎛 00285.2 汝敬恭辝命	 叔夷鎛 00285.3 余命汝司辝(治)萊  叔夷鐘 00273.2 余命汝司辝(治)萊		 曾公畎鎛鐘 jk2020.1 昔在辝丕顯高祖  曾公畎鎛鐘 jk2020.1 隶(肆)途辝卹
 鼄公牼鐘 00149 鑄辝龢鐘二鍺  鼄公牼鐘 00151 鑄辝龢鐘二鍺					
郳	齊			郳	曾

 曾公畎鎛鐘 jk2020.1 卑辪千休 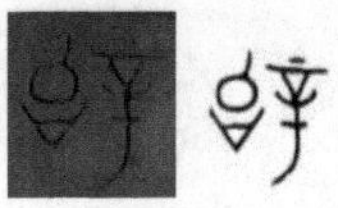 曾公畎甬鐘A jk2020.1 昔在辪丕顯高祖	 曾公畎甬鐘A jk2020.1 隶(肆)途辪卹 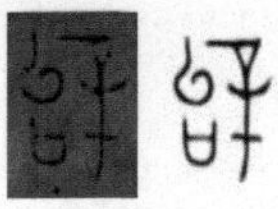 曾公畎甬鐘A jk2020.1 卑辪千休	 曾公畎甬鐘B jk2020.1 昔在辪丕顯高祖  曾公畎甬鐘B jk2020.1 隶(肆)途辪卹	 曾公畎甬鐘B jk2020.1 卑辪千休  曾公畎鎛鐘 jk2020.1 昔在辪丕顯高祖	 曾公畎鎛鐘 jk2020.1 隶(肆)途辪卹  嬭加編鐘 kg2020.7 以長辪夏	 嬭加鎛乙 ms1283 作辪邦家  嬭加鎛乙 ms1283 余擇辪吉金
		曾			

辭

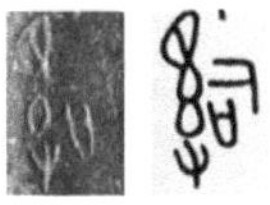 有司伯喪矛 eb1271 有䛐(司)伯喪 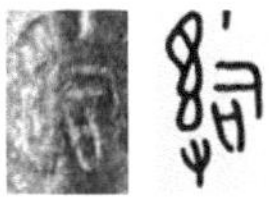 有司伯喪矛 eb1272 有䛐(司)伯喪	 國子碩父鬲 xs48 虢仲之䛐  國子碩父鬲 xs49 虢仲之䛐	 戎生鐘 xs1614 僑䛐(司)蠻戎	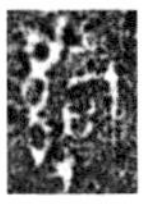 叔休盨 mt05617 𦎧者(都)君䛐(司)鹵  叔休盨 mt05618 𦎧者(都)君䛐(司)鹵	 叔休盨 mt05619 𦎧者(都)君䛐(司)鹵  叔休盤 mt14482 𦎧者(都)君䛐(司)鹵	 叔休盉 mt14778 𦎧者(都)君䛐(司)鹵 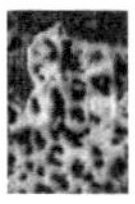 叔休鼎 ms0260 𦎧者(都)君䛐(司)鹵
		 晉公盆 10342 廣䛐(司)四方			
秦	虢	晉			

 叔休壺 ms1059 𠭯者(都)君嗣(司)鹵  叔休壺 ms1060 𠭯者(都)君嗣(司)鹵	 召叔山父簠 04601 大嗣(司)工  召叔山父簠 04602 大嗣(司)工	 魯司徒仲齊盨 04440.1 嗣(司)徒  魯司徒仲齊盨 04440.2 嗣(司)徒	 魯司徒仲齊盨 04441.1 嗣(司)徒  魯司徒仲齊盨 04441.2 嗣(司)徒	 魯司徒仲齊盤 10116 嗣(司)徒  魯司徒仲齊匜 10275 嗣(司)徒	 魯大司徒子仲白匜　10277 大嗣(司)徒
		 魯大司徒厚氏元簠　04689 大嗣(司)徒  魯大司徒厚氏元簠　04690.1 大嗣(司)徒	 魯大司徒厚氏元簠　04690.2 大嗣(司)徒  魯大司徒厚氏元簠　04691.1 大嗣(司)徒	 魯大司徒厚氏元簠　04691.2 大嗣(司)徒  魯大左嗣徒元鼎　02592 大左嗣(司)徒	 魯大左嗣徒元鼎　02593 大左嗣(司)徒  魯大司徒元盂 10316 大嗣(司)徒
晋	鄭	魯			

			 國子山壺 mt12270 大嗣（司）徒		
 魯少司寇封孫宅盤　10154 魯少嗣（司）寇		 鑄司寇鼎 xs1917 鑄嗣（司）寇 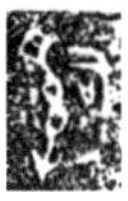 祝司寇獸鼎 02474 祝嗣（司）寇	 庚壺 09733.1B 嗣（司）衣裘車馬	 叔夷鐘 00273.2 余命女嗣（司）辝（治）萊  叔夷鎛 00285.3 余命女嗣（司）辝（治）萊	
	 郕大司馬戈 11206 大嗣（司）馬		 洹子孟姜壺 09729 大無嗣（司）折（誓）  洹子孟姜壺 09729 大嗣（司）命	 洹子孟姜壺 09729 玉二嗣（笥）  洹子孟姜壺 09730 [玉]一嗣（笥）	 洹子孟姜壺 09730 大無嗣（司）折（誓）  洹子孟姜壺 09730 大嗣（司）命
魯	郕	鑄	齊		

壬

	 曩侯弟叟鼎 02638 曩侯賜弟叟嗣(司)戚		 鄦大嗣攻鬲 00678 嗣(司)攻(工)	 大嗣馬簠 04505.1 大嗣(司)馬  大嗣馬簠 04505.2 大嗣(司)馬	 虞侯政壺 09696 壬戌
		 蔡大司馬燮盤 eb936 大嗣(司)馬	 樂大司徒瓶 09981 大嗣(司)徒  作司□匜 10260 作嗣(司)□彝	 司馬戈 11016 □□嗣(司)馬	
 洹子孟姜壺 09730 玉二嗣(笥)			 嗣料盆蓋 10326 嗣(司)料柬所[寺]  嗣料盆蓋 10327 嗣(司)料柬所持		
齊	曩	蔡			虞

					 鼄叔之伯鐘 00087 壬午
 少虡劍 11696.1 壬午  少虡劍 11697 壬午	 吉日壬午劍 mt18021 壬午	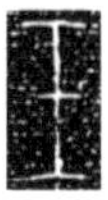 與兵壺q eb878 壬申  與兵壺g eb878 壬申	 與兵壺 ms1068 壬申	 寬兒鼎 02722 壬申  寬兒缶 mt14091 壬申	
晉		鄭		蘇	邾

 鼄乎簋 04157.1 壬戌  鼄乎簋 04157.2 壬戌	 鼄乎簋 04158.1 壬戌  鼄乎簋 04158.2 壬戌	 蔡大善夫趣簠g xs1236 壬申  蔡大善夫趣簠q xs1236 壬申	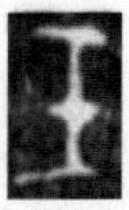 蔡太史鉚 10356 壬午		 鄀公諴鼎 02753 壬午
				 丁兒鼎蓋 xs1712 壬午	
曾		蔡		CE	

癸

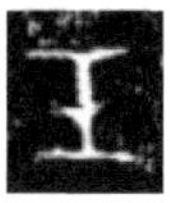 夨叔匜 ms1257 壬午				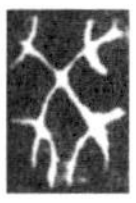 穌公子𣪘 04014 蘇公子癸父甲 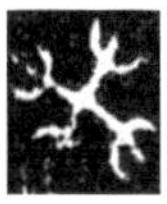 穌公子𣪘 04015 蘇公子癸父甲	 鄀公平侯鼎 02771 癸未  鄀公平侯鼎 02772 癸未
	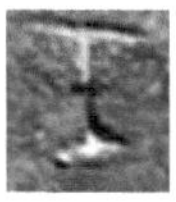 王孫叔諲甗 mt03362 壬申				
	 嘉子昜伯臚簠 04605.1 壬申  嘉子昜伯臚簠 04605.2 壬申	 壬午吉日戈 mt17119 壬午  壬午吉日戈 mt17121 壬午	 壬午吉日戈 mt17122 壬午  壬午吉日戈 xs1979 壬午		
CE				蘇	CE

子

		 秦子鎛 mt15771 秦子  秦子鎛 mt15771 秦子	 秦公鐘 00262 小子  秦公鐘 00264 小子	 秦公鎛 00267.1 小子  秦公鎛 00268.1 小子	 秦公鎛 00269.1 小子  秦子戈 11352a 秦子
		 秦公簋 04315.1 小子	 盄和鐘 00270.1 小子 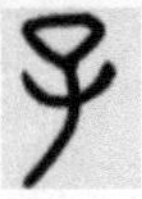 秦公戈 mx1238 秦公作子車用		
 遊孫癸鼎 ms0188 遊孫癸	 徐王子旃鐘 00182.1 癸亥				
CE	徐	秦			

 秦子戈 11353 秦子	 秦子戈 xs1350 秦子	 秦子簋蓋 eb423 秦子	 秦子簋蓋 eb423 秦子	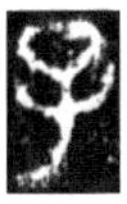 内公鐘 00031 子孫	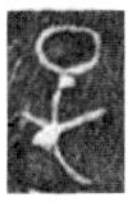 芮公鬲 eb77 子子孫孫
 秦子戈 xs1349 秦子	 秦子戈 mt17209 秦子	 秦子簋蓋 eb423 子子孫孫		 内公鼎 00743 子子孫孫	 内公鼎 02475 子孫
秦				芮	

 芮公鼎 ms0254 子子孫孫	 内太子白鼎 02496 太子	 内大子白簠蓋 04537 太子	 内大子白簠蓋 04538 太子	 内大子白壺蓋 09644 子孫	 内大子白壺 09645.1 太子
 芮公鼎 ms0255 子子孫孫	 内太子白鼎 02496 子孫	 内大子白簠蓋 04537 子子孫	 内大子白簠蓋 04538 子子孫	 内大子白壺蓋 09644 太子	 内大子白壺 09645.1 子孫

芮

 内大子白壺 09645.2 子子孫	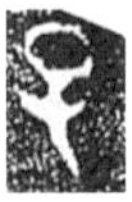 芮太子白鬲 mt2980 太子	 芮太子白鬲 mt2981 太子	 芮太子白鼎 ms0229 太子	 芮太子白鬲 mt2898 子子孫孫	 芮太子白鬲 mt2899 子子孫孫
 内大子白壺 09645.2 太子	 芮太子白鬲 mt2980 子子孫孫	 芮太子白鬲 mt2981 子子孫孫	 芮太子白鬲 mt2898 芮太子	 芮太子白鬲 mt2899 太子	 内太子鼎 02448 太子

芮

 内太子鼎 02448 子孫	 内太子鼎 02449 子孫	 芮太子鬲 eb78 子子孫孫	 内子仲□鼎 02517 子子孫孫	 芮子仲𡨦鼎 mt02125 子孫	 太師小子白歡父鼎　ms0261 子子孫
 内太子鼎 02449 太子	 芮太子鬲 eb78 太子	 内子仲□鼎 02517 芮子仲𡨦	 芮子仲𡨦鼎 mt02125 芮子仲𡨦	 太師小子白歡父鼎　ms0261 小子	 芮子仲鼎 mt01910 芮子仲
芮					

<table>
<tr>
<td>
内公簋
04531
子孫</td>
<td>
㭒仲盬鏞
mt14087
子子孫孫</td>
<td>
筍侯匜
10232
子孫</td>
<td>
虞侯政壺
09696
子子孫孫</td>
<td>
單子白盨
04424
單子

單子白盨
04424
子子孫孫</td>
<td>
單伯遵父鬲
00737
子子孫孫</td>
</tr>
<tr>
<td></td><td></td><td></td><td></td><td></td><td></td>
</tr>
<tr>
<td></td><td></td><td></td><td></td>
<td>
單子戈
ms1380
單子</td>
<td></td>
</tr>
<tr>
<td>芮</td><td>AB</td><td>荀</td><td>虞</td><td colspan="2">單</td>
</tr>
</table>

 虢季鼎 xs9 子子孫孫	 虢季鼎 xs11 子子孫孫	 虢季鼎 xs13 子子孫孫	 虢季鼎 xs15 子子孫孫	 虢季鬲 xs23 子子孫孫	 虢季鬲 xs25 子子孫孫
 虢季鼎 xs10 子子孫孫	 虢季鼎 xs12 子子孫孫	 虢季鼎 xs14 子子孫孫	 虢季鬲 xs22 子子孫孫	 虢季鬲 xs24 子子孫孫	 虢季鬲 xs26 子子孫孫

虢

 虢季鬲 xs27 子子孫孫	 虢季鋪 xs37 子子孫孫	 國子碩父鬲 xs48 國子碩父	 國子碩父鬲 xs48 子子孫孫	 虢碩父簠g xs52 子子孫孫	 虢季子組鬲 00661 虢季氏子組
 虢季鋪 xs36 子子孫孫	 太子車斧 xs44 太子	 國子碩父鬲 xs49 國子碩父	 國子碩父鬲 xs49 子子孫孫	 虢碩父簠q xs52 子子孫孫	 虢季子組鬲 00661 子孫

虢

 虢季氏子組鬲 00662 虢季氏子組	 虢季氏子組簋 03971 虢季氏子組	 虢季氏子組簋 03972 虢季氏子組	 虢季氏子組簋 03973 虢季氏子組	 虢季氏子組壺 09655 虢季氏子組	 虢季氏子組鬲 mt02888 子孫
 虢季氏子組鬲 00662 子孫	 虢季氏子組簋 03971 子子孫孫	 虢季氏子組簋 03972 子子孫孫	 虢季氏子組簋 03973 子子孫孫	 虢季氏子組鬲 mt02888 虢季氏子組	 虢季氏子組盤 ms1214 虢季氏子組

虢

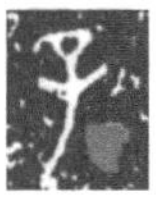 虢季氏子組盤 ms1214 子子孫孫  虢虎父鼎 ms0238 虢季氏子虎父	 虢虎父鼎 ms0238 子子孫孫  叔作穌子鼎 01926 蘇子	 虢大子元徒戈 11116 太子  虢大子元徒戈 11117 太子	 宮氏白子戈 11118 宮氏伯子  宮氏白子戈 11119 宮氏伯子	 賸金氏孫盤 10098 子子孫孫  虢仲簠 xs46 子子孫孫	 戎生鐘 xs1614 天子  戎生鐘 xs1620 子孫
					 子犯鐘 xs1010 子犯  子犯鐘 xs1011 子犯
					 □君子之壺 xs992 □君子
虢					晋

 太師盤 xs1464 子仲姜	 晋侯簋g mt04712 子子孫孫	 晋侯簋g mt04713 子孫孫	 晋姜鼎 02826 君子	 晋叔家父壺 mt12357 子子孫孫	 晋刑氏鼎 ms0247 子子孫孫
 太師盤 xs1464 子子孫孫	 晋侯簋q mt04712 子子孫孫	 晋侯簋q mt04713 子子孫孫	 晋姜鼎 02826 孫子	 晋叔家父壺 xs908 子子孫孫	 晋侯簋 ms0467 子子孫孫
 子犯鐘 xs1012 子犯	 子犯鐘 xs1020 子犯	 子犯鐘 xs1022 子犯	 子犯鬲 mt02727 子犯	 晋公盤 mx0952 小子	 長子沫臣簠 04625.1 長子飈臣
 子犯鐘 xs1016 子犯	 子犯鐘 xs1021 子犯	 子犯鐘 xs1023 子犯	 晋公盆 10342 小子	 晋公盤 mx0952 小子	 長子沫臣簠 04625.1 其子孟孎
 郘黛鐘 00226 郘伯之子	 郘黛鐘 00228 郘伯之子	 郘黛鐘 00230 郘伯之子	 郘黛鐘 00231 郘伯之子	 郘黛鐘 00233 郘伯之子	 郘黛鐘 00234 郘伯之子
 郘黛鐘 00226 子孫	 郘黛鐘 00228 子孫	 郘黛鐘 00232 郘伯之子	 郘黛鐘 00231 子孫	 郘黛鐘 00233 子孫	 郘黛鐘 00235 子孫

晋

 叔休盨 mt05617 子子孫孫 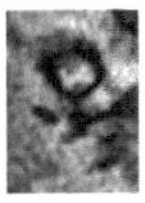 叔休盨 mt05618 子子孫孫	 叔休盨 mt05619 子子孫孫  叔休盤 mt14482 子子孫孫	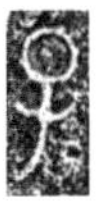 叔休盉 mt14778 子子孫孫 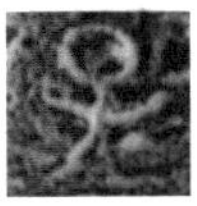 叔休鼎 ms0260 子子孫孫	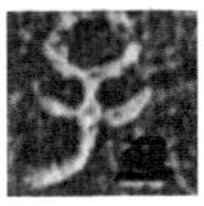 叔休壺 ms1059 子子孫孫  叔休壺 ms1060 子子孫孫	 衛伯須鼎 xs1198 子孫  衛子叔□父簠 04499 衛子叔旡父	 仲考父匜 jk2020.4 子子孫孫  楷宰仲考父鼎 jk2020.4 子子孫孫
 長子沫臣簠 04625.1 子子孫孫  長子沫臣簠 04625.2 長子䮾臣	 長子沫臣簠 04625.2 其子孟媥  長子沫臣簠 04625.2 子子孫孫				
 郘黛鐘 00237 郘伯之子  郘黛鐘 00237 子孫	 智君子鑑 10288 智君子  智君子鑑 10289 智君子	 子之弄鳥尊 05761 子之弄鳥  君子弄鼎 02086 君子		 衛侯之孫書鐘 ms1280 䡴子之子  衛侯之孫書鐘 ms1280 䡴子之子	
晋				衛	黎

 燕仲盨g kw2021.3 子子孫孫 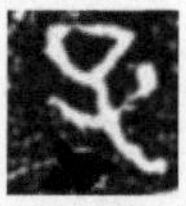 燕仲盨q kw2021.3 子子孫孫	 燕仲鼎 kw2021.3 子子孫孫  燕仲盤 kw2021.3 子子孫孫	 燕仲匜 kw2021.3 子孫  燕仲鬲 kw2021.3 子孫	 燕太子簋 kw2021.3 太子  琱射壺 kw2021.3 子子孫孫		 宗婦鄁嬰鼎 02683 王子剌公  宗婦鄁嬰鼎 02684 王子剌公
				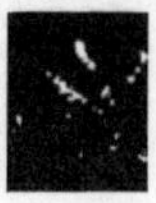 叔左鼎 mt02334 唯己考仲之子  叔左鼎 mt02334 右子□□	
		燕		BC	BC

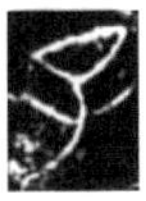 宗婦鄁嬰鼎 02685 王子剌公	 宗婦鄁嬰鼎 02687 王子剌公	 宗婦鄁嬰鼎 02689 王子剌公	 宗婦鄁嬰𣪕 04077 王子剌公	 宗婦鄁嬰𣪕 04079 王子剌公	 宗婦鄁嬰𣪕 04081 王子剌公
 宗婦鄁嬰鼎 02686 王子剌公	 宗婦鄁嬰鼎 02688 王子剌公	 宗婦鄁嬰𣪕蓋 04076 王子剌公	 宗婦鄁嬰𣪕 04078 王子剌公	 宗婦鄁嬰𣪕 04080 王子剌公	 宗婦鄁嬰𣪕 04083 王子剌公

BC

 宗婦鄁嬰𣪕 04084 王子剌公  宗婦鄁嬰𣪕 04085 王子剌公	 宗婦鄁嬰𣪕 04086.1 王子剌公  宗婦鄁嬰𣪕 04086.2 王子剌公	 宗婦鄁嬰𣪕 04087 王子剌公  宗婦鄁嬰壺 09698.2 王子剌公	 宗婦鄁嬰壺 09699.1 王子剌公  宗婦鄁嬰盤 10152 王子剌公	 毛叔盤 10145 子子孫孫  毛叔虎父簋g mx0424 子子孫孫	 毛叔虎父簋q mx0424 子子孫孫  毛叔虎父簋g hx2021.5 子子孫孫
BC				毛	

 毛叔虎父簋q hx2021.5 子子孫孫 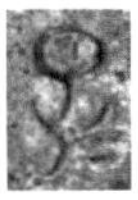 毛百父匜 mx0988 子子孫孫	 毛百父鼎 hx2021.5 子子孫孫 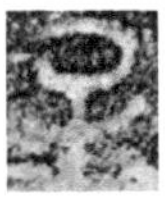 毛虎壺g hx2021.5 子子孫孫	 毛虎壺q hx2021.5 子子孫孫	 鄭伯盤 10090 子子孫孫  鄭饔原父鼎 02493 子孫	 伯高父甗 00938 子子孫孫  鄭戕句父鼎 02520 子子孫孫	 召叔山父簠 04601 子子孫孫  召叔山父簠 04602 子子孫孫
			 鄭子石鼎 02421 鄭子石  鄭子石鼎 02421 子子孫孫	 鄭大內史叔上匜 10281 子子孫孫  鄭大內史叔上匜 10281 十又二月初吉乙子<巳>	
			 與兵壺q eb878 太子  與兵壺g eb878 太子	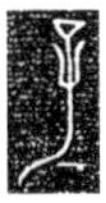 與兵壺q eb878 子子孫孫  與兵壺g eb878 子子孫孫	 與兵壺 ms1068 太子  與兵壺 ms1068 子子孫孫
毛			鄭		

 鄭義伯鑷 09973.2 孫子	 子耳鼎 mt02253 公子  子耳鼎 mt02253 子子孫孫	 寶登鼎 mt02122 鄭噩叔之子  寶登鼎 mt02122 子子孫孫		 穌冶妊鼎 02526 子子孫孫  穌冶妊盤 10118 子子孫	 穌公子毀 04014 蘇公子  穌公子毀 04014 子子孫孫
 鄭莊公之孫盧鼎　mt02409 余剌疢之子  盧鼎q xs1237 余剌疢之子	 封子楚簠 gmx0517 封子楚  封子楚簠q mx0517 封子楚	 封子楚簠 gmx0517 元子  封子楚簠g mx0517 子子孫孫	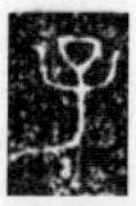 封子楚簠 qmx0517 元子  楚子壽戈 mx1156 楚子壽		
鄭				蘇	

 穌公子段 04015 蘇公子  穌公子段 04015 子子孫孫	 蘇公匜 xs1465 子子孫孫	 許子□父鼎 mx0161 許子□父  許成孝鼎 mx0190 子子孫孫	 伯國父鼎 mx0194 子子孫		
		 許公簠g mx0510 子子孫孫	 許公簠g mx0511 子子孫孫  許公簠q mx0511 子子孫孫		
		 鄦公買簠 04617.2 子子孫孫  鄦公買簠g eb475 子子孫孫	 鄦公買簠q eb475 子子孫孫  鄦子妝簠 04616 許子妝	 鄦子妝簠 04616 子子孫孫	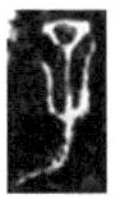 子璋鐘 00113 子子孫孫  子璋鐘 00114 群孫斨子璋
蘇		許			

 子璋鐘 00114 子子孫孫	 子璋鐘 00115.1 子子孫孫	 子璋鐘 00116.1 群孫斨子璋	 子璋鐘 00117.1 群孫斨子璋	 子璋鐘 00118.2 群孫斨子璋	 許子敦 eb478 許子□
 子璋鐘 00115.1 群孫斨子璋	 子璋鐘 00116.1 群子<孫>斨子璋	 子璋鐘 00116.1 子子孫孫	 子璋鐘 00117.1 子子孫孫	 子璋鐘 00119 子子孫孫	 喬君鉦鋮 00423 子子孫孫

許

		 陳侯作嘉姬毁 03903 子子孫孫  陳公子甗 00947 陳公子	 陳公子甗 00947 子孫  陳医鬲 00705 子子孫孫	 陳医鬲 00706 子子孫孫	
		 陳公子中慶簠 04597 陳公子  陳公子中慶簠 04597 子子孫孫	 陳伯元匜 10267 陳白鴋之子  陳子匜 10279 陳子子	 陳大喪史仲高鐘　00350 子子孫孫  陳大喪史仲高鐘　00353.1 子子孫孫	 陳大喪史仲高鐘　00354.2 子子孫孫  陳大喪史仲高鐘　00355.2 子子孫孫
 鄦子盥自鎛 00153 許子盥自  鄦子盥自鎛 00153 子子孫孫	 鄦子盥自鎛 00154 許子盥自  鄦子盥自鎛 00154 子子孫孫				
許		陳			

	 戋叔朕鼎 02690 子子孫孫  戋叔朕鼎 02691 子子孫孫	 戋叔朕鼎 02692 子子孫孫  叔朕簠 04620 子子孫孫	 叔朕簠 04621 子子孫孫  戋伯匜 10246 子子孫孫	 宋眉父鬲 00601 宋眉父作□子媵鬲  商丘叔簠 xs1071 子孫	 商丘叔簠 04557 子子孫孫  商丘叔簠 04558 子子孫孫
 陳姬小公子盨 04379.1 小公子  有兒簋 mt05166 子子孫孫				 趞亥鼎 02588 子子孫孫	 宋公豳鋪 mt06157 濫叔子  宋公豳鋪 mt06157 子子孫孫
				 宋公䜌簠 04589 季子  宋公䜌簠 04590 季子	 樂子簠 04618 樂子嚷豧  樂子簠 04618 子子孫孫
陳	戴			宋	

 商丘叔簠 04559.1 子子孫孫  商丘叔簠 04559.2 子子孫孫				 曹伯狄𣪘 04019 子子孫孫	 杞子每刃鼎 02428 ［杞］子 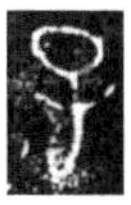 杞伯每亡鼎 02494.1 子子孫孫
 宋公䜌鋪 mx0532 濫叔子  宋公䜌鋪 mx0532 子子孫孫	 宋公䜌鼎g mx0209 濫叔子  宋公䜌鼎q mx0209 濫叔子	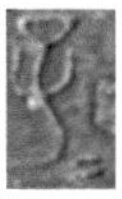 宋公䜌鼎g mx0209 子子孫孫  宋公䜌鼎q mx0209 子子孫孫			
			 鄎子蒷臺鼎g 02498 鄎(邊)子 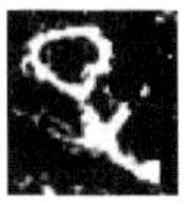 鄎子臺簠 04545 鄎(邊)子	 曹公盤 10144 子子孫孫	
宋			邊	曹	杞

 杞伯每亡鼎 02494.2 子子孫孫	 杞伯每亡鼎 02642 子子孫孫	 杞伯每亡𣪕 03898.1 子子孫孫	 杞伯每亡𣪕 03899.1 子子孫孫	 杞伯每亡𣪕 03901 子子孫孫	 杞伯每亡𣪕 03902.2 子子孫孫
 杞伯每亡鼎 02495 子子孫孫	 杞伯每亡𣪕 03897 子子孫孫	 杞伯每亡𣪕 03898.2 子子孫孫	 杞伯每亡𣪕 03899.2 子子孫孫	 杞伯每亡𣪕 03900 子子孫孫	 杞伯每刅簋 mt04860 子子孫孫

杞

 杞伯每亡壺蓋 09687 子子孫孫  杞伯每亡壺 09688 子子孫孫	 杞伯每亡盆 10334 子子孫孫  杞子每乜鼎 sh183 [杞]子	 杞伯雙聯鬲 mx0262 子子孫孫	 魯仲齊鼎 02639 子子孫孫  魯仲齊甗 00939 子子孫孫	 魯司徒仲齊盨 04440.1 子子孫孫  魯司徒仲齊盨 04440.2 子子孫孫	 魯司徒仲齊盨 04441.1 子子孫孫  魯司徒仲齊盨 04441.2 子子孫孫
			 魯大司徒厚氏元簠 04689 子子孫孫  魯大司徒厚氏元簠 04690.1 子子孫孫	 魯大司徒厚氏元簠 04690.2 子子孫孫  魯大司徒厚氏元簠 04691.1 子子孫孫	 魯大司徒厚氏元簠 04691.2 子子孫孫  魯少司寇封孫宅盤 10154 其子孟姬嬰
			 歸父敦 04640 魯子仲  歸父敦 04640 魯子仲之子	 羊子戈 11089 羊子  羊子戈 11090 羊子	 羊子戈 ss1991.5.47 羊子
杞			魯		

 魯司徒仲齊匜 10275 子子孫孫	 魯大司徒子仲白匜 10277 大司徒子	 魯宰两鼎 02591 子子孫孫	 魯酉子安母簠q mt05903 魯酉子安母	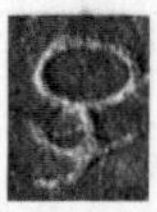 魯酉子安母簠q mt05902 魯酉子安母	 鼄伯鬲 00669 子子孫孫
 魯大司徒子仲白匜 10277 子子孫孫	 魯正叔盤 10124 子子孫孫	 魯酉子安母簠q mt05903 子子孫孫	 魯酉子安母簠g mt05903 子子孫孫	 魯酉子安母簠q mt05902 子子孫孫	 鼄討鼎 02426 子子孫孫
					 郳公糧鐘 gs1.金 1.13 子子孫孫
					 虘飼丘君盤 wm6.200 子子孫孫
					 鼄大宰簠 04623 郳太宰欉子掛
					 鼄大宰簠 04624 郳太宰欉子掛
魯					郳

 邾口白鼎 02640 子子孫孫  邾口白鼎 02641 子子孫孫	 邾伯御戎鼎 02525 子子孫孫	 邾叔彪父簠q ms0573 子子孫孫  邾叔彪父簠 04592 子子孫孫	 邾友父鬲 mt02939 其子胙曹  邾友父鬲 mt02942 其子胙曹	 鼄友父鬲 00717 其子胙曹  邾友父鬲 xs1094 其子胙曹	 邾友父鬲 mt02941 其子胙曹  鼄口匜 10236 其子胙曹
 鼄叔之伯鐘 00087 子子孫孫					
 鼄大宰簠 04623 子子孫孫  鼄大宰簠 04624 子子孫孫	 鼄大宰鐘 00086.2 子子孫孫 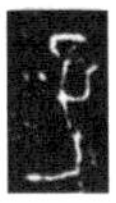 邾公孫班鎛 00140 子子孫孫	 鼄公華鐘 00245 士庶子  鼄公華鐘 00245 子子孫孫	 郳公𣪘父鎛 mt15815 子孫  郳公𣪘父鎛 mt15815 子之子孫之孫	 郳公𣪘父鎛 mt15816 子孫  郳公𣪘父鎛 mt15816 子之子孫之孫	 郳公𣪘父鎛 mt15816 子之子孫之孫  郳公𣪘父鎛 mt15817 子孫
邾			郳		

 郑公子害簠g mt05907 郑公子	 郑公子害簠g mt05907 子子孫孫	 郑公子害簠 mt05908 郑公子	 僉父瓶g mt14036 子子孫孫	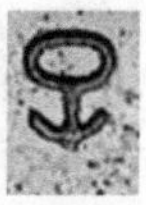 郑慶簠 mt05878 子子孫孫	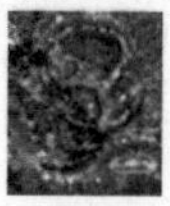 郑慶匜 mt14955 子子孫孫
 郑公子害簠q mt05907 郑公子	 郑公子害簠q mt05907 子子孫孫	 郑公子害簠 mt05908 子子孫孫	 僉父瓶q mt14036 子子孫孫	 郑慶簠 mt05879 子子孫孫	 子皇母簠 mt05853 子皇母
 郳公韍父鎛 mt15817 子之子孫之孫	 郳公韍父鎛 mt15818 子之子孫之孫	 郳大司馬彊盤 ms1216 子子孫孫	 郳大司馬鈚 ms1177 郳大司馬口子彊父		
  郳公韍父鎛 mt15818 子孫	 郳公韍父鎛 mt15818 子之子孫之孫	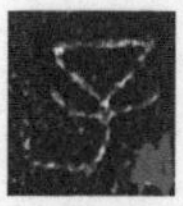 郳大司馬彊匜 ms1260 子子孫孫			
郳					

 圓君婦媿霝壺 mt12353 子子孫孫 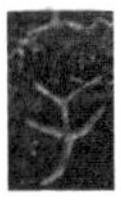 圓君婦媿霝壺 ms1055 子子孫孫	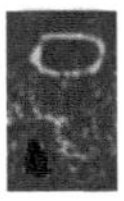 邾壽父鼎 jk2020.1 子孫 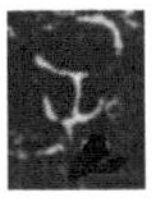 邾眉父鼎 jk2020.1 子孫	 邾季脂摹簋q ms0571 子子孫孫  邾季脂摹簋g ms0572 子子孫孫	 畢仲弁簋 mt05912 子子孫孫	 縢侯穌盨 04428 子子孫孫 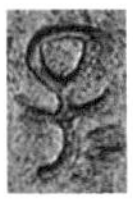 滕侯蘇盨 mt05620 子子孫孫	
				 王子安戈 11122 王子反 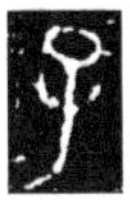 者兒戈 mx1255 吾叔之子	 籐子戈 10898 滕子  司馬楙鎛 eb50 子孫
郳				滕	

 薛侯盤 10133 子子孫孫  薛侯匜 10263 子子孫孫	 薛子仲安簠 04546.1 薛子仲安  薛子仲安簠 04546.1 子子孫孫	 薛子仲安簠 04546.2 薛子仲安  薛子仲安簠 04546.2 子子孫孫	 薛子仲安簠 04547 薛子仲安  薛子仲安簠 04547 子子孫孫	 薛子仲安簠器 sh393 薛子仲安  走馬薛仲赤簠 04556 子子孫孫	 郜仲簠g xs1045 子子孫孫  郜仲簠q xs1045 子子孫孫
 鄀郭公子戈 xs1129 公子					 郜公典盤 xs1043 郜子姜首  郜公典盤 xs1043 子子孫孫
		薛			郜

 郜仲簠 xs104 子子孫孫	 郜伯鼎 02601 子子孫孫	 郜譴簋 04040.1 子子孫孫	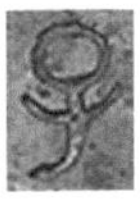 郜譴簋 mt05022 子子孫孫	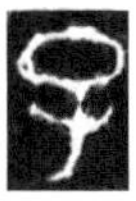 鑄子叔黑臣鼎 02587 鑄子叔黑臣	 鑄子叔黑臣盨 mt05608 鑄子叔黑臣
 郜伯祀鼎 02602 子子孫	 郜造譴鼎 02422 子子孫孫	 郜譴簋 04040.2 子子孫孫		 鑄子叔黑臣盨 04423 鑄子叔黑臣	
郜				鑄	

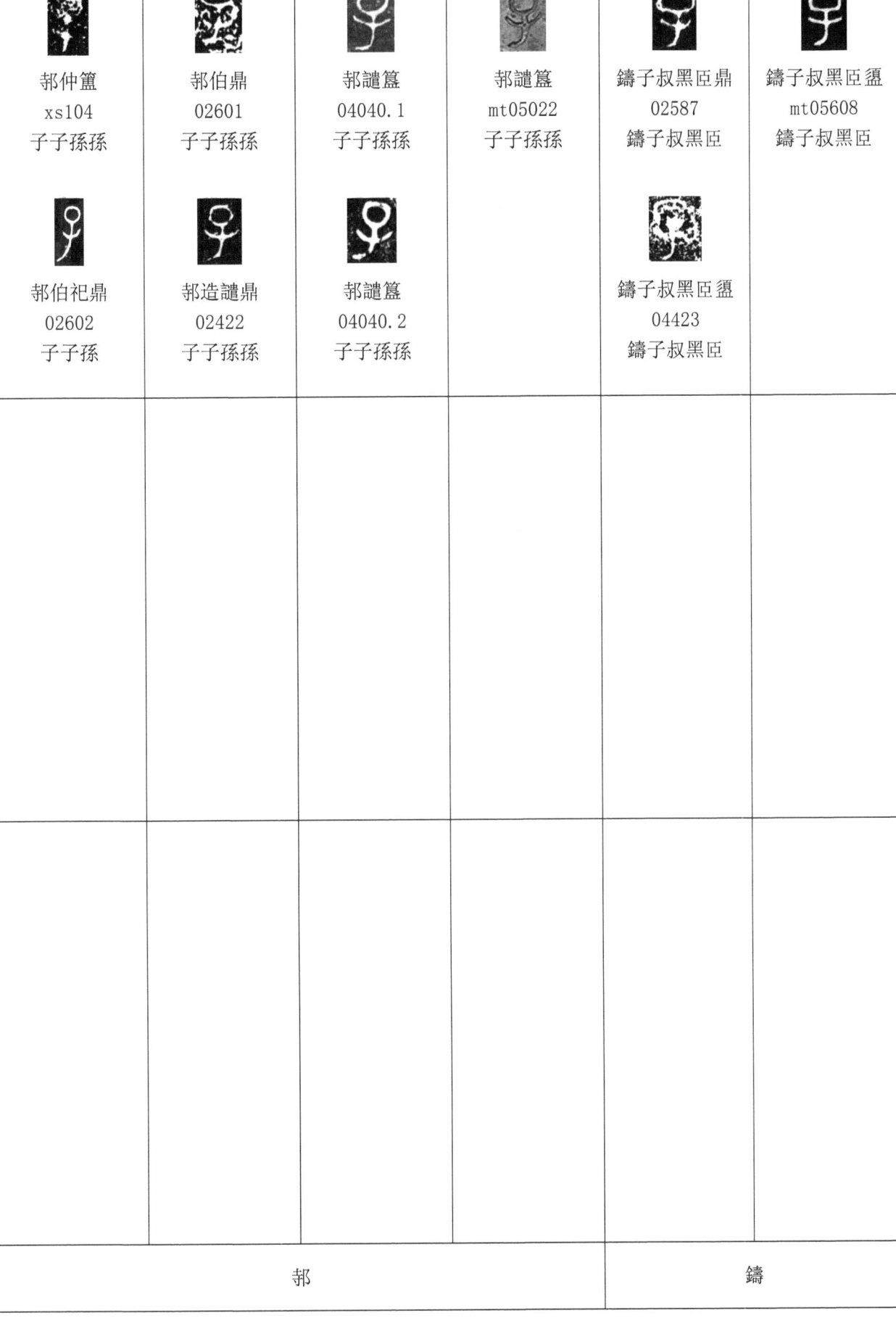

 鑄子叔黑臣簠 04570.1 鑄子叔黑臣  鑄子叔黑臣簠 04570.2 鑄子叔黑臣	 鑄子叔黑臣簠 04571.1 鑄子叔黑臣  鑄子叔黑臣簠 04571.2 鑄子叔黑臣	 鑄子叔黑臣鬲 00735 鑄子叔黑臣  鑄公簠蓋 04574 子子孫孫	 鑄子叔黑臣簋 03944 鑄子叔黑臣  鑄侯求鐘 00047 子子孫孫	 鑄子獯匜 10210 鑄子獯  鑄公簠 sh379 子子孫孫	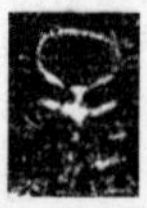 齊伯里父匜 mt14966 子子孫孫  齊不超鬲 mt02926 子子孫孫
 鑄司寇鼎 xs1917 子子孫孫					 齊侯鎛 00271 邅仲之子  齊侯鎛 00271 子仲姜
					 公子土折壺 09709 子仲姜  公子土折壺 09709 子子孫孫
鑄					齊

 齊侯子行匜 10233 齊侯子行作其寶匜	 齊侯匜 10272 子子孫孫	 齊趫父鬲 00685 子子孫孫	 齊良壺 09659 子孫	 齊侯匜 10242 子子孫	
 齊侯子行匜 10233 子子孫孫	 齊縈姬盤 10147 子子孫孫	 齊趫父鬲 00686 子子孫孫	 國子山壺 mt12270 齊大司徒國子山	 齊侯盤 10117 子子孫孫	
 齊侯鎛 00271 保吾子姓	 齊侯鎛 00271 鮑子鞄	 齊侯盂 10318 子仲姜	 國差罎 10361 子子孫孫	 庚壺 09733.1B 崔子執鼓	 叔夷鐘 00274.1 小子
 齊侯鎛 00271 孫子	 齊侯鎛 00271 子子孫孫	 齊侯盂 10318 子子孫孫	 庚壺 09733.1B 右師之子	 齊侯子仲姜鬲 mx0260 齊侯子仲姜	 叔夷鐘 00278 子孫
 公子土折壺 09709 子子孫孫	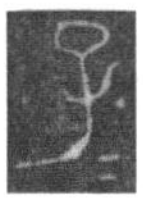 齐侯作孟姜敦 04645 子子孫	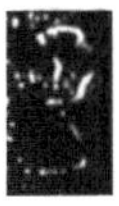 齊侯鼎 mt02363 子子孫孫	 國子鼎 01348.1 國子	 國子中官鼎 01935.2 國子	 洹子孟姜壺 09729 太子
  公子土折壺 09709 公子土斧	 齊侯盤 10159 子子孫孫	 國子鼎 mt00703 國子	 國子鼎 01348.2 國子	 國子鼎 mt00702 國子	 洹子孟姜壺 09729 天子

齊

 叔夷鎛 00285.8 子子孫孫	 𩞁子鼎 mt02404A 鮑子	 𩞁子鼎 mt02404A 仲匋姒及子思	 高子戈 10961 高子		
 國子鼎 sh210.5.2 國子	 𩞁子鼎 mt02404A 男子	 𩞁子鼎 mt02404A 子孫孫			
 洹子孟姜壺 09729 天子	 洹子孟姜壺 09729 洹子孟姜	 洹子孟姜壺 09729 天子	 洹子孟姜壺 09730 太子	 洹子孟姜壺 09730 天子	 洹子孟姜壺 09730 洹子孟姜
 洹子孟姜壺 09729 南宫子	 洹子孟姜壺 09729 天子	 洹子孟姜壺 09729 洹子孟姜	 洹子孟姜壺 09730 天子	 洹子孟姜壺 09730 南宫子	 洹子孟姜壺 09730 天子
齊					

		 簷叔之仲子平鐘　00172 莒叔之仲子平  簷叔之仲子平鐘　00172 子子孫孫	 簷叔之仲子平鐘　00174 莒叔之仲子平  簷叔之仲子平鐘　00175 子子孫孫	 簷叔之仲子平鐘　00176 莒叔之仲子平  簷叔之仲子平鐘　00177 子子孫孫	 簷叔之仲子平鐘　00179 子子孫孫  簷叔之仲子平鐘　00180 莒叔之仲子平
 洹子孟姜壺 09730 洹子孟姜  陳子戈 11084 陳子山	 慶叔匜 10280 子孟姜  慶叔匜 10280 子子孫孫	 簷太史申鼎 02732 子孫  鄶侯少子簋 04152 莒侯小子	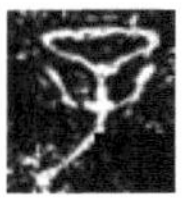 鄶平壺 xs1088 孝子  鄶平壺 xs1088 子子孫孫		
齊		莒			

	 尋仲匜 10266 仲女子  尋仲匜 10266 子子孫孫	 尋仲盤 10135 仲女子  尋仲盤 10135 子子孫孫	 己華父鼎 02418 子子孫孫	 曩侯弟叟鼎 02638 子子孫孫  曩甫人匜 10261 子子孫孫	 曩伯子宼父盨 04442.2 曩伯子宼父  曩伯子宼父盨 04443.1 曩伯子宼父
 篖叔之仲子平鐘 00180 子子孫孫					
				 曩公壺 09704 子叔姜  曩公壺 09704 子孫	
莒	鄩		紀	曩	

 㠱伯子𡪞父盨 04443.2 㠱伯子𡪞父 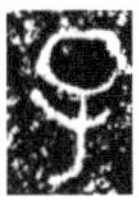 㠱伯子𡪞父盨 04444.1 㠱伯子𡪞父	 㠱伯子𡪞父盨 04444.2 㠱伯子𡪞父  㠱伯子𡪞父盨 04445.1 㠱伯子𡪞父	 㠱伯子𡪞父盨 04445.2 㠱伯子𡪞父  㠱侯簋 xs1462 子子孫孫	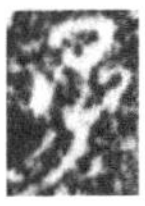 哀鼎g mt02311 子子孫孫  哀鼎q mt02311 子子孫孫	 子備嶂戈 11021 子備璋戈  子備璋戈 xs1540 子備璋戈	 干氏叔子盤 10131 干氏叔子  干氏叔子盤 10131 子子孫孫
				 華孟子鼎 mx0207 華孟子  華孟子鼎 mx0207 中叚厥婦中子	 華孟子鼎 mx0207 子子孫孫
㠱				D	

<table>
<tr>
<td>
鄀甘𩫖鼎
xs1091
子子孫孫</td>
<td>
上曾太子鼎
02750
上曾太子</td>
<td></td>
<td>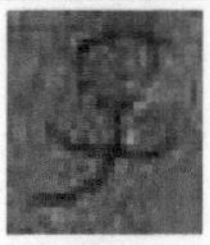
鄧公孫無忌鼎
xs1231
子子孫孫

鄧子仲無忌戈
xs1232
鄧子</td>
<td>
鄧子仲無忌戈
xs1233
鄧子

鄧子仲無忌戈
xs1234
鄧子</td>
<td>
鄧伯吉射盤
10121
子子孫

鄧子孫白鼎
mx0092
鄧子孫</td>
</tr>
<tr>
<td>
子𢖻子戈
10958
子𢖻子

子𢖻子戈
10958
子𢖻子</td>
<td>
取膚上子商盤
10126
取盧上子商

取膚上子商盤
10126
子子孫孫</td>
<td>
取膚上子商匜
10253
取盧上子商

取膚上子商匜
10253
子子孫孫</td>
<td>
鄧子盤
xs1242
鄧子</td>
<td></td>
<td></td>
</tr>
<tr>
<td>
賈孫叔子𡰥盤
mt14512
子孟姜</td>
<td>
□子戈
11080
[illegible]子之造戈

𣪘巽鼎
hdkg 十二
子子孫孫</td>
<td></td>
<td>
鄧子午鼎
02235
鄧子午</td>
<td></td>
<td></td>
</tr>
<tr>
<td colspan="3">D</td>
<td colspan="3">鄧</td>
</tr>
</table>

 鄧子伯鼎甲 jk2022.3 鄧子鄘伯  鄧子伯鼎乙 jk2022.3 鄧子鄘伯	 鄧子伯戈 jk2022.3 鄧子伯	 昜媍鼎 ms0225 子子孫孫			 樊孫伯渚鼎 mx0197 子子孫孫
					 樊君匜 10256.1 子子孫孫  樊君匜 10256.2 子子孫孫
		 唐子仲瀕兒匜 xs1209 唐子仲瀕兒  唐子仲瀕鈚 xs1210 唐子仲瀕兒	 唐子仲瀕兒盤 xs1211 唐子仲瀕兒  唐子仲瀕兒盤 xs1211 子子孫孫	 鍚子斨戈 mt16766 唐子斨	
鄧		唐			樊

 黃季鼎 02565 子孫	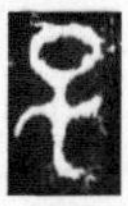 叔單鼎 02657 子子孫孫	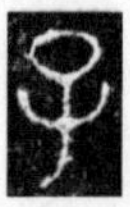 奚□單匜 10235 子子孫孫	 奚子宿車鼎 02603.1 緊子丙車	 奚子宿車鼎 02603.2 緊子丙車	 奚子宿車鼎 02604.1 緊子丙車
 叔單鼎 02657 黃孫子□君	 □單盤 10132 子子孫		 奚子宿車鼎 02603.1 子孫	 奚子宿車鼎 02603.2 子孫	 奚子宿車鼎 02604.1 子孫永寶
 伯亞臣鐳 09974 黃孫須頸子	 黃子鬲 00624 黃子	 黃子鼎 02566 黃子	 黃子豆 04687 黃子	 黃子豆 ms0608 黃子	 黃子壺 09663 黃子
 伯亞臣鐳 09974 子孫	 黃子鬲 00687 黃子	 黃子鼎 02567 黃子	 黃子豆 xs93 黃子	 黃子盉 09445 黃子	 黃子壺 09664 黃子
 黃韋俞父盤 10146 子子孫孫					

黃

 郳季寬車匜 10234 子孫  郳季寬車盤 10109 子孫孫	 郳子宿車盆 10337 郳子宿車 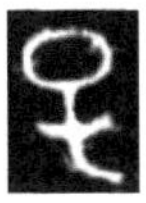 郳季寬車壺 09658.2 子孫	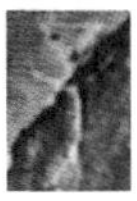 黄子季庚臣簠 ms0589 黄子			
 黄子鑐 xs94 黄子  黄子盤 10122 黄子	 黄子匜 10254 黄子  黄君孟鼎 02497 子孫	 黄君孟盤 10104 子孫孫  黄君孟匜 10230 子孫	 黄君孟壺 xs91 子子孫孫  黄君孟壺 ms1054 子子孫孫	 黄君孟豆 ms0606 子子孫孫  黄君孟鑐 09963 子子孫孫	 黄君孟鑐 xs92 子子孫孫  黄君孟鑐 ms1176 子子孫孫
黄					

				 番□伯者君盤 10139 子孫	 番□伯者君匜 10268 子孫
				 番□伯者君盤 10140 子孫	 番□伯者君匜 10269 子孫
 黄太子白克盤 10162 太子	 黄太子白克盆 10338 太子	 伯遊父壺 mt12412 子子孫孫	 伯遊父鐳 mt14009 子子孫孫	 番子鼎 ww2012.4 番子	 番君召簠 04582 子子孫孫
 黄太子白克盤 10162 子子孫孫	 黄太子白克盆 0338 子子孫孫	 伯遊父壺 mt12413 子子孫孫	 伯遊父盤 mt14510 子子孫孫		 番君召簠 04583 子子孫孫
				 鄱子成周鐘 xs283 鄱子成周	 鄱子成周鐘 mt15256 子子孫孫
				 鄱子成周鐘 mt15256 鄱子成周	 鄱子成周鐘 mt15257 鄱子成周
黄				番	

 番君酟伯鬲 00732 子子孫	 番君酟伯鬲 00734 子子孫	 番昶伯者君鼎 02618 子孫	 番伯酓匜 10259 子孫	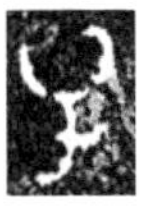 曾伯文簋 04051.1 子子孫孫	 曾伯文簋 04052.1 子子孫孫
 番君酟伯鬲 00733 子子孫	 番昶伯者君鼎 02617 子孫	 番君伯歡盤 10136 子孫	 番君匜 10271 子孫	 曾伯文簋 04051.2 子子孫孫	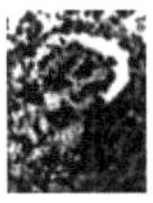 曾伯文簋 04053 子子孫孫
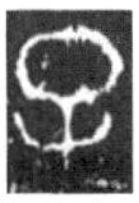 番君召簠 04584 子子孫孫	 番君召簠 04586 子子孫孫			 曾公畎鎛鐘 jk2020.1 子孫	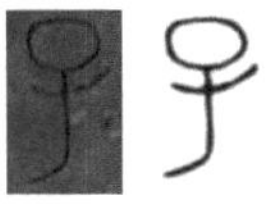 曾公畎甬鐘 A jk2020.1 子孫
 番君召簠 04585 子子孫				 曾公畎鎛鐘 jk2020.1 孺小子	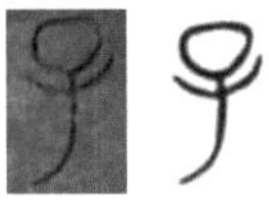 曾公畎甬鐘 A jk2020.1 孺小子
 鄱子成周鐘 xs288 子子孫孫				 曾子季关臣簠 eb463 曾子	 曾子義行簠g xs1265 曾子
				 曾子季关臣簠 eb464 曾子	 曾子義行簠q xs1265 曾子
番				曾	

 曾伯文簠 mt05028 子子孫孫	 曾仲大父蝨𣪘 04203 子子子子〈孫孫〉	 曾仲大父蝨𣪘 04204.1 子子孫孫	 曾子仲謱鼎 02620 曾子	 曾子仲謱甗 00943 曾子	 曾侯仲子遊父鼎　02423 曾侯仲子
	 曾仲大父蝨𣪘 04203 子子子子〈孫孫〉	 曾仲大父蝨𣪘 04204.2 子子孫孫	 曾子仲謱鼎 02620 子子孫孫	 曾子單鬲 00625 曾子	 曾侯仲子遊父鼎　02424 曾侯仲子
 曾公畩甬鐘B jk2020.1 子孫	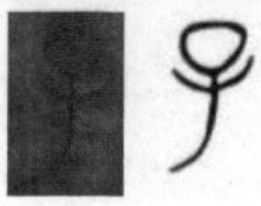 曾公畩甬鐘B jk2020.1 孺小子	 嬭加鎛丁 ms1285 至于孫子	 嬭加編鐘 kg2020.7 穆之元子	 曾子仲宣鼎 02737 曾子	 曾子屎簠 04528.1 曾子
 曾公畩甬鐘B jk2020.1 子孫			 嬭加編鐘 kg2020.7 乃子加嬭	 曾子仲宣鼎 02737 子子孫孫	 曾子屎簠 04529.1 曾子
 曾子義行簠g xs1265 子孫	 曾子原彝簠 04573 曾子	 曾子□簠 04588 曾子	 曾子缶 09996 曾子	 曾子旂戟 mx1158 曾子	 曾子叔㸚父簠蓋　04544 曾子
 曾孫無期鼎 02606 子孫	 曾大工尹戈 11365 穆侯之子	 曾子□簠 04588 子子孫孫	 曾□□簠 04614 子子孫孫	 曾子虡戈 mx1157 曾子	
曾					

 曾仲子敔鼎 02564 曾仲子	 曾伯陭壺 09712.2 子子孫孫	 曾子伯𥎦盤 10156 曾子	 曾子斿鼎 02757 曾子	 曾伯霥簠 04631 子子孫孫	 曾伯霥壺 ms1069 子孫
 曾仲子敔鼎 02564 子孫	 曾伯陭壺 09712.5 子子孫孫	 曾子伯𥎦盤 10156 子孫	 曾子伯誩鼎 02450 曾子	 曾伯霥簠 04632 子子孫孫	 曾侯簠 04598 子子孫孫
 曾公子叔湪簠g mx0507 曾公子	 曾子南戈甲 jk2015.1 曾子	 曾子南戈丙 ms1421 曾子			
 曾公子叔湪簠g mx0507 子子孫孫	 曾子南戈乙 ms1420 曾子	 曾子叔交戈 ms1422 曾子			
 曾子遇簠 04488 曾子	 曾公子棄疾鼎q mx0126 曾公子	 曾公子棄疾鼎g mx0127 曾公子	 曾公子棄疾匿q mx0486 曾公子	 曾公子棄疾壺 mx0819 曾公子	 曾公子棄疾壺g mx0818 曾公子
 曾子遇簠 04489 曾子	 曾公子棄疾鼎g mx0126 曾公子	 曾公子棄疾匿g mx0486 曾公子	 曾公子棄疾甗 mx0280 曾公子	 曾公子棄疾壺g mx0818 曾公子	 曾公子棄疾缶g mx0903 曾公子

曾

 曾者子鼎 02563 曾者子口	 曾大保盆 10336 子子孫孫	 曾子斁鼎 mx0146 曾子	 曾太保嫞簋 mx0425 子子孫孫	 曾子伯皮鼎 mx0166 曾子	 伯克父鼎 ms0285 子子孫孫
 曾者子鼎 02563 子子孫孫	 曾子白父匜 10207 曾子	 曾子壽鼎 mx0147 曾子	 曾子鼎 ms0210 曾子	 曾子伯皮鼎 mx0166 子孫	 曾伯克父簋 ms0509 子子孫孫
 曾公子棄疾缶q mx0903 曾公子 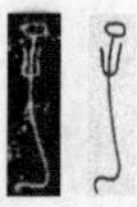 曾公子棄疾斗 mx0913 曾公子					

曾

 曾伯克父甗 ms0361 子孫  曾伯克父盨 ms0538 子孫	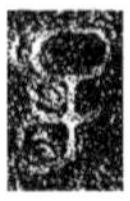 曾伯克父盨 ms0539 子孫  曾伯克父壺g ms1062 子孫	 曾伯克父壺q ms1062 子孫  曾伯克父壺 ms1063 子孫	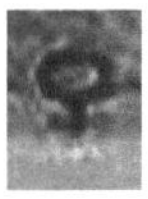 孟爾克母簠g ms0583 子孫  曾子牧臣鼎 ms0211 曾子	 曾子牧臣壺 ms1407 曾子 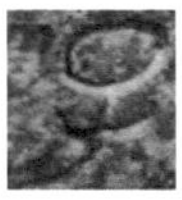 曾子牧臣壺 ms1408 曾子	 曾侯子鐘 mt15141 曾侯子  曾侯子鐘 mt15142 曾侯子

曾

 曾侯子鐘 mt15143 曾侯子  曾侯子鐘 mt15144 曾侯子	 曾侯子鐘 mt15145 曾侯子  曾侯子鐘 mt15146 曾侯子	 曾侯子鐘 mt15147 曾侯子  曾侯子鐘 mt15148 曾侯子	 曾侯子鎛 mt15763 曾侯子  曾侯子鎛 mt15764 曾侯子	 曾侯子鎛 mt15765 曾侯子  曾侯子鎛 mt15766 曾侯子	 蔡大善夫趣簠g xs1236 子子孫孫  蔡大善夫趣簠q xs1236 子子孫孫
					 鄬中姬丹盤 xs471 子子孫孫  鄬中姬丹匜 xs472 子子孫孫
					 蔡子匜 10196 蔡子佗  蔡公子戈 mx1173 蔡公子
		曾			蔡

 蔡公子叔湯壺 xs1892 蔡公子  蔡公子叔湯壺 xs1892 子子孫孫					
 蔡大司馬燮盤 eb936 子孫					
 蔡侯𨭼尊 06010 天子  蔡侯𨭼尊 06010 子孫	 蔡侯𨭼盤 10171 天子  蔡侯𨭼盤 10171 子孫	 蔡侯紐鐘 00210.1 末少子  蔡侯紐鐘 00211.1 末少子	 蔡侯紐鐘 00211.2 子孫  蔡侯紐鐘 00216.2 子孫	 蔡侯紐鐘 00217.1 末少子  蔡侯紐鐘 00217.2 子孫	 蔡侯紐鐘 00218.2 子孫  蔡侯鎛 00221.1 末少子

蔡

 蔡侯鎛 00222.1 末少子  蔡侯鎛 00222.2 子孫	 蔡公子吴戈 ms1438 蔡公子  蔡侯簠 ms0582 子子孫孫	 蔡大師鼎 02738 子子孫孫  蔡公子義工簠 04500 蔡公子	 蔡叔季之孫貫匜 10284 子子孫孫  蔡加子戈 11149 蔡加子	 雌盤 ms1210 子趑之子雌  雌盤 ms1210 子趑之子雌	 蔡公子加戈 11148 蔡公子  蔡公子加戈 mt16903 蔡公子

蔡

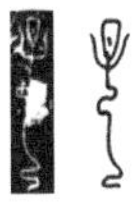 蔡公子果戈 11145 蔡公子	 蔡公子果戈 11147 蔡公子	 蔡公子從戈 xs1676 蔡公子	 蔡公子從劍 mt17837 蔡公子	 蔡公子縝戈 mx1176 蔡公子	 蔡侯紐鐘 00211.2 均(君)仔(子)大夫
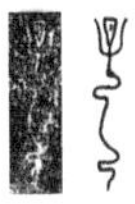 蔡公子果戈 11146 蔡公子	 蔡公子果戈 mx1174 蔡公子	 蔡公子從劍 mt17838 蔡公子	 蔡叔子宴戈 mx1171 蔡叔子宴	 蔡公子頒戈 eb1146 蔡公子	 蔡侯紐鐘 00217.2 均(君)仔(子)大夫

蔡

 申比父豆g ms0604 子子孫孫	 鼄公彭宇簠 04610 子子孫孫	 鼄公彭宇簠 04610 十又一月辛子 〈巳〉	 彭伯壺g xs315 子子孫孫	 矩甗 xs970 子子孫孫	
 申比父豆q ms0604 子子孫孫	 鼄公彭宇簠 04611 子子孫孫	 鼄公彭宇簠 04611 十又一月辛子 〈巳〉	 彭伯壺q xs315 子子孫孫		
 彭子射繁鼎g mt01666 彭子	 彭子射湯鼎 mt01667 彭子	 彭子射兒簠 mt05884 彭子	 彭子射匜 mt14878 彭子	 彭啓簠甲 ww2020.10 士庶子	 彭啓簠丙q ww2020.10 士庶子
 彭子射繁鼎q mt01666 彭子	 彭子射盂鼎 mt02264 彭子	 彭子射盤 mt14388 彭子	 彭子壽簠 mx0497 彭子	 彭啓簠丙g ww2020.10 士庶子	
CE					

 蛣公諴簠 04600 子子孫孫  上鄀公敄人簋蓋　04183 子子孫孫	 鄀公平侯鼎 02771 子子孫孫  鄀公平侯鼎 02772 子子孫孫	 鄀公簠蓋 04569 子子孫孫  鄀公諴鼎 02753 子子孫孫	 鄀于子斯簠 04542 鄀于子斯  鄀于子斯簠 04543 鄀于子斯	 鄀于子斯簠 04543 子子孫孫 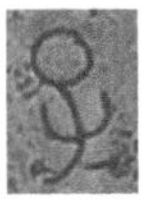 上鄀太子平侯匜　ms1252 太子	 上鄀太子平侯匜　ms1252 子子孫孫
 上鄀公簠g xs401 子子孫孫	 上鄀公簠q xs401 子子孫孫  上鄀府簠 04613.1 子子孫孫	 上鄀府簠 04613.2 子子孫孫  上鄀府簠 04613.2 子子孫孫			

CE

 鄂伯邍鼎 ms0241 子子孫孫			 邛君婦龢壺 09639 子子孫孫	 伯戔盤 10160 子子孫孫  伯戔盆g 10341 子子孫孫	 䢼伯墉盤 10130 子孫  䢼盤 10094 子子孫孫
	 郾子妝戈 xs409 郾子  郾子妝戈 mx1123 郾子	 郾公戈 ms1429 公子  郾公戈 ms1430 公子	 江叔螽鬲 00677 子子孫孫	 叔師父壺 09706 子子孫  𩰫君季𩰫鑑 mx0535 子子孫孫	 鄦伯受簠 04599.1 子子孫孫  鄦伯受簠 04599.2 子子孫孫
CE					

 祁仲匜 mt14953 子子［孫孫］  祁仲無龍匜 10249 子子孫孫	 祁仲無龍鬲 00713 子子孫  祁仲無龍鬲 00714 子子孫	 祁帳伯壺蓋 ms1057 子孫 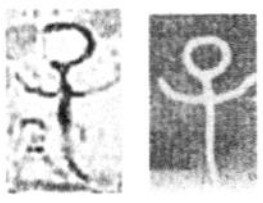 祁帳伯壺蓋 ms1058 子孫	 祁帳伯壺 mx0831 子子孫孫  祁仲侯盤 ms1206 子孫	 鄁公鼎 02714 子子孫孫  鄁公簋 04016 子子孫孫	 鄁公簋 04017.1 子子孫孫  鄁公簋 04017.2 子子孫孫
 䣐子白鐸 xs393 䣐子白受				 鄾膚簠 mx0500 子子孫孫  子諆盆 10335.1 子諆	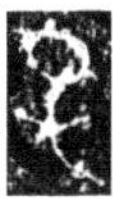 子諆盆 10335. 2 子諆 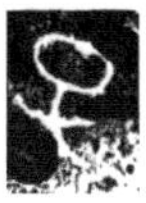 子諆盆 10335. 2 子子孫
				 義子鼎 eb308 義子  義子鼎 eb308 子子孫孫	 盅子或鼎蓋 02286 盅子
CE					

 廍季伯歸鼎 02644 子子孫  廍季伯歸鼎 02645 子子孫孫	 伯歸臺盤 s14484 子子孫孫  備兵鼎 jjmy007 子子孫孫	 彭子仲盆蓋 10340 彭子仲  彭子仲盆蓋 10340 子子孫孫	 郾君慮鼎 mx0198 子孫  鄝伯貝懋盤 mx0941 子孫	 蠆侯盤 ms1205 子子孫孫  蠆侯簠 04561 子子孫孫	 蠆侯簠 04562 子子孫孫
 薛子鹹盞g xs1235 薛子鹹  章子鄭戈 11295A 章子鄭(國)	 薛子鹹盞g xs1235 子子孫孫  薛子鹹盞q xs1235 薛子鹹	 諆余鼎 mx0219 □子諆余  諆余鼎 mx0219 子子孫孫	 登鐸 mx1048 □子登  登鐸 mx1048 子子孫孫	 邴子蔡盤 xs1372 邴子蔡  邴子蔡盤 xs1372 子孫	 鄎子行盆 10330.1 鄎(息)子  鄎子行盆 10330.2 鄎(息)子
 羅兒匜 xs1266 學卯□□臺之子	 侯古堆鎛 xs277 子<孔>樂父兄  侯古堆鎛 xs278 子<孔>樂父兄	 侯古堆鎛 xs279 子<孔>樂父兄  侯古堆鎛 xs280 子<孔>樂父兄	 侯古堆鎛 xs281 子<孔>樂父兄		

CE

 醫子奠伯鬲 00742 醫子子奠白  醫子奠伯鬲 00742 子子孫孫	 楚季哶盤 10125 子子孫孫  中子化盤 10137 中子化	 楚嬴盤 10148 子子孫孫  楚嬴匜 10273 子孫	 考叔脂父簠 04608.1 子子孫孫  塞公孫脂父匜 10276 子子孫孫	 考叔脂父簠 04609.1 子子孫孫 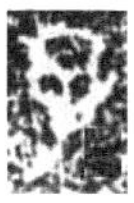 考叔脂父簠 04609.2 子子孫孫	 楚太師登鐘 mt15511a 子子孫  楚太師登鐘 mt15512a 子子孫
	 楚子暖簠 04575 楚子暖  楚子暖簠 04575 子孫	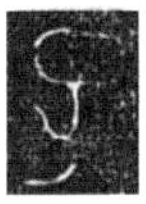 楚子暖簠 04576 楚子暖 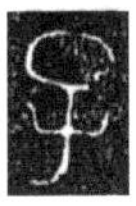 楚子暖簠 04576 子孫	 楚子暖簠 04577 楚子暖  楚子暖簠 04577 子孫	 以鄧匜 xs405 子子孫孫 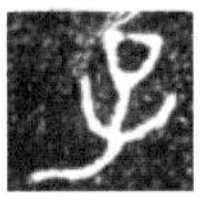 王子申盞 04643 王子申	 王子嬰次爐 10386 王子嬰次  王子嬰次鐘 00052 王子嬰次
	 楚子逜鼎 02231 楚子逜  楚子𧻚鄴敦 04637 楚子迦鄴	 楚子𧻚鄴敦 04637 子  王子啓疆鼎 mt11690 王子啓疆	 子季嬴青簠 04594.1 子季嬴青  子季嬴青簠 04594.2 子季嬴青	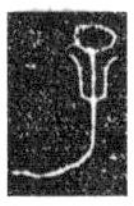 子季嬴青簠 04594.1 子子孫孫  子季嬴青簠 04594.2 子子孫孫	 郙子𢒼缶 09995 郙子𢒼  王子申匜 xs1675 王子𧭉
CE	楚				

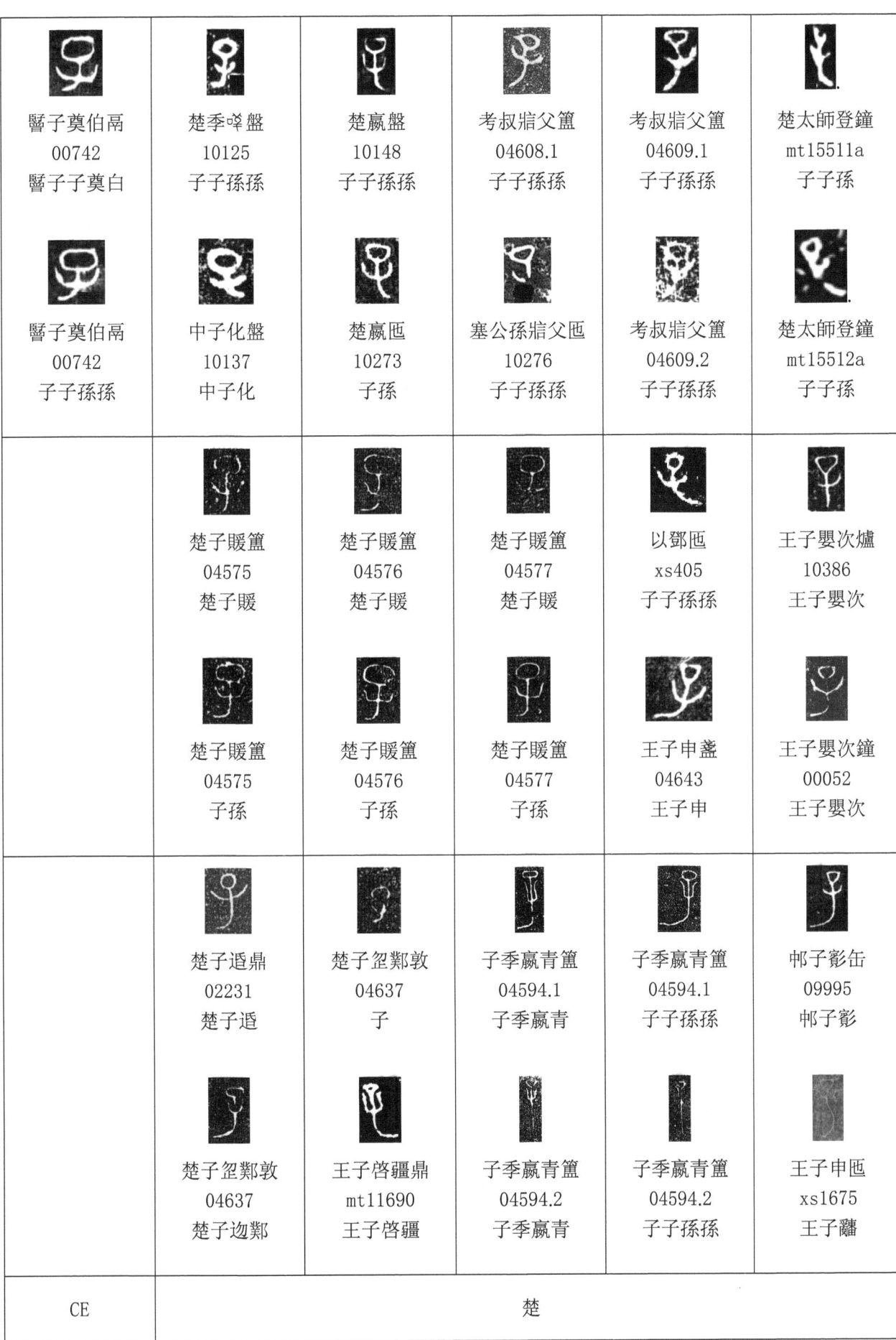

 楚太師登鐘 mt15513b 子子孫孫	 楚太師鄧子辥慎鎛　mx1045 楚太師鄧子辥	 楚太師登鐘 mt15516b 子子孫孫			
 楚太師登鐘 mt15514b 子子孫孫	 楚太師鄧子辥慎鎛　mx1045 子子孫孫	 楚王鐘 00072 子子孫孫			
 楚屈子赤目簠 04612 楚屈子赤目	 楚屈子赤目簠 xs1230 楚屈子赤目	 仲改衛簠 xs399 子子孫孫	 何次簠 xs402 子子孫孫	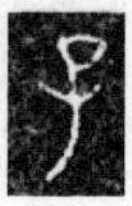 何次簠g xs403 子子孫孫	 何次簠g xs404 子子孫孫
 楚屈子赤目簠 04612 子子孫孫	 楚屈子赤目簠 xs1230 子子孫孫	 仲改衛簠 xs400 子子孫孫		 何次簠q xs403 子子孫孫	 何次簠q xs404 子子孫孫
 樂書缶 10008.2 子孫	 復公仲壺 09681 子孫	 𪒠鐘 xs482b 君子	 𪒠鎛 xs489a 君子	 𪒠鎛 xs491b 君子	 𪒠鎛 xs494a 君子
	 復公仲簋蓋 04128 我子孟媿寎	 𪒠鐘 xs483b 君子	 𪒠鎛 xs490a 君子	 𪒠鎛 xs492b 君子	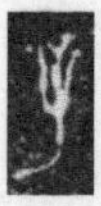 𪒠鐘 xs485b 男子

楚

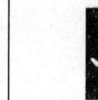

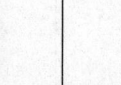

 東姬匜 xs398 雍子之子 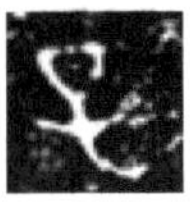 東姬匜 xs398 雍子之子	 東姬匜 xs398 子子孫孫  楚子棄疾簠 xs314 楚子棄疾	 敬事天王鐘 00074 君子  敬事天王鐘 00077 君子	 敬事天王鐘 00079 君子  敬事天王鐘 00081.1 君子	 王子午戟 xs467 王子午  王子午戟 xs468 王子午	 王孫遺者鐘 00261.1 孫子  蔿鬲 xs458 子子孫孫
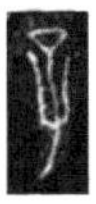 𨻻鎛 xs489b 男子  𨻻鎛 xs490b 男子	 𨻻鎛 xs491b 男子 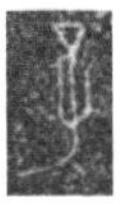 𨻻鎛 xs493b 男子	 𨻻鎛 xs495b 男子  𨻻鎛 xs489b 吕王之子〈孫〉			
楚					

 鄬子倗浴缶g xs459 鄬子倗	 倗缶 xs461 鄬子倗	 鄬子倗浴缶q xs460 鄬子倗	 飤簠g xs475 子子孫孫	 飤簠q xs477 子□□□用之	 飤簠q xs478 子子孫孫
 鄬子倗浴缶q xs459 鄬子倗	 鄬子倗浴缶g xs460 鄬子倗	 倗缶 xs462 鄬子倗	 飤簠q xs476 子子孫孫	 飤簠g xs478 子子孫孫	 楚王鼎g mt02318 子孫

楚

 楚王鼎q mt02318 子孫  楚王鼎 mx0210 子孫	 楚王媵嬭加缶 kg2020.7 子子孫孫	 王子吴鼎 mt02343b 王子昃  王子吴鼎 mt02343b 子子孫孫	 王子吴鼎 02717 王子吳(昃)  王子吴鼎 02717 子子孫孫	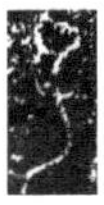 鄬子受鐘 xs505 伵子受  鄬子受鐘 xs507 伵子受	 鄬子受鐘 xs510 伵子受  鄬子受鎛 xs513 伵子受
				 鄬子孟孀青簠g xs522 伵子孟嬭青  鄬子孟孀青簠q xs522 伵子孟青嬭	 鄬子孟升嬭鼎g xs523 伵子孟升嬭  鄬子孟升嬭鼎q xs523 伵子孟升嬭
楚					

 鄬子受鎛 xs514 倗子受  鄬子受鎛 xs515 倗子受	 鄬子受鎛 xs516 倗子受  鄬子受鎛 xs520 倗子受	 鄬子受戟 xs524 倗子受  鄬子受戟 xs525 倗子受	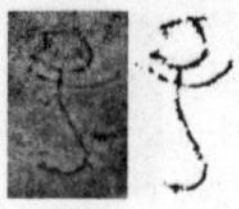 鄬子受鼎 xs527 倗子受 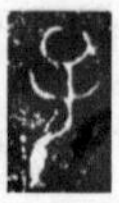 鄬子受鼎 xs528 倗子受	 鄬子受鬲 xs529 倗子受  王子午鼎 xs449 子孫	 王子午鼎 02811.2 王子午  王子午鼎 02811.2 令尹子庚
 鄬子辛簠g xs541 倗子辛  鄬子辛簠q xs541 倗子大	 鄬子吳鼎g xs532 倗子昃  鄬子吳鼎q xs532 倗子昃	 鄬子吳鼎g xs533 倗子昃  鄬子吳鼎q xs533 倗子昃	 子辛戈 xs526 [倗]子辛  王子臣俎 mt06321 王子ㄐ		
楚					

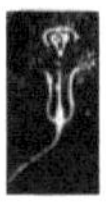 王子午鼎 02811.2 子孫	 王子午鼎q xs444 令尹子庚	 王子午鼎 xs445 王子午	 王子午鼎 xs445 子孫	 王子午鼎 xs446 令尹子庚	 王子午鼎q xs447 王子午
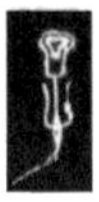 王子午鼎q xs444 王子午	 王子午鼎q xs444 子孫	 王子午鼎 xs445 令尹子庚	 王子午鼎 xs446 王子午	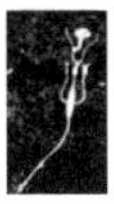 王子午鼎 xs446 子孫	 王子午鼎q xs447 令尹子庚

楚

					 郐大子鼎 02652 太子  郐王鼎𩞁鼎 02675 子子孫孫
 王子午鼎q xs447 子孫  王子午鼎 xs448 子	 季子康鎛 mt15787a 鍾離公柏之季子康  季子康鎛 15786b 子子孫孫	 季子康鎛 mt15789a 柏之季子康  季子康鎛 mt15789b 子子孫孫	 季子康鎛 mt15790a 鍾離公柏之季子康  季子康鎛 mt15790b 子子孫孫	 季子康鎛 mt15791b 子子孫孫	 庚兒鼎 02716 徐王之子  郐子汆鼎 02390 余(徐)子
	 九里墩鼓座 00429.4 子孫				 沇兒鎛 00203.1 徐王庚之淑子  沇兒鎛 00203.1 子孫
楚	鍾離				徐

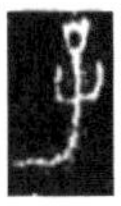 次□缶 xs1249 元子  次□缶 xs1249 子子孫孫	 宜桐盂 10320 孫子 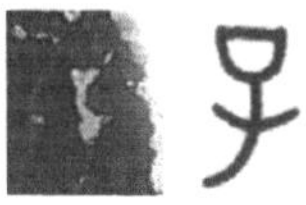 徐子伯𠂤此戈 mx1248 余(徐)子白𠂤				
 徐王子旃鐘 00182.1 徐王子旃  徐王子旃鐘 00182.2 子子孫孫	 郐王義楚觶 06513 子孫	 徐王義楚之元子劍　11668 元子□  徐王之子戈 11282 徐王之子	 余購逐兒鐘 00183.1 余迖斯于之子〈孫〉  余購逐兒鐘 00185.2 元子	 郐王盧 10390 元子  郐諮尹征城 00425.2 子孫	 郐𨞫尹譬鼎 02766.1 壽躳敎子  郐𨞫尹譬鼎 02766.2 壽躳敎子

徐

 嬰同盆 ms0621 □旨□之子	 三兒簋 04245 敀子塱□□仲	 三兒簋 04245 初吉丁子<巳>	 夫跌申鼎 xs1250 子孫	 遷沵鐘 mt15520 子子孫孫	 遷沵鎛 mt15796 尋楚猷之子
 三兒簋 04245 □□敀子	 三兒簋 04245 子子孫孫	 之乘辰鐘 xs1409 元子	 遷沵鐘 mt15520 尋楚猷之子	 遷沵鐘 mt15521 尋楚猷之子	 遷沵鎛 mt15796 子子孫孫
徐			舒		

		 者瀘鐘 00193 皮[㸒]之子  者瀘鐘 00194 子子孫孫	 者瀘鐘 00195 皮㸒(然)之子  者瀘鐘 00195 子子孫孫	 者瀘鐘 00196 子子孫孫  者瀘鐘 00197.1 皮㸒(然)之子	 者瀘鐘 00197.2 子子孫孫  者瀘鐘 00198.2 子子孫孫
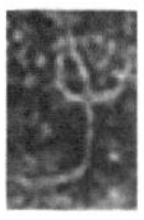 遷祁鎛 mt15794 尋楚猒之子  遷祁鎛 mt15794 子子孫孫	 遷祁鐘 mx1027 尋楚猒之子  遷祁鐘 mx1027 子子孫孫	 姑發腎反劍 11718 太子  吴王壽夢之子劍　xs1407 壽夢之子	 姑發諸樊之弟劍　xs988 姑發腎反之弟子  姑發諸樊之弟劍　xs988 子□其後	 攻吴王姑發邸之子劍 xs1241 姑發邸之子  吴王餘眜劍 mx1352 壽夢之子	 臧孫鐘 00093 子子孫孫  臧孫鐘 00094 子子孫孫
舒		吴			

 者盛鐘 00199 皮[難之]子	 者盛鐘 00201 皮難(然)之子	  者盛鐘 00202 皮難(然)之子			
 者盛鐘 00200 [皮難]之子	  者盛鐘 00201 子子孫孫	 者盛鐘 00202 子子孫孫			
 臧孫鐘 00095 子子孫孫	 臧孫鐘 00097 子子孫孫	 臧孫鐘 00099 子子孫孫	 臧孫鐘 00101 子子孫孫	 臧孫鐘 00094 坪之子臧孫	 臧孫鐘 00096 坪之子臧孫
 臧孫鐘 00096 子子孫孫	 臧孫鐘 00098 子子孫孫	 臧孫鐘 00100 子子孫孫	 臧孫鐘 00093 坪之子臧孫	 臧孫鐘 00095 坪之子臧孫	 臧孫鐘 00097 坪之子臧孫
吴					

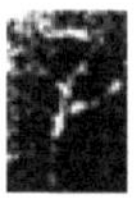 臧孫鐘 00098 坪之子臧孫	 臧孫鐘 00100 坪之子臧孫	 配兒鉤鑃 00427.1 余□犬子配兒	 吴王夫差盉 xs1475 女子之器	 吴季子之子逞劍 mx1344 吴季子之子	 冉鉦鍼 00428 子子孫
 臧孫鐘 00099 坪之子臧孫	 𫻁巢鎛 xs1277 余諮子	  配兒鉤鑃 00427.2 子孫	 吴季子之子逞劍 mx1344 吴季子之子	  吴季子之子逞劍 11640 吴季子之子	 冉鉦鍼 00428 子孫

吴

 吴季子之子逞劍　11640 吴季子之子	 吴王之子帶勾 ms1717 吴王之子  吴王之子帶鉤 wy037 吴王之子	 王子孜戈 11207.1 王子孜  王子孜戈 11208 王子孜	 姑馮昏同之子句鑃　00424.1 姑馮昏同之子  姑馮昏同之子句鑃　00424.2 子子孫孫	 其次句鑃 00421 子子孫孫  其次句鑃 00422A 子子孫孫	 其次句鑃 00422B 子子孫孫  者尚余卑盤 10165 子子孫孫
	吴			越	

		 郳子良人甗 00945 郳子良人  郳子良人甗 00945 子子孫孫	 武生毀鼎 02522 子子孫孫  武生毀鼎 02523 子子孫孫	 隹仲之孫簋 04120 爲尋率樂□子 員父  隹仲之孫簋 04120 子子孫孫	 叔皮父簋 04127 妻子  叔皮父簋 04127 子子孫孫
		 嘉子孟嬴指缶 xs1806 嘉子孟嬴指丕  嘉子孟嬴指缶 xs1806 子孫		 掃片昶豯鼎 02570 子子孫  掃片昶豯鼎 02571 子子孫	 □偖生鼎 02632 子子孫孫  □偖生鼎 02633 子子孫孫
 戉王句蕺之子劍 11595A2 越王之子  越王勾踐之子劍 11594.2 越王之子	 越王者旨於睗鐘 00144 子孫  忾不余席鎮 mx1385 越王之子	 嘉子昜伯臚簠 04605.1 嘉子伯昜臚  嘉子昜伯臚簠 04605.1 子子孫孫	 嘉子昜伯臚簠 04605.2 嘉子昜伯臚 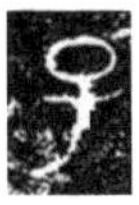 嘉子昜伯臚簠 04605.2 子子孫孫	 王子姪鼎 02289.1 王子姪  王子姪鼎 02289.2 王子姪	 慶孫之子峠簠 04502.1 慶孫之子  慶孫之子峠簠 04502.2 慶孫之子
越					

 奢虎簠 04539.1 子子孫孫	 旅虎簠 04540 子子孫孫	 旅虎簠 04541.1 子子孫孫	 子叔壺 09603.1 子叔	 夢子匜 10245 蔑子	 子叔嬴内君盆 10331 子叔嬴内君
 奢虎簠 04539.2 子子孫孫		 旅虎簠 04541.2 子子孫孫	 子叔壺 09603.2 子叔	 夢子匜 10245 子[孫]	 子叔嬴内君盆 10331 子孫
 樂大司徒瓶 09981 樂大司徒子	 樂大司徒瓶 09981 子子孫孫	 大孟姜匜 10274 太師子大孟姜	 □子季□盆 10339 □子季□	 子陝□之孫鼎 02285 子陝□之孫	 深伯鼎 02621 子子孫孫
 樂大司徒瓶 09981 樂大司徒子□之子		 大孟姜匜 10274 子子孫孫	 □子季□盆 10339 子子孫孫	 瘵鼎 02569 子子孫	 鐘伯侵鼎 02668 子子孫孫
 與子具鼎 xs1399 與子具	 伯怡父鼎 eb312 子子孫孫	 蔡子林鼎 02087 㤏(蔡)子林	 要君盂 10319 子子孫孫	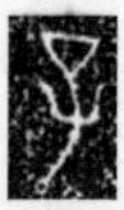 𢓊子戈 10904 𢓊(徵)子	 徵子戈 11076 徵子
 與子具鼎 xs1399 子孫	 伯怡父鼎 eb313 子子孫孫	 師麻孝叔鼎 02552 子子孫孫		 𢓊子戈 10905 𢓊(徵)子	 君子翧戟 11088 君子翧造戟

 仲阪父盆g ms0619 子孫	 朿仲豈父簋 mx0404 子子孫孫	 彔簋蓋甲 mx0392 子子孫孫	 右戲仲夏父鬲 00668 子子孫孫	 鄺大嗣攻鬲 00678 子子孫	 專車季鼎 02476 子子孫孫
 仲阪父盆q ms0619 子孫	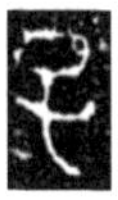 朿仲豈父簋蓋 03924 子子孫孫	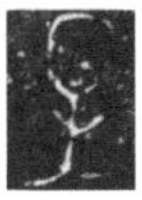 彔簋蓋乙 mx0393 子子孫孫	 叔牙父鬲 00674 子子孫孫	 王孫壽甗 00946 子子孫孫	 伯筍父鼎 02513 子子孫孫
 匜君壺 09680 子孟攺	 公父宅匜 10278 子子孫	 益余敦 xs1627 子子孫孫	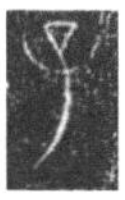 𦈢子氏壺 ms1043 𦈢子氏		
 般仲柔盤 10143 子子孫孫	 鄝子訧臣戈 11253 鄝子訧臣	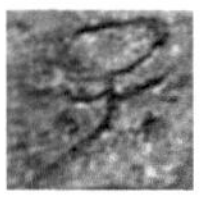 王孫叔諲甗 mt03362 子孫			
 王子戈 mt16814 王子□	 行氏伯爲盆 mx0539 安夫姬子姑	 揚鼎 mt02319 陽嬶子揚	 子可期戈 11072 子可⿰其几		
 舉子傀戈 mt16884 輿(舉)子傀	 雷子歸産鼎 ms0175 雷子	 尊父鼎 mt02096 子子孫孫	 𦈢子劍 11578 𦈢子之用		

 雍鼎 02521 子子孫孫	 卓林父簋蓋 04018 子子孫孫	 伯其父簠 04581 子子孫孫	 史孔卮 10352 子子孫孫	 伯剌戈 11400 嚚仲之子	 圃公鼎 xs1463 子子孫孫
 [illegible]弃生鼎 02524 子子孫孫	 妦仲簠 04534 子子孫孫	 叔家父簠 04615 孫子	 伯駟父盤 10103 子子孫孫	 □伯侯盤 xs1309 子子孫孫	 冒王之子戈 xs1975 冒王之子

字

 皇與匜 eb954 子子孫孫  妝盎 ms0618 子子孫孫	 自盤 ms1195 子孫 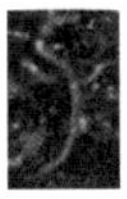 王子寅戈 ms1401 王子寅	 考祉君季鼎 02519 子孫  冶仲考父壺 09708 子子孫	 伯索史盂 10317 子子孫孫		
				 叔夷鐘 00278 而執斯字  叔夷鐘 00280 而執斯字	 叔夷鎛 00285.8 而執斯字
				齊	

		縠			季
		 虢叔鬲 00603 叔殷縠			 虢季鐘 xs1 季氏  虢季鐘 xs2 虢季
			 陳子匜 10279 孱孟嬀縠		
 余贎逐兒鐘 00183.2 逐之字(慈)父  余贎逐兒鐘 00184.1 逐之字(慈)父	 吴王光鑑 10298 既字白期  吴王光鑑 10299 既字白期			 郗𨞰尹䜌鼎 02766.1 壽躬敦子  郗𨞰尹䜌鼎 02766.2 壽躬敦子	
徐	吴	虢	陳	徐	虢

 虢季鐘 xs2 虢季  虢季鐘 xs2 季氏	 虢季鐘 xs3 虢季  虢季鐘 xs3 虢季	 虢季鐘 xs3 季氏  虢季盤 xs40 虢季	 虢季鐘 xs5 虢季  虢季鐘 xs6 虢季	 虢季鐘 xs7 虢季  虢季鐘 xs8 虢季	 虢季鼎 xs9 虢季  虢季鼎 xs9 季氏

虢

 虢季鼎 xs10 虢季  虢季鼎 xs10 季氏	 虢季鼎 xs11 虢季  虢季鼎 xs11 季氏	 虢季鼎 xs12 虢季  虢季鼎 xs12 季氏	 虢季鼎 xs13 虢季  虢季鼎 xs13 季氏	 虢季鼎 xs14 虢季  虢季鼎 xs14 季氏	 虢季鼎 xs15 虢季  虢季鼎 xs15 季氏

虢

 虢季段g xs16 虢季	 虢季段q xs17 虢季	 虢季段 xs19 虢季	 虢季段q xs20 虢季	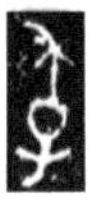 虢季段g xs21 虢季	 虢季鬲 xs23 虢季
 虢季段q xs16 虢季	 虢季段g xs18 虢季	 虢季段g xs20 虢季	 虢季段q xs21 虢季	 虢季鬲 xs22 虢季	 虢季鬲 xs24 虢季

虢

 虢季鬲 xs25 虢季	 虢季鬲 xs27 虢季	 虢季盨q xs31 虢季	 虢季盨q xs32 虢季	 虢季盨g xs33 虢季	 虢季盨q xs34 虢季
 虢季鬲 xs26 虢季	 虢季盨g xs31 虢季	 虢季盨g xs32 虢季	 虢季盨q xs33 虢季	 虢季盨g xs34 虢季	 虢季簠g xs35 虢季

虢

 虢季簋q xs35 虢季 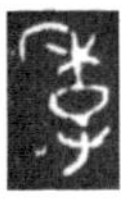 虢季鋪 xs36 虢季	 虢季鋪 xs37 虢季  虢季壺 xs38 虢季	 虢季甗 ws2020.1 虢季  國子碩父鬲 xs48 季嬴	 國子碩父鬲 xs49 季嬴  虢季氏子組鬲 00662 虢季氏	 虢季氏子組鬲 mt02888 虢季氏  虢季氏子組簋 03971 虢季氏	 虢季氏子組簋 03972 虢季氏 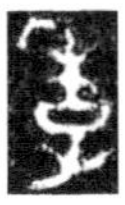 虢季氏子組簋 03973 虢季氏
虢					

 虢季氏子組壺 09655 虢季氏	 虢季氏子組盤 ms1214 虢季氏	 仲考父盤 jk2020.4 季妀	 弟大叔殘器 xs991 …婦季…	 鄭義伯鑐 09973.2 季姜	 陳医鬲 00705 畢季嬀
 虢季子組鬲 00661 虢季	 虢虎父鼎 ms0238 虢季氏	 楷宰仲考父鼎 jk2020.4 季妀			 陳医鬲 00706 畢季嬀
虢		黎	BC	鄭	陳

	 魯伯大父作季姬婧簋　03974 季姬婧  魯大宰邍父簋 03987 季姬牙	 郳季脂𦎧簠g ms0571 郳季脂𦎧  郳季脂𦎧簠q ms0571 郳季脂𦎧	 郳季脂𦎧簠g ms0572 郳季脂𦎧	 鑄侯求鐘 00047 季姜	 夆叔盤 10163 季改  夆叔匜 10282 季改
 宋公䜌簠 04589 季子  宋公䜌簠 04590 季子					
宋	魯	郳		鑄	逢

		 黃季鼎 02565 黃季  黃季鼎 02565 季嬴	 鄀季寬車盤 10109 鄀季寬車  鄀季寬車匜 10234 鄀季寬車	 鄀季寬車壺 09658.1 唯季寬車  黃季佗父戈 xs88 黃季佗父	 曾侯鼎 ms0224 季湯嬭(芈)  曾師季軞盤 10138 曾師季軞
		 伯遊父鑐 mt14009 黃季氏  伯遊父卮 mt19239b 黃季			 曾大工尹戈 11365 曾大工尹季䢦(怡)
 季戟 mx1066 季	 樊季氏孫仲鼎 鼎　02624.1 樊季氏  樊季氏孫仲鼎 鼎　02624.2 樊季氏				 曾季关臣盤 eb933 曾季关臣  曾子季关臣簠 eb463 曾子季关臣
D	樊		黃		曾

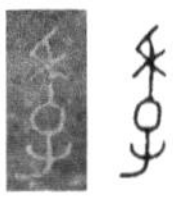 湛作季嬴鼎甲 kx2021.1 季嬴	 湛作季嬴鼎丙 kx2021.1 季嬴	 湛作季嬴簋乙 kx2021.1 季嬴	 湛作季嬴簋丁 kx2021.1 季嬴	 湛作季嬴鬲乙 kx2021.1 季嬴	 湛作季嬴鬲丁 kx2021.1 季嬴
 湛作季嬴鼎乙 kx2021.1 季嬴	 湛作季嬴簋甲 kx2021.1 季嬴	 湛作季嬴簋丙 kx2021.1 季嬴	 湛作季嬴鬲甲 kx2021.1 季嬴	 湛作季嬴鬲丙 kx2021.1 季嬴	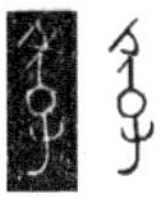 湛作季嬴簠 kx2021.1 季嬴
 曾子季关臣簠 eb464 曾子季关臣					

曾

			 邛季之孫戈 11252a 邛季之孫	 鄘季伯歸鼎 02644 鄘季伯歸  鄘季伯歸鼎 02645 鄘季伯歸	 伯歸臺盤 mt14484 鄘季之伯歸臺
 湛作季嬴壺甲g kx2021.1 季嬴  湛作季嬴壺甲q kx2021.1 季嬴	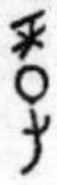 湛作季嬴壺乙g kx2021.1 季嬴  湛作季嬴壺乙q kx2021.1 季嬴		 yellow君季䰻鑑 mx0535 yellow君季䰻自作濫盂	 周王孫季紟戈 11309.1 周王孫季紟	
		 蔡叔季之孫貫匜　10284 蔡叔季			
曾		蔡	CE		

 楚季哶盤 10125 楚季苟					
		 季子康鎛 mt15787a 鍾離公柏之季子康  季子康鎛 15786b 柏之季康	 季子康鎛 mt15789b 柏之季康  季子康鎛 mt15790a 鍾離公柏之季子康	 季子康鎛 mt15790b 柏之季康	 宜桐盂 10320 徐王季糧
 子季嬴青簠 04594.1 子季嬴青  子季嬴青簠 04594.2 子季嬴青	 欒書缶 10008.1 正月季春  欒書缶 10008.2 正月季春				
楚		鍾離			徐

孟

		 專車季鼎 02476 專車季作寶鼎  伯索史盂 10317 作季姜寶盂	 考徙君季鼎 02519 考仩(徙)君季		
		 □子季□盆 10339 □子季□		 晋公盤 mx0952 孟姬	 長子沬臣簠 04625.1 其子孟孀(芈)  長子沬臣簠 04625.2 其子孟孀(芈)
 工獻季生匜 10212 工獻季生	 吴季子之子逞劍 11640 吴季子之子  吴季子之子逞劍 mx1344 吴季子之子			 趙孟庎壺 09678 趙孟庎  趙孟庎壺 09679 趙孟庎	
吴				晋	

<table>
<tr>
<td>
毛叔盤
10145
孟姬</td>
<td></td>
<td></td>
<td></td>
<td></td>
<td>
魯伯者父盤
10087
孟姬

魯大司徒子仲白匜　10277
孟姬</td>
</tr>
<tr>
<td></td>
<td></td>
<td>
敶医作孟姜𡢁簠　04606
孟姜

敶医作孟姜𡢁簠　04607
孟姜</td>
<td>
敶伯元匜
10267
孟嬀

敶子匜
10279
孟嬀</td>
<td></td>
<td>
魯少司寇封孫宅盤　10154
孟姬</td>
</tr>
<tr>
<td></td>
<td>
鄦子妝簠
04616
孟姜</td>
<td></td>
<td></td>
<td>
曹公簠
04593
孟姬

曹公盤
10144
孟姬</td>
<td></td>
</tr>
<tr>
<td>毛</td>
<td>許</td>
<td colspan="2">陳</td>
<td>曹</td>
<td>魯</td>
</tr>
</table>

 魯伯大父作孟姜簋　03988 孟姜	 郳叔彪父簠q ms0573 孟姒  郳叔彪父簠 04592 孟姒		 郜仲簠g xs1045 孟□  郜仲簠q xs1045 孟□	 郜仲簠 xs1046 孟□  郜伯鼎 02601 孟妊	 郜逘鼎 sh170 孟妊
		 司馬楙鎛 eb47 唯正孟歲十月			
魯	郳	滕	郜		

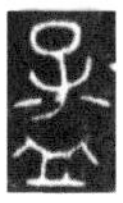 鑄公簠蓋 04574 孟妊 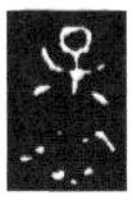 鑄公簠 sh379 孟妊	 䰞姬鬲 xs1070 孟妊	 弗奴父鼎 02589 孟姒	 齊侯匜 10272 孟姬	 齊趫父鬲 00685 孟姬  齊趫父鬲 00686 孟姬	
			 齊侯作孟姬盤 10123 孟姬		
			 洹子孟姜壺 09729 孟姜  洹子孟姜壺 09729 孟姜	 洹子孟姜壺 09730 孟姜  洹子孟姜壺 09730 孟姜	 齐侯作孟姜敦 04645 孟姜  齊侯匜 10283 孟姜
鑄		費	齊		

		 华孟子鼎 mx0207 華孟子	 黄子鬲 00624 孟姬  黄子鼎 02567 孟姬	 黄子罐 09987 黄孟姬  黄子器座 10355 孟姬	 黄子鐳 09966 孟姬  黄子鐳 xs94 孟姬
 齊侯盤 10159 孟姜  齊侯鼎 mt02363 孟姜	 慶叔匜 10280 孟姜	 賈孫叔子屖盤 mt14512 孟姜  禾簋 03939 孟姬			
齊		D	黄		

黄君孟壺
ms1054
黄君孟

黄君孟豆
ms0606
黄君孟

黄君孟壺
xs91
黄君孟

黄君孟鐳
xs92
黄君孟

黄君孟匜
10230
黄君孟

黄君孟鼎
xs90
黄君孟

黄君孟鐳
09963
黄君孟

黄君孟盤
10104
黄君孟

黄君孟鼎
02497
黄君孟

黄君孟壺
09636
黄君孟

黄子盤
10122
黄孟叵(姬)

黄子匜
10254
黄孟姬

黄

	 曾孟嬴削簠 xs1199 曾孟嬴  夨叔匜 ms1257 孟姬				
 黃君孟鐳 ms1176 黃君孟	 曾孟嬶諫盆 10332.1 曾孟嬶  曾孟嬶諫盆 10332.2 曾孟嬶		 蔡大司馬燮盤 eb936 孟姬  蔡大司馬燮匜 mx0997 孟姬		
	 曾子原彝簠 04573 孟姬	 曾媘嬞朱姬簠g xs530 曾𥁰(孟)嬞邾姬  曾媘嬞朱姬簠q xs530 曾𥁰(孟)嬞邾姬	 蔡侯䌛尊 05939 大孟姬  蔡侯䌛尊 06010 大孟姬	 蔡侯䌛缶 10004 大孟姬  蔡侯䌛盤 10171 大孟姬	 蔡侯紐鐘 00210.1 初吉孟庚  蔡侯紐鐘 00211.1 初吉孟庚
黃	曾		蔡		

				 申比父豆g ms0604 孟姜  申比父豆q ms0604 孟姜	
 蔡侯紐鐘 00217.1 初吉孟庚  蔡侯紐鐘 00218.1 初吉孟庚	 蔡侯鎛 00221.1 初吉孟庚  蔡侯鎛 00222.1 初吉孟庚	 蔡叔季之孫䇓匜 10284 孟姬 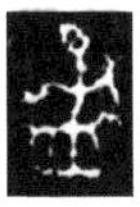 蔡侯簠 xs1897 孟姬	 蔡侯簠g xs1896 孟姬  蔡侯簠q xs1896 孟姬	 彭啓簠甲 ww2020.10 正月孟庚  彭啓簠丙g ww2020.10 正月孟庚	 彭啓簠丙q ww2020.10 正月孟庚
蔡				CE	

 孟城瓶 09980 郜□孟城	 鄂侯作孟姬壺 ms1044 孟姬				
		 孟賸姬缶 10005 孟賸姬  孟賸姬缶 xs416 孟賸姬			
		 鄬子孟孎青簠g xs522 孟孎青  鄬子孟孎青簠q xs522 孟青孎	 鄬子孟升孎鼎g xs523 孟升孎  郘夫人嫘鼎 mt02425 孟甲	 復公仲簋蓋 04128 我子孟媿寡	 三兒簋 04245 其遵孟□
CE		楚			徐

			斈	育	挽
 嘉子孟嬴指缶 xs1806 孟嬴	 匽君壺 09680 孟改  大孟姜匜 10274 大孟姜				 嬭加編鐘 kg2020.7 余挽乃子加嬭曰
		 孟芈玄簠 mx0481 盁(孟)孎玄	 與兵壺q eb878 永寶斈(教)之	 曾媔嬑朱姬簠g xs530 曾孟嬑邾姬  曾媔嬑朱姬簠q xs530 曾孟嬑邾姬	
		曾	鄭	曾	曾

丑

 芮公鼓架銅套 ms1725 己丑		 上鄀公敄人簋蓋 04183 乙丑	 鄂侯夫人鼎 jjmy004 己丑  鄂侯鼎 ms0230 己丑	 鄂侯簋 ms0464 己丑	
	 拍敦 04644 乙丑				 欒書缶 10008.1 己丑  欒書缶 10008.2 己丑
芮	D		CE		楚

羞

		 國子碩父鬲 xs48 羞鬲  國子碩父鬲 xs49 羞鬲		 鄭井叔蒦父鬲 00581 羞鬲  鄭叔蒦父鬲 00579 羞鬲	 魯伯愈父鬲 00690 羊(羞)鬲  魯伯愈父鬲 00691 羊(羞)鬲
	 仲滋鼎 xs632 雁旨羞		 子犯鐘 xs1011 諸侯羞元金   子犯鐘 xs1023 諸侯羞元金		
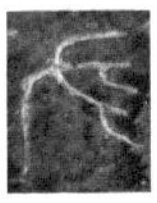 競之𩰫鼎 mx0178 丁丑  競之朝鼎 hnbw 丁丑					
楚	秦	虢	晉	鄭	魯

 魯伯愈父鬲 00692 羊(羞)鬲  魯伯愈父鬲 00693 羊(羞)鬲	 魯伯愈父鬲 00694 羊(羞)鬲  魯伯愈父鬲 00695 羊(羞)鬲	 兒慶鬲 mt02866 羞鬲	 兒慶鬲 mt02868 羞鬲  郳慶鬲 ms0312 羞鬲	 邾華妊鬲 mt02762 羞鬲  邾華妊鬲 mt02763 羞鬲	 鄟姬鬲 xs1070 羞鬲
		 郳始鬲 00596 羞鬲			
魯		郳			鑄

寅

	 鄂姜鬲 jk2020.3 羞鬲	 伯氏鼎 02443 羞鼎  伯氏鼎 02444 羞鼎	 伯氏鼎 02446 羞鼎  伯氏鼎 02447 羞鼎	 武生毀鼎 02523 羞鼎	 晉姞盤 mt14461 丙寅  晉姞匜 mt14954 丙寅
 洹子孟姜壺 09729 羞鈚(瓶)  洹子孟姜壺 09730 羞鈚(瓶)					
齊	CE				晉

				 王子寅戈 ms1401 王子寅	
 叔夷鐘 00272.1 戊寅  叔夷鎛 00285.1 戊寅	 庚壺 09733.2B 庚伐陸寅				
		 曾侯與鐘 mx1029 恭寍（寅）齋盟  曾侯與鐘 mx1032 恭寍（寅）齋盟	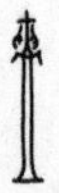 曾侯殘鐘 mx1031 恭寍（寅）齋盟		 陳□造戈 11034 陳卯
齊		曾			齊

辰

					 叔夷鐘 00272.1 唇(辰)在戊寅  叔夷鎛 00285.1 唇(辰)在戊寅
 羅兒匜 xs1266 學卯□□臺之子	 龏王之卯戈 mt17058 龏王之卯	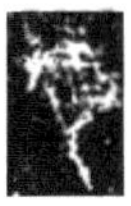 鼄公牼鐘 00149 辰在乙亥  鼄公牼鐘 00150 辰在乙亥	 鼄公牼鐘 00151 辰在乙亥  鼄公牼鐘 00152 辰在乙亥	 郳大司馬彊匜 ms1260 唇(辰)在庚午  郳大司馬彊盤 ms1216 唇(辰)在庚午	
	楚	邾		郳	齊

				 郘大子鼎 02652 太子白(伯)辰	
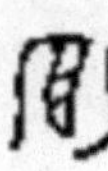 曾公畎鎛鐘 jk2020.1 甫𠣞辰(祗)敬 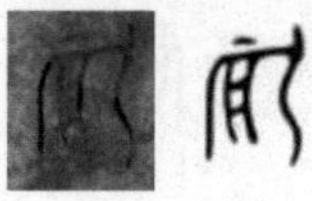 曾公畎甬鐘 A jk2020.1 甫𠣞辰(祗)敬	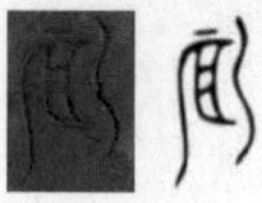 曾公畎甬鐘 B jk2020.1 甫𠣞辰(祗)敬	 鄝膚簠 mx0500 正月丙辰	 王子嬰次鐘 00052 日唯辰		 叔夷鐘 00278 毋替毋巳(已)  叔夷鎛 00285.8 毋替毋巳(已)
			 競孫旟也鬲 mt03036 吉晨(辰)不貣  競孫不服壺 mt12381 吉晨(辰)不貣	 之乘辰鐘 xs1409 之乘晨(辰)曰	
曾		CE	楚	徐	齊

 鼄子鼎 mt02404A 勿或(有)柬(闌)巳(已)					
	 鄦子𪍝自鎛 00153 眉壽毋巳(已)  鄦子𪍝自鎛 00154 眉壽毋巳(已)	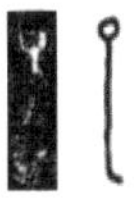 蔡侯𨜴尊 06010 祐受毋巳(已)  蔡侯𨜴盤 10171 祐受毋巳(已)	 之乘辰鐘 xs1409 吉日丁巳	 遷邟鐘 mt15520 它它巳巳(熙熙) 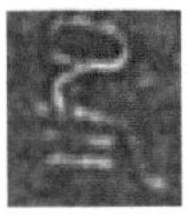 遷邟鎛 mt15794 它它巳巳(熙熙)	 遷邟鎛 mt15796 它它巳巳(熙熙)  遷邟鐘 mx1027 它它巳巳(熙熙)
齊	許	蔡	徐	舒	

以

		 秦子鎛 mt15771 㠯(以)其三鎛  秦公鐘 00262 㠯(以)虩事蠻方	 秦公鐘 00262 㠯(以)受多福  秦公鐘 00262 㠯(以)康奠協朕國	 秦公鐘 00263 㠯(以)宴皇公  秦公鐘 00263 㠯(以)受大福	 秦公鐘 00264 㠯(以)虩事蠻方  秦公鐘 00265 㠯(以)受多福
		 秦公簋 04315.2 㠯(以)昭皇祖  秦公簋 04315.2 㠯(以)受純魯多釐	 盄和鐘 00270.1 㠯(以)受多福	 盄和鐘 00270.2 㠯(以)昭零(格)孝享  盄和鐘 00270.2 㠯(以)受純魯多釐	
 吴王光鐘 00224.5 往巳(已)叔姬	 吴王光鑑 10298 往巳(已)叔姬  吴王光鑑 10299 往巳(已)叔姬				
吴		秦			

 秦公鐘 00265 㠯(以)康奠協朕國	 秦公鐘 00266 㠯(以)受大福	 秦公鎛 00267.1 㠯(以)受多福	 秦公鎛 00267.2 㠯(以)受大福	 秦公鎛 00268.1 㠯(以)受多福	 秦公鎛 00268.2 㠯(以)受大福
 秦公鐘 00266 㠯(以)宴皇公	 秦公鎛 00267.1 㠯(以)虩事蠻方	 秦公鎛 00267.2 㠯(以)宴皇公	 秦公鎛 00268.1 㠯(以)虩事蠻方	 秦公鎛 00268.2 㠯(以)康奠協朕國	 秦公鎛 00268.2 㠯(以)宴皇公

秦

 秦公鎛 00269.1 㠯(以)虢事蠻方  秦公鎛 00269.1 㠯(以)受多福	 秦公鎛 00269.2 㠯(以)康奠協朕國  秦公鎛 00269.2 㠯(以)受大福	 秦公鎛 00269.2 㠯(以)宴皇公			
			 郘黛鐘 00226 我㠯(以)享孝  郘黛鐘 00226 㠯(以)祈眉壽	 郘黛鐘 00226 永㠯(以)爲寶  郘黛鐘 00229 我㠯(以)享孝	 郘黛鐘 00227 永㠯(以)爲寶  郘黛鐘 00228 永㠯(以)爲寶
秦			晋		

 郘黛鐘 00228 我吕(以)享孝	 郘黛鐘 00230 我吕(以)享孝	 郘黛鐘 00231 我吕(以)享孝	 郘黛鐘 00232 我吕(以)享孝	 郘黛鐘 00233 我吕(以)享孝	 郘黛鐘 00233 永吕(以)爲寶
 郘黛鐘 00228 吕(以)祈眉壽	 郘黛鐘 00231 永吕(以)爲寶	 郘黛鐘 00231 吕(以)祈眉壽	 郘黛鐘 00232 吕(以)祈眉壽	 郘黛鐘 00233 吕(以)祈眉壽	 郘黛鐘 00235 永吕(以)爲寶

晋

					 宗婦鄁嫛鼎 02683 吕(以)降大福  宗婦鄁嫛鼎 02684 吕(以)降大福
 郘黛鐘 00235 我吕(以)享孝  郘黛鐘 00235 吕(以)祈眉壽	 郘黛鐘 00236 我吕(以)享孝  郘黛鐘 00237 永吕(以)爲寶	 郘黛鐘 00237 我吕(以)享孝  郘黛鐘 00237 吕(以)祈眉壽	 郘黛鐘 00225 永吕(以)爲寶 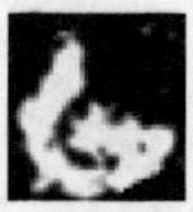 郘大叔斧 11788 吕(以)新金爲貳車之斧	 杕氏壺 09715 吾吕(以)宴飲	
晋				燕	BC

 宗婦鄁嫛鼎 02685 㠯(以)降大福	 宗婦鄁嫛鼎 02687 㠯(以)降大福	 宗婦鄁嫛鼎 02689 㠯(以)降大福	 宗婦鄁嫛𣪘 04078 㠯(以)降大福	 宗婦鄁嫛𣪘 04080 㠯(以)降大福	 宗婦鄁嫛𣪘 04084 㠯(以)降大福
 宗婦鄁嫛鼎 02686 㠯(以)降大福	 宗婦鄁嫛鼎 02688 㠯(以)降大福	 宗婦鄁嫛𣪘 04077 㠯(以)降大福	 宗婦鄁嫛𣪘 04079 㠯(以)降大福	 宗婦鄁嫛𣪘 04083 㠯(以)降大福	 宗婦鄁嫛𣪘 04085 㠯(以)降大福

BC

<table>
<tr>
<td>
宗婦鄁嬰𣪘
04086.1
𠂤(以)降大福

宗婦鄁嬰𣪘
04087
𠂤(以)降大福</td>
<td>
宗婦鄁嬰壺
09698.2
𠂤(以)降大福

宗婦鄁嬰壺
09699.1
𠂤(以)降大福</td>
<td>
宗婦鄁嬰壺
09699. 2
𠂤(以)降大福

宗婦鄁嬰盤
10152
𠂤(以)降大福</td>
<td>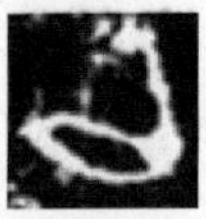
鄭義伯𦉜
09973.1
余𠂤(以)行以征

鄭義伯𦉜
09973.1
余以行𠂤(以)征</td>
<td>
鄭義伯𦉜
09973.1
我用𠂤(以)克□

鄭義伯𦉜
09973.2
余𠂤(以)行以征</td>
<td>
鄭義伯𦉜
09973.2
余以行𠂤(以)征

鄭義伯𦉜
09973.2
我用𠂤(以)克□</td>
</tr>
<tr><td></td><td></td><td></td><td></td><td></td><td></td></tr>
<tr>
<td></td><td></td><td></td>
<td>
𧇼鼎q
xs1237
𠂤(以)爲父母
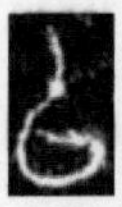
鄭莊公之孫𧇼鼎　mt02409
𠂤(以)爲父母</td>
<td></td><td></td>
</tr>
<tr><td colspan="3">BC</td><td colspan="3">鄭</td></tr>
</table>

 鄭義伯鑘 09973.2 我吕(以)赞獸(狩)					
	 鄦公買簠 04617.2 吕(以)祈眉壽  鄦公買簠g eb475 吕(以)祈眉壽	 鄦公買簠q eb475 吕(以)祈眉壽  喬君鉦鋮 00423 喬君淲虘與朕吕(以)贏	 子璋鐘 00113 用宴吕(以)饎 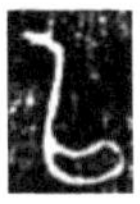 子璋鐘 00114 用宴吕(以)饎	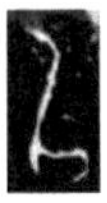 子璋鐘 00115.2 用宴吕(以)饎  子璋鐘 00116.2 用宴吕(以)饎	 子璋鐘 00117.2 用宴吕(以)饎  子璋鐘 00119 用宴吕(以)饎
鄭	許				

許	陳	戴	戴	邾	齊
		 叔朕簠 04620 㠯(以)歿稻粱  叔朕簠 04621 㠯(以)歿稻粱	 叔朕簠 04622 㠯(以)歿稻粱	 鼄叔之伯鐘 00087 㠯(以)乍(作)其皇祖皇考	
	 有兒簋 mt05166 㠯(以)祰眉壽無期			 邾公釛鐘 00102 君㠯(以)萬年	 齊鞷氏鐘 00142.2 用享㠯(以)孝
 鄦子盟自鎛 00153 用宴㠯(以)饎  鄦子盟自鎛 00154 用宴㠯(以)饎				 鼄大宰簠 04623 其眉壽㠯(以)𩟄	

 己侯壺 09632 使小臣㠯(以)汲	 㠱伯子庭父盨 04442.1 以征㠯(以)行  㠱伯子庭父盨 04442.1 慶其㠯(以)臧	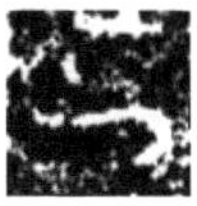 㠱伯子庭父盨 04442.2 以征㠯(以)行 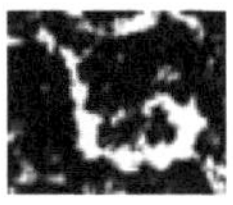 㠱伯子庭父盨 04442.2 慶其㠯(以)臧	 㠱伯子庭父盨 04443.1 㠯(以)征以行  㠱伯子庭父盨 04443.1 以征㠯(以)行	 㠱伯子庭父盨 04443.1 慶其㠯(以)臧  㠱伯子庭父盨 04443.2 㠯(以)征以行	 㠱伯子庭父盨 04443.2 以征㠯(以)行  㠱伯子庭父盨 04443.2 慶其㠯(以)臧
紀	㠱				

 㠱伯子⿱宀延父盨 04444.1 㠯(以)征以行	 㠱伯子⿱宀延父盨 04444.1 慶其㠯(以)臧	 㠱伯子⿱宀延父盨 04444.2 以征㠯(以)行	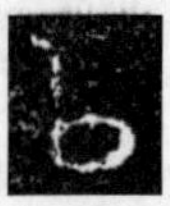 㠱伯子⿱宀延父盨 04445.1 㠯(以)征以行	 㠱伯子⿱宀延父盨 04445.2 㠯(以)征以行	 黄子季庚臣簠 ms0589 以征㠯(以)行
 㠱伯子⿱宀延父盨 04444.1 以征㠯(以)行	 㠱伯子⿱宀延父盨 04444.2 㠯(以)征以行	 㠱伯子⿱宀延父盨 04444.2 慶其㠯(以)臧	 㠱伯子⿱宀延父盨 04445.1 慶其㠯(以)臧	 㠱伯子⿱宀延父盨 04445.2 以征㠯(以)行	
㠱					黄

	 曾伯霥簠 04631 㠯(以)征以行  曾伯霥簠 04631 以征㠯(以)行	 曾伯霥簠 04632 㠯(以)征以行  曾伯霥簠 04632 以征㠯(以)行			
 鄱子成周鐘 mt15257 鱻㠯(以)  鄱子成周鐘 xs286 鱻㠯(以)	 曾侯與鐘 mx1034 吾㠯(以)及大夫  曾侯與鐘 mx1035 吾㠯(以)及大夫	 曾侯與鐘 mx1029 㠯(以)祈眉壽	 曾季关臣盤 eb933 㠯(以)征以行  曾季关臣盤 eb933 以征㠯(以)行	 彭啓簠甲 ww2020.10 㠯(以)征以行  彭啓簠甲 ww2020.10 以征㠯(以)行	 彭啓簠甲 ww2020.10 吾㠯(以)飤士庶子  彭啓簠丙g ww2020.10 㠯(以)征以行
番	曾			CE	

<table>
<tr><td></td><td></td><td></td><td></td><td></td><td></td></tr>
<tr><td></td><td></td><td></td><td>
登鐸
mx1048
目(以)征以行

登鐸
mx1048
以征目(以)行</td><td></td><td></td></tr>
<tr><td>
彭啓簠丙g
ww2020.10
以征目(以)行

彭啓簠丙g
ww2020.10
吾目(以)飤士庶子</td><td>
彭啓簠丙q
ww2020.10
目(以)征以行

彭啓簠丙q
ww2020.10
以征目(以)行</td><td>
彭啓簠丙q
ww2020.10
吾目(以)飤士庶子</td><td>
侯古堆鎛
xs276
遂目(以)之逝

侯古堆鎛
xs277
遂目(以)之逝</td><td>
侯古堆鎛
xs278
遂目(以)之逝

侯古堆鎛
xs279
遂目(以)之逝</td><td>
侯古堆鎛
xs281
遂目(以)之逝

侯古堆鎛
xs282
遂目(以)之逝</td></tr>
<tr><td colspan="6">CE</td></tr>
</table>

 以鄧匜 xs405 楚叔之孫㠯(以)鄧  以鄧鼎g xs406 楚叔之孫㠯(以)鄧	 以鄧鼎q xs406 楚叔之孫㠯(以)鄧	 以鄧戟 xs407 㠯(以)鄧之用戟  以鄧戟 xs408 㠯(以)鄧之用戟	 敬事天王鐘 00074 㠯(以)樂君子  敬事天王鐘 00074 㠯(以)之大行	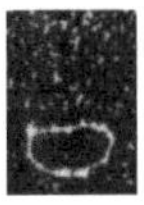 敬事天王鐘 00077 㠯(以)樂君子  敬事天王鐘 00077 㠯(以)之大行	 敬事天王鐘 00078.2 㠯(以)樂君子  敬事天王鐘 00079 㠯(以)之大行
 欒書缶 10008.2 㠯(以)作鑄缶  欒書缶 10008.2 㠯(以)祭我皇祖	 欒書缶 10008.2 盧(吾)㠯(以)祈眉壽	 黝鎛 xs489a 歌樂㠯(以)喜  黝鎛 xs490a 歌樂㠯(以)喜	 郘夫人嬭鼎 mt02425 㠯(以)和御湯		
楚					

 敬事天王鐘 00081.1 目(以)樂君子	 王孫誥鐘 xs418 用宴目(以)饎	 王孫誥鐘 xs419 用宴目(以)饎	 王孫誥鐘 xs420 用宴目(以)饎	 王孫誥鐘 xs421 目(以)樂楚王諸侯	 王孫誥鐘 xs422 目(以)樂楚王諸侯
 敬事天王鐘 00081.2 目(以)之大行	 王孫誥鐘 xs418 目(以)樂楚王諸侯	 王孫誥鐘 xs419 目(以)樂楚王諸侯	 王孫誥鐘 xs421 用宴目(以)饎	 王孫誥鐘 xs422 用宴目(以)饎	 王孫誥鐘 xs423 用宴目(以)饎
楚					

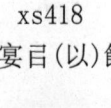

 王孫誥鐘 xs423 言(以)樂楚王諸侯  王孫誥鐘 xs424 用宴言(以)饎	 王孫誥鐘 xs424 言(以)樂楚王諸侯  王孫誥鐘 xs425 言(以)樂楚王諸侯	 王孫誥鐘 xs426 用宴言(以)饎  王孫誥鐘 xs426 言(以)樂楚王諸侯	 王孫誥鐘 xs427 用宴言(以)饎  王孫誥鐘 xs427 言(以)樂楚王諸侯	 王孫誥鐘 xs428 用宴言(以)饎  王孫誥鐘 xs428 言(以)樂楚王諸侯	 王孫誥鐘 xs429 用宴言(以)饎  王孫誥鐘 xs429 言(以)樂楚王諸侯

 王孫誥鐘 xs431 用宴㠯(以)饎	 王孫誥鐘 xs436 用宴㠯(以)饎	 王孫誥鐘 xs437 用宴㠯(以)饎	 王孫誥鐘 xs439 用宴㠯(以)饎	 王孫誥鐘 xs441 用宴㠯(以)饎	 王子午鼎 02811.2 用享㠯(以)孝于我皇祖
 王孫誥鐘 xs431 㠯(以)樂楚王諸侯	 王孫誥鐘 xs436 㠯(以)樂楚王諸侯	 王孫誥鐘 xs437 㠯(以)樂楚王諸侯	 王孫誥鐘 xs439 㠯(以)樂楚王諸侯	 王孫誥鐘 xs441 㠯(以)樂楚王諸侯	 王子午鼎q xs444 用享㠯(以)孝于我皇祖

楚

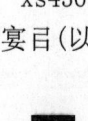

 王子午鼎 xs445 用享㠯(以)孝于我皇祖  王子午鼎 xs446 用享㠯(以)孝于我皇祖	 王子午鼎q xs447 用享㠯(以)孝于我皇祖		 宜桐盂 10320 作鑄飤盂㠯(以)寰妹		
		 九里墩鼓座 00429.4 余㠯(以)荅同姓九礼	 沇兒鎛 00203.2 㠯(以)宴以饎 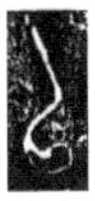 沇兒鎛 00203.2 以宴㠯(以)饎	 沇兒鎛 00203.2 㠯(以)樂嘉賓 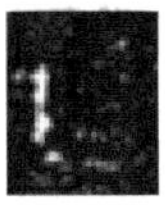 徐王子旃鐘 00182.1 㠯(以)敬盟祀	 徐王子旃鐘 00182.1 㠯(以)樂嘉賓  徐王子旃鐘 00182.2 兼㠯(以)父兄
楚		鍾離	徐		

 徐王子旃鐘 00182.2 㠯(以)宴以饎  徐王子旃鐘 00182.2 以宴㠯(以)饎	 郐戱尹譬鼎 02766.1 㠯(以)去恤譕  郐戱尹譬鼎 02766.2 㠯(以)去恤譕	 郐戱尹譬鼎 02766.1 㠯(以)津(洗)涂俗(沐浴)  郐戱尹譬鼎 02766.2 㠯(以)津(洗)涂俗(沐浴)	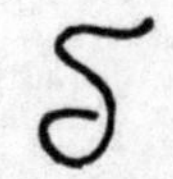 三兒簋 04245 余吕㠯(以)□之孫	 冉鉦鋮 00428 㠯(以)□□船其航  冉鉦鋮 00428 余㠯(以)行訇師	 冉鉦鋮 00428 余㠯(以)征訇徒 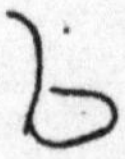 冉鉦鋮 00428 余㠯(以)伐郘
徐				吴	

			 叔夜鼎 02646 𠂤(以)征以行  叔夜鼎 02646 以征𠂤(以)行		
			 王孫叔䜌甗 mt03362 𠂤(以)征以行 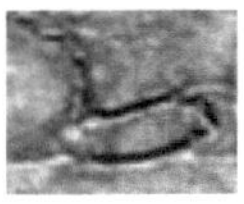 王孫叔䜌甗 mt03362 以征𠂤(以)行	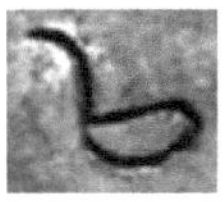 王孫叔䜌甗 mt03362 𠂤(以)鬻稻粱 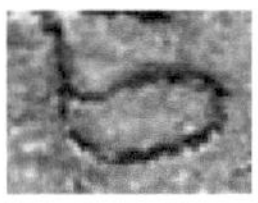 王孫叔䜌甗 mt03362 𠂤(以)飤父兄	
 冉鉦鋮 00428 余𠂤(以)伐邻  冉鉦鋮 00428 祚𠂤(以)永鼓	 吴王光逗劍 wy029 𠂤(以)狩越人  攻吾王光劍 wy030 𠂤(以)狩越人	 姑馮昏同之子句鑃　00424.2 𠂤(以)樂賓客  越王者旨劍 wy070 𠂤(以)狩吴人	 虡公劍 11663B 其𠂤(以)作爲用元劍		 蔡劍 mt17861 蔡𠂤(以)玄金  蔡劍 mt17862 蔡𠂤(以)玄金
吴		越			

午

				 叔朕簠 04620 庚午  叔朕簠 04621 庚午	 鼄叔之伯鐘 00087 壬午
 自用命劍 11610 未㠯(以)金	 少虡劍 11696.1 壬午  少虡劍 11697 壬午	 吉日壬午劍 mt18021 壬午  少虡劍 xs985 [壬]午	 哀成叔鼎 02782 庚午		
	晉		鄭	戴	郱

				 簷叔之仲子平鐘　00173 庚午  簷叔之仲子平鐘　00174 庚午	 簷叔之仲子平鐘　00180 庚午
 郳公鞁父鎛 mt15816 庚午  郳公鞁父鎛 mt15817 庚午	  郳公鞁父鎛 mt15818 庚午 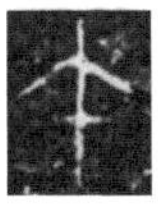 郳大司馬彊盤 ms1216 庚午	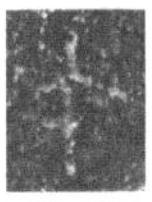 郳大司馬彊匜 ms1260 庚午  郳大司馬鈚 ms1177 庚午	  司馬楙鎛 eb47 庚午	 鄘侯少子簋 04152 丙午	
郳			滕	莒	

 鄧子伯鼎甲 jk2022.3 庚午  鄧子伯鼎乙 jk2022.3 庚午	 曾伯霥簠 04631 庚午  曾伯霥簠 04632 庚午	 曾伯霥壺 ms1069 庚午  夨叔匜 ms1257 壬午	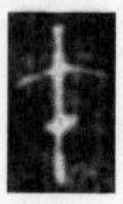 蔡太史鉌 10356 壬午		 鄀公諴鼎 02753 壬午
 鄧子午鼎 02235 鄧子午	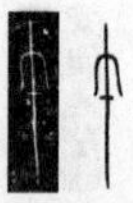 曾侯與鐘 mx1029 甲午  曾侯與鐘 mx1032 庚午			 丁兒鼎蓋 xs1712 壬午	
鄧	曾		蔡	CE	

	 伯戔盆g 10341 庚午		 楚贏盤 10148 庚午  楚贏匜 10273 庚午	 楚太師登鐘 mt15511a 庚午  楚太師登鐘 mt15512a 庚午	 楚太師登鐘 mt15513a 庚午  楚太師登鐘 mt15514a 庚午
		 登鐸 mx1048 庚午	 王子午戟 xs468 王子午	 王子午鼎 02811.2 王子午  王子午鼎q xs444 王子午	 王子午鼎 xs445 王子午 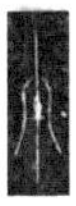 王子午鼎 xs446 王子午
 申文王之孫簠 mt05943 庚午					
CE			楚		

未

 楚太師登鐘 mt15516a 庚午  楚太師登鐘 mt15518a 庚午	 楚太師鄧子辥 慎鎛　mx1045 庚午  塞公孫𦚩父匜 10276 庚午		 華母壺 09638 庚午		
 王子午鼎q 王子午 xs447  王子午鼎 xs449 王子午			 嘉子孟嬴指缶 xs1806 庚午  公父宅匜 10278 庚午	 永寶用享盤 10058 □午□□  □子季□盆 10339 庚午	 子犯鐘 xs1008 丁未  子犯鐘 xs1020 丁未
		 配兒鉤鑃 00427.1 庚午  䱷巢鎛 xs1277 庚午	 壬午吉日戈 mt17119 壬午  壬午吉日戈 mt17121 壬午	 壬午吉日戈 mt17122 壬午  壬午吉日戈 xs1979 壬午	
楚		吴			晋

申

	 都公平侯鼎 02771 癸未  都公平侯鼎 02772 癸未				
 唐子仲瀕兒匜 xs1209 己未		 吳王餘眛劍 mx1352 未敗盧邦	 自用命劍 11610 未㠯(以)金	 與兵壺q eb878 壬申  與兵壺g eb878 壬申	 與兵壺 ms1068 壬申
唐	CE	吳		鄭	

<table>
<tr>
<td></td>
<td></td>
<td>
戈叔朕鼎
02690
庚申

戈叔朕鼎
02691
庚申</td>
<td>
戈叔朕鼎
02692
庚申</td>
<td></td>
<td></td>
</tr>
<tr>
<td></td><td></td><td></td><td></td><td></td><td></td>
</tr>
<tr>
<td>
寬兒鼎
02722
壬申

寬兒缶
mt14091
壬申</td>
<td>
寬兒缶
mt14092
壬申</td>
<td></td>
<td></td>
<td>
簷太史申鼎
02732
太史申</td>
<td>
黄韋俞父盤
10146
庚申</td>
</tr>
<tr>
<td colspan="2">蘇</td>
<td colspan="2">戴</td>
<td>莒</td>
<td>黄</td>
</tr>
</table>

 曾仲大父螽毁 04203 庚申  曾仲大父螽毁 04204.1 庚申	 曾仲大父螽毁 04203 庚申  曾仲大父螽毁 04204.1 庚申	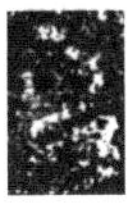 曾仲大父螽毁 04204.2 庚申	 孟爾克母簠g ms0583 庚申  孟爾克母簠q ms0583 庚申		 蔡大善夫趣簠g xs1236 壬申  蔡大善夫趣簠q xs1236 壬申
 曾侯宏鼎 mt02219 庚申  曾侯宏鼎 mt02220 庚申	 曾侯宏鼎 mx0187 庚申 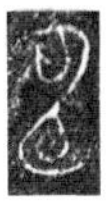 曾侯宏簋 mt04975 庚申	 曾侯宏簋 mt04976 庚申  曾侯宏壺 mt12390 庚申	 曾侯宏鼎 mx0185 庚申  曾侯宏鼎 mx0186 庚申	 曾侯寶鼎 ms0265 庚申	
	 曾子原彝簠 04573 庚申				
曾					蔡

 楚子暖簠 04575 庚申  楚子暖簠 04576 庚申	 楚子暖簠 04577 庚申  王子申盞 04643 王子申	 敬事天王鐘 00073 庚申  敬事天王鐘 00075 庚申	 敬事天王鐘 00076 庚申  敬事天王鐘 00078.1 庚申	 敬事天王鐘 00080.1 庚申 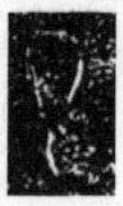 鄬子受鐘 xs506 戊申	 鄬子受鐘 xs509 戊申  鄬子受鎛 xs513 戊申

楚

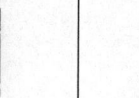

曳

			 叔液鼎 02669 庚申		
 鄬子受鎛 xs514 戊申  鄬子受鎛 xs515 戊申	 鄬子受鎛 xs516 戊申  鄬子受鎛 xs517 戊申		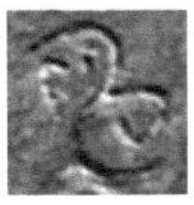 王孫叔諲甗 mt03362 壬申		
		 夫跌申鼎 xs1250 甚六之妻夫跌申	 嘉子昜伯臚簠 04605.1 壬申  嘉子昜伯臚簠 04605.2 壬申	 唐子仲瀕兒匜 xs1209 御會弄(匜)	 蔡子匜 10196 會弁(匜)
楚		舒		唐	蔡

酉

CE	楚	晉	鄭		魯
			 鄭師口父鬲 00731 丁酉	 鄭義伯鐳g 09973 我酉(酒)即(既)清  鄭義伯鐳q 09973 我酉(酒)即(既)清	 魯酉子安母簋q mt05902 魯酉子安母  魯酉子安母簋q mt05903 魯酉子安母
	 以鄧匜 xs405 會曳(匜)  東姬匜 xs398 會曳(匜)				
 壽匜 mx0982 會㚏(匜)  彭子射匜 mt14878 行會曳(匜)		 晉公盆 10342 賸簋四酉			

 國差罎 10361 用實旨酉(酒)	 簷叔之仲子平 鐘　00172 以樂其大酉(酋)  簷叔之仲子平 鐘　00175 以樂其大酉(酋)	 簷叔之仲子平 鐘　00177 以樂其大酉(酋) 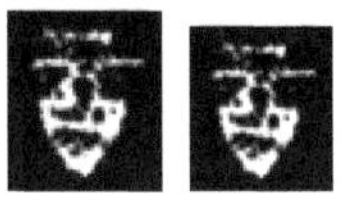 簷叔之仲子平 鐘　00178 以樂其大酉(酋)	 簷叔之仲子平 鐘　00179 以樂其大酉(酋)  簷叔之仲子平 鐘　00180 以樂其大酉(酋)		
				 曾少宰黃仲酉 鼎　eb279 曾少宰黃仲酉  曾少宰黃仲酉 簠　eb467 曾少宰黃仲酉	 曾少宰黃仲酉 壺　eb861 曾少宰黃仲酉  曾少宰黃仲酉 匜　eb951 曾少宰黃仲酉
齊	莒			曾	

醴

		 邾君慶壺g mt12333 醴壺  邾君慶壺q mt12333 醴壺	 邾君慶壺 mt12334 醴壺  邾君慶壺 mt12335 醴壺	 邾君慶壺 mt12336 醴壺  邾君慶壺 mt12337 醴壺	 邾君慶壺g ms1056 醴壺  邾君慶壺q ms1056 醴壺
 宜桐盂 10320 己酉					
 沇兒鎛 00203.2 用盤飲酉(酒)  郐王義楚觶 06513 丁酉	 中央勇矛 11566.1 五酉之後				
徐		郳			

配

 曾伯陭壺 09712.1 鼅(醴)壺  曾伯陭壺 09712.4 鼅(醴)壺	 蔡公子叔湯壺 xs1892 醴壺	 彭伯壺g xs315 醴壺  彭伯壺g xs316 醴壺			
			 叔夷鐘 00276.1 其配襄公之妣(出)  叔夷鐘 00280 其配襄公之妣(出)	 叔夷鎛 00285.6 其配襄公之妣(出)	
					 拍敦 04644 朕配平姬
曾	蔡	CE	齊		D

	 鄬子受鐘 xs505 永配厥休  鄬子受鐘 xs508 永配厥休	 鄬子受鐘 xs512 永配厥休  鄬子受鎛 xs513 永配厥休	 鄬子受鎛 xs514 永配厥休  鄬子受鎛 xs515 永配厥休	 鄬子受鎛 xs516 永配厥休  鄬子受鎛 xs518 永配厥休	 鄬子受鎛 xs520 永配厥休
 蔡侯\u9fc0尊 06010 敬配吴王 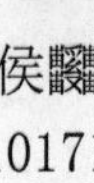 蔡侯\u9fc0盤 10171 敬配吴王					
蔡	楚				

	酬	酢			醬
	 孋加鎛丙 ms1284 醻(酬)獻歌舞				
 配兒鉤鑃 00427.1 余□犬子配兒		 曾侯與鐘 mx1029 自酢(作)宗彝  曾侯殘鐘 mx1031 自酢(作)宗[彝]	 郐王義楚觶 06513 自酢(作)祭鍴	 王子娙鼎 02289.1 王子娙自酢(作)飤鼎  王子娙鼎 02289.2 王子娙□[自]酢(作)飤鼎	 曾仲姬壺 eb855 酒(醬)壺 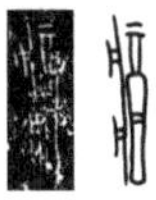 曾侯與鐘 mx1029 天命酒(將)誤(虞)
吴	曾	曾	徐		曾

酓　　酟

	 番伯酓匜 10259 番伯酓			 番君酟伯鬲 00732 番君酟伯  番君酟伯鬲 00733 番君酟伯	 番君酟伯鬲 00734 番君酟伯
 上將軍牌飾 ms1730 上牆(將)軍		 楚王酓審盂 xs1809 楚王酓審			
		 楚王酓忎盤 mt14402 楚王酓忎  楚王酓忎匜 mt14869 楚王酓忎	 競孫旟也鬲 mt03036 酓戠不服		
	番	楚		番	

䤍　　　　⿱旨酉

		 戎生鐘 xs1615 ⿱旨酉(紹)匹晉侯  晉姜鼎 02826 ⿱旨酉(紹)匹辥辟	 郜召簋q xs1042 郜⿱旨酉  郜召簋g xs1042 郜⿱旨酉		
				 番君召簋 04582 番君⿱旨酉  番君召簋 04583 番君⿱旨酉	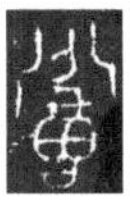 番君召簋 04584 番君⿱旨酉  番君召簋 04585 番君⿱旨酉
 䤍祓想簋g xs534 䤍祓想之飤簠  䤍祓想簋q xs534 䤍祓想之飤簠	 郐䤍尹征城 00425.1 郐䤍尹者故𧰼				
楚	徐	晉	郜	番	

		醻	酉	酞	尊
					 秦公壺 xs1346 隮(尊)壺  秦公壺 xs1347 韓(尊)壺
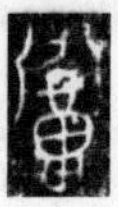 番君召簠 04586 番君䣿  番君召簠 ms0567 番君䣿	 者𣲖鐘 00195 若䣿公壽  者𣲖鐘 00198.2 若䣿公壽				
		 宋右師延敦 CE33001 作醻(粢)䊢 (餈)器	 者兒戈 mx1255 爲其酉戈	 彭射缶 g mt14057 彭射之酞  彭射缶 q mt14057 彭射之酞	
番	吳	宋	滕	CE	秦

 秦公壺 xs1348 尊(尊)壺	 蓊仲𥃝鑪 mt14087 隮(尊)甒	 内子仲口鼎 02517 隮(尊)鼎	 芮公𡈼父壺 ms1046 作造寶尊(尊)	 仲姜壺 mt12248 尊(尊)壺	 仲姜鼎 mt01835 隮(尊)鼎
 秦公壺 ms1041 隮(尊)壺		 芮子仲㲃鼎 mt02125 隮(尊)鼎	 仲姜簋g mt04534 䵼(尊)簋	 仲姜壺 mt12247 尊(尊)壺	 仲姜鼎 mt01836 隮(尊)
秦	AB	芮			

 仲姜鼎 mt01837 䧖(尊)鼎	 仲姜甗 mt03300 䧖(尊)甗	 仲姜簋g mt04532 䰙(尊)簋	 仲姜簋g mt04533 䰙(尊)簋	 仲姜簋g mt04535 䰙(尊)簋	 仲姜鼎 ms0202 䧖(尊)鼎
 仲姜鼎 mt01838 䧖(尊)鼎	 仲姜簋q mt04534 䧖(尊)簋	 仲姜簋q mt04532 䧖(尊)簋	 仲姜簋q mt04533 䧖(尊)簋	 仲姜簋q mt04535 䧖(尊)簋	 太師小子白𢼸父鼎　ms0261 隫(尊)鼎

芮

 虢叔鬲 00603 隮(尊)鬲	 晋侯簋g mt04713 隮(尊)簋	 晋叔家父壺 xs908 隮(尊)壺	 燕仲鬲 kw2021.3 隮(尊)鬻	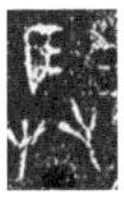 燕仲鼎 kw2021.3 尊(尊)鼎	 單伯邍父鬲 00737 隮(尊)鬲
 圓君鼎 02502 隮(尊)鼎	 晋姜鼎 02826 隮(尊)鼎	 晋叔家父壺 mt12357 隮(尊)壺	 琱射壺 kw2021.3 隮(尊)壺		
虢	晋		燕		單

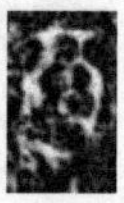	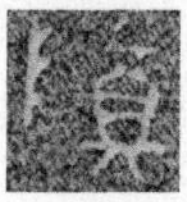				
毛叔虎父簋g mx0424 隮(尊)簋	毛叔虎父簋g hx2021.5 隮(尊)簋	毛虎壺q hx2021.5 隮(尊)壺	穌公子段 04014 隮(尊)簋	戈叔慶父鬲 00608 隮(尊)鬲	曹伯狄段 04019 隮(尊)簋

毛叔虎父簋q mx0424 隮(尊)簋	毛叔虎父簋q hx2021.5 隮(尊)簋	毛虎壺g hx2021.5 隮(尊)壺	穌公子段 04015 隮(尊)簋		
	毛		蘇	戴	曹

 魯姬鬲 00593 尊(尊)鬲	 邾口白鼎 02640 隮(尊)鼎  邾口白鼎 02641 隮(尊)鼎	 齊不趄鬲 mt02926 隮(尊)鬲	 曩侯簋 xs1462 隮(尊)簋	 邿史碩父尊 sh189 隮(尊)鼎  鄀甘辜鼎 xs1091 隮(尊)鼎	 鄧公簋蓋 04055 隮(尊)誁敦
魯	邾	齊	曩	D	鄧

	 曾伯宮父穆鬲 00699 隮(尊)鬲  曾伯鬲 xs1217 隮(尊)鬲	 曾仲斿父方壺 09628.1 隮(尊)壺  曾仲斿父方壺 09628.2 隮(尊)壺	 曾仲斿父方壺 09629.1 隮(尊)壺  曾仲斿父方壺 09629.2 隮(尊)壺	 曾子白父匜 10207 隮(尊)匜  曾伯霥壺 ms1069 隮(尊)壺	
 伯遊父鐳 mt14009 隮(尊)鐳	 湛作季嬴壺甲g kx2021.1 隮(尊)壺  湛作季嬴壺甲q kx2021.1 隮(尊)壺	 湛作季嬴壺乙g kx2021.1 隮(尊)壺 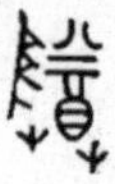 湛作季嬴壺乙q kx2021.1 隮(尊)壺	 曾侯宧壺 mt12390 隮(尊)壺		
	 曾叔旂壺 mx0810 隮(尊)壺  琦壺 mx0806 隮(尊)壺				 蔡侯龖尊 05939 媵隮(尊)  蔡侯龖鑑 10290 尊(尊)匜
黃	曾				蔡

		 上鄀公敄人簋蓋　04183 隮(尊)簋)  鄀公平侯鼎 02771 隮(尊)盂	 鄀公平侯鼎 02772 隮(尊)盂  鄀公簠蓋 04569 隮(尊)䀇	 鄀公諴鼎 02753 隮(尊)鼎	
					 江叔螽鬲 00677 隮(尊)鬲
 蔡侯䵼缶 09993.1 隮(尊)缶  蔡侯䵼缶 09993.2 隮(尊)缶	 蔡侯䵼缶 09994 隮(尊)缶  蔡侯䵼盤 10072 隮(尊)盤				
蔡		CE			

 醫子奠伯鬲 00742 隮(尊)鬲	 楚季咩盤 10125 隮(尊)媵盥盤  考叔㫷父簠 04608.1 隮(尊)䀇	 考叔㫷父簠 04609.1 隮(尊)䀇  考叔㫷父簠 04609.2 隮(尊)䀇			
 遙叔壺 09625 隮(尊)壺 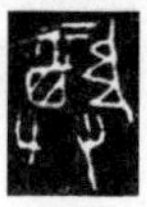 遙叔壺 09626 隮(尊)壺	 倗尊缶 09988.1 隮(尊)缶  倗尊缶 09988.2 䵼(尊)缶	 倗尊缶g xs415 䵼(尊)缶  倗尊缶q xs415 䵼(尊)缶	 倗缶 xs461 隮(尊)缶  倗缶 xs462 隮(尊)缶		
	 永陳缶蓋 xs1191 隮(尊)缶  競之定鬲 mt03015 隮(尊)彝	 競之定鬲 mt03016 隮(尊)彝  競之定鬲 mt03017 隮(尊)彝	 競之定鬲 mt03018 隮(尊)彝  競之定鬲 mt03019 隮(尊)彝	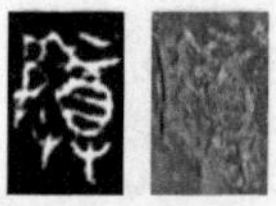 競之定鬲 mt03020 隮(尊)彝  競之定鬲 mt03021 隮(尊)彝	 競之定鬲 mt03022 隮(尊)彝  競之定簋 mt04978 隮(尊)彝
CE	楚				

		 叔牙父鬲 00674 䮍(尊)鬲	 自作尊鼎 02430 䮍(尊)鼎	 雍鼎 02521 䮍(尊)鼎	 子叔壺 09603.1 䮍(尊)壺  子叔壺 09603.2 䮍(尊)壺
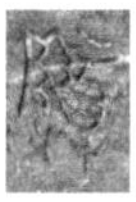 競之定簋 mt04979 䮍(尊)彝  競之定豆 mt06150 䮍(尊)彝	 競之定豆 mt06151 䮍(尊)彝  復公仲簋蓋 04128 䮍(尊)賸簋	 尊父鼎 mt02096 䮍父			
楚					

戌

 虞侯政壺 09696 壬戌				 鼄乎簋 04157.1 壬戌  鼄乎簋 04157.2 壬戌	 鼄乎簋 04158.1 壬戌  鼄乎簋 04158.2 壬戌
	 宋公戌鎛 00008 宋公戌  宋公戌鎛 00009 宋公戌	 宋公戌鎛 00010 宋公戌  宋公戌鎛 00011 宋公戌	 宋公戌鎛 00012 宋公戌  宋公戌鎛 00013 宋公戌		
虞	宋			曾	

亥

	 鄀仲甗鐳 mt14087 丁亥	 虢季鐘 xs1 丁亥  虢季鐘 xs2 丁亥	 虢季鐘 xs3 丁亥  虢季氏子組盤 ms1214 乙亥	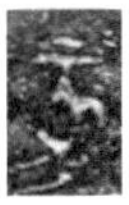 伯□鼎 mt02262 初[吉]□亥	 戎生鐘 xs1613 乙亥  太師盤 xs1464 辛亥
 叔師父壺 09706 甲戌					 晉公盆 10342 丁亥  晉公盤 mx0952 丁亥
					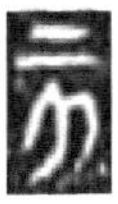 郘黛鐘 00226 丁亥  郘黛鐘 00227 丁亥
CE	AB	虢		BC	晉

 晉公戈 xs1866 丁亥 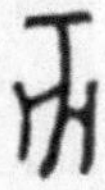 晉姜鼎 02826 乙亥			 毛虎壺g hx2021.5 己亥  毛虎壺q hx2021.5 己亥		
 長子沫臣簠 04625.1 丁亥  長子沫臣簠 04625.2 丁亥					 許公簠g mx0510 丁亥  許公簠g mx0511 丁亥
 郘黛鐘 00228 丁亥  郘黛鐘 00230 丁亥	 郘黛鐘 00231 丁亥  郘黛鐘 00232 丁亥	 郘黛鐘 00233 丁亥		 封子楚簠g mx0517 丁亥  封子楚簠q mx0517 丁亥	 鄦公買簠 04617.2 丁亥  鄦公買簠g eb475 丁亥
	晉		毛	鄭	許

					 陳侯鼎 02650 丁亥  陳公子甗 00947 丁亥
 許公簠q mx0511 丁亥					 陳医作孟姜㛗簠 04606 丁亥  陳医作孟姜㛗簠 04607 丁亥
 鄦公買簠q eb475 丁亥 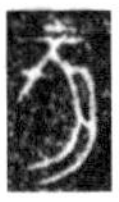 鄦子妝簠 04616 丁亥	 子璋鐘 00113 丁亥  子璋鐘 00114 丁亥	 子璋鐘 00115.1 丁亥  子璋鐘 00116.1 丁亥	 子璋鐘 00117.1 丁亥  子璋鐘 00118.1 丁亥	 鄦子盥自鎛 00153 丁亥  鄦子盥自鎛 00154 丁亥	
許					陳

 原氏仲簠 xs395 丁亥  原氏仲簠 xs396 丁亥	 原氏仲簠 xs397 丁亥				
 敶医作王仲嬀 𡢁簠　04603.1 丁亥  敶医作王仲嬀 𡢁簠　04603.2 丁亥	 敶医作王仲嬀 𡢁簠　04604.1 丁亥  敶医作王仲嬀 𡢁簠　04604.2 丁亥	 陳医盤 10157 丁亥  陳侯匜 xs1833 丁亥	 敶子匜 10279 丁亥  有兒簋 mt05166 丁亥	 趞亥鼎 02588 宋莊公之孫趞亥	
				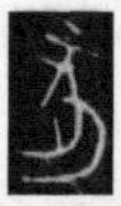 樂子簠 04618 丁亥	 鼄公牼鐘 00149 乙亥  鼄公牼鐘 00150 乙亥
陳				宋	邾

<table>
<tr><td></td><td></td><td></td><td></td><td></td><td></td></tr>
<tr><td></td><td></td>
<td>
齊太宰歸父盤
10151
丁亥

歸父盤
mx0932
丁亥</td>
<td>
齊侯鎛
00271
丁亥

齊罼氏鐘
00142.1
丁亥</td>
<td>
國差𦉜
10361
丁亥

庚壺
09733.1B
丁亥</td>
<td>
齊侯子仲姜鬲
mx0260
丁亥</td></tr>
<tr><td>
鼄公牼鐘
00151
乙亥

鼄公牼鐘
00152
乙亥</td>
<td>
鼄公華鐘
00245
乙亥

邾公孫班鎛
00140
丁亥</td>
<td></td><td></td><td></td><td></td></tr>
<tr><td colspan="2">邾</td><td colspan="4">齊</td></tr>
</table>

 夆叔盤 10163 丁亥  夆叔匜 10282 丁亥			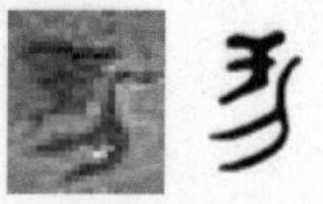 鄧公孫無忌鼎 xs1231 丁亥		
		 此余王鼎 mx0220 丁亥  濫公宜脂鼎 mx0191 丁亥	 鄧子盤 xs1242 丁亥		
	 簷太史申鼎 02732 辛亥	 禾簋 03939 己亥		 唐子仲瀕鈚 xs1210 丁亥  唐子仲瀕兒盤 xs1211 辛亥	 樊季氏孫仲䵼鼎 02624.1 乙亥  樊季氏孫仲䵼鼎 02624.2 乙亥
逢	莒	D	鄧	唐	樊

 伯亞臣鐳 09974 丁亥 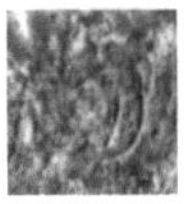 伯遊父巵 mt19239b [丁]亥	 黃太子白克盤 10162 丁亥  黃太子白克盆 10338 丁亥	 伯遊父壺 mt12412 丁亥  伯遊父壺 mt12413 丁亥	 伯遊父鐳 mt14009 丁亥  伯遊父盤 mt14510 丁亥	 番子鼎 ww2012.4 丁亥	
				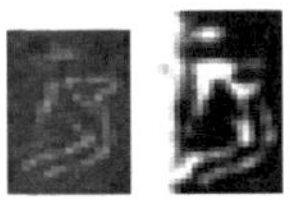 鄱子成周鐘 xs283 丁亥  鄱子成周鐘 mt15256 丁亥	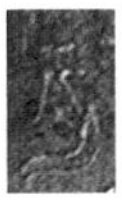 鄱子成周鐘 mt15257 丁亥
黃				番	

 曾侯子鎛 mt15763 丁亥	 曾侯子鎛 mt15765 丁亥		 蔡公子叔湯壺 xs1892 丁亥		
 曾侯子鎛 mt15764 丁亥	 曾侯子鎛 mt15766 丁亥				
 曾公畭鎛鐘 jk2020.1 丁亥	 曾公畭甬鐘 B jk2020.1 丁亥	 曾公子叔涹簠g mx0507 丁亥	 鄬中姬丹盤 xs471 丁亥	 蔡大司馬燮盤 eb936 丁亥	
 曾公畭甬鐘 A jk2020.1 丁亥	 嬭加編鐘 kg2020.7 乙亥	 曾公子叔涹簠 mx0508 丁亥	 鄬中姬丹匜 xs472 丁亥		
 曾季关臣盤 eb933 丁亥	 曾子□簠 04588 丁亥		 蔡侯𩇯尊 06010 辛亥	 蔡大師鼎 02738 丁亥	 蔡侯簠g xs1896 丁亥
 嫫盤 mx0948 吉日唯亥	 曾□□簠 04614 丁亥		 蔡侯𩇯盤 10171 辛亥	 蔡叔季之孫䢼匜　10284 丁亥	 蔡侯簠q xs1896 丁亥
曾			蔡		

			 伯戔盤 10160 丁亥	 彭子仲盆蓋 10340 丁亥	
	 上鄀公簠g xs401 丁亥	 上鄀府簠 04613.1 丁亥  上鄀府簠 04613.2 丁亥	 鼄君季黝鑑 mx0535 丁亥	 䢵子𪓊盞g xs1235 乙亥  䢵子𪓊盞q xs1235 乙亥	 諆余鼎 mx0219 丁亥  郘子戟盤 xs1372 乙亥
 蔡侯簠 xs1897 丁亥  蔡侯簠 ms0582 丁亥				 義子鼎 eb308 丁亥	 侯古堆鎛 xs276 丁亥  侯古堆鎛 xs277 丁亥
蔡	CE				

			 楚王領鐘 00053.1 丁亥  考叔㖩父簠 04608.1 丁亥	 考叔㖩父簠 04609.1 丁亥  考叔㖩父簠 04609.2 丁亥	 楚王鐘 00072 丁亥
 侯孫老簠 g ms0586 丁亥			 以鄧匜 xs405 丁亥  以鄧鼎q xs406 丁亥	 楚屈子赤目簠 04612 丁亥  楚屈子赤目簠 xs1230 丁亥	 仲改衛簠 xs399 丁亥  仲改衛簠 xs400 丁亥
 侯古堆鎛 xs278 丁亥  侯古堆鎛 xs279 丁亥	 侯古堆鎛 xs280 丁亥  侯古堆鎛 xs281 丁亥	 侯古堆鎛 xs282 丁亥			
CE			楚		

 盂滕姬缶 10005 丁亥  東姬匜 xs398 乙亥	 何次簠 xs402 乙亥  何次簠g xs403 乙亥	 何次簠q xs403 乙亥  何次簠g xs404 乙亥	 何次簠q xs404 乙亥  王孫誥鐘 xs418 丁亥	 王孫誥鐘 xs419 丁亥  王孫誥鐘 xs420 丁亥	 王孫誥鐘 xs421 丁亥  王孫誥鐘 xs422 丁亥

楚

 王孫誥鐘 xs423 丁亥	 王孫誥鐘 xs426 丁亥	 王孫誥鐘 xs428 丁亥	 王孫誥鐘 xs430 丁亥	 王孫誥鐘 xs435 丁亥	 王孫誥鐘 xs443 丁亥
 王孫誥鐘 xs425 丁亥	 王孫誥鐘 xs427 丁亥	 王孫誥鐘 xs429 丁亥	 王孫誥鐘 xs434 丁亥	 王孫誥鐘 xs433 丁亥	 王孫遺者鐘 00261.1 丁亥

楚

 王子午鼎 02811.2 丁亥	 王子吴鼎 02717 丁亥	 發孫虜鼎g xs1205 丁亥	 楚王媵嬭加缶 kg2020.7 丁亥	 楚王鼎 mx0210 丁亥	 楚王鼎g mt02318 丁亥
 王子午鼎q xs444 丁亥	 王子吴鼎 mt02343b 丁亥	 發孫虜鼎q xs1205 丁亥	 發孫虜簠 xs1773 丁亥	 楚王鼎 mx0188 丁亥	 楚王鼎q mt02318 丁亥

楚

 王子午鼎 xs445 丁亥	 王子午鼎q xs447 丁亥	 童麗君柏匿q mx0494 丁亥	 童麗君柏匿q mx0495 丁亥	 童麗君柏鐘 mx1016 丁亥	 童麗君柏鐘 mx1018 丁亥
 王子午鼎 xs446 丁亥	 王子午鼎 xs449 丁亥	 童麗君柏匿g mx0494 丁亥	 童麗君柏匿g mx0495 丁亥	 童麗君柏鐘 mx1017 丁亥	 童麗君柏鐘 mx1019 丁亥
楚		鍾離			

 童麗君柏鐘 mx1020 丁亥  童麗君柏鐘 mx1021 丁亥	 童麗君柏鐘 mx1022 丁亥  童麗君柏鐘 mx1023 丁亥	 童麗君柏鐘 mx1024 丁亥  季子康鎛 mt15787a 丁亥	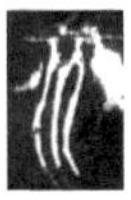 季子康鎛 mt15789a 丁亥  季子康鎛 mt15790a 丁亥	 季子康鎛 mt15791a 丁亥	 庚兒鼎 02715 丁亥 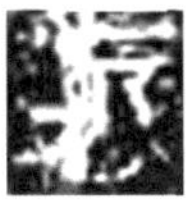 庚兒鼎 02716 丁亥
					 沇兒鎛 00203.1 丁亥  徐王子旃鐘 00182.1 癸亥
鍾離					徐

					 者盛鐘 00193 丁亥  者盛鐘 00195 丁亥
 余購逐兒鐘 00183.1 丁亥  余購逐兒鐘 00185.1 丁亥	 夫跌申鼎 xs1250 丁亥	 遷邟鐘 mt15520 丁亥  遷邟鐘 mt15521 丁亥	 遷邟鎛 eb46 丁亥  遷邟鎛 mt15796 丁亥	 遷邟鎛 mt15794 丁亥  遷邟鐘 mx1027 丁亥	  臧孫鐘 00093 丁亥  臧孫鐘 00094 丁亥
徐	舒				吳

 者㳄鐘 00196 [丁]亥  者㳄鐘 00197.1 丁亥	 者㳄鐘 00198.1 丁亥	 者㳄鐘 00201 丁亥  者㳄鐘 00202 丁亥			
 臧孫鐘 00095 丁亥  臧孫鐘 00096 丁亥	 臧孫鐘 00097 丁亥  臧孫鐘 00098 丁亥	 臧孫鐘 00099 丁亥  臧孫鐘 00100 丁亥	 臧孫鐘 00101 丁亥  冉鉦鋮 00428 丁亥	 姑馮昏同之子句鑃　00424.1 丁亥  者尚余卑盤 10165 丁亥	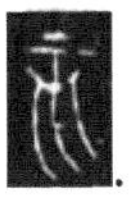 其次句鑃 00421 丁亥  其次句鑃 00422A 丁亥
吳				越	

	 王孫壽甗 00946 丁亥  冶仲考父壺 09708 丁亥				
	 鐘伯侵鼎 02668 己亥	 鎬鼎 02478 丁亥			
 .其次句鑃 00422B 丁亥  越王者旨於睗鐘 00144 丁亥	 乙鼎 02607 丁亥  揚鼎 mt02319 丁亥	  伯怡父鼎 eb312 辛亥  伯怡父鼎 eb313 辛亥	 與子具鼎 xs1399 丁亥		
越					

附卷　存疑待識字

 子犯鐘 xs1010 減乎?  子犯鐘 xs1022 減乎?	 郳湯伯匜 10188 長湯伯?(茬) 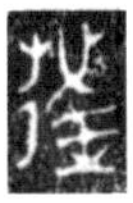 郳湯伯匜 10208 長湯伯?(茬)	 長子沫臣簠 04625.1 長子?(𪊨)臣  長子沫臣簠 04625.2 長子?(𪊨)臣	 趙明戈 xS972 趙?(明)之槊戈	 晉公盆 10342 ?(-唐)公
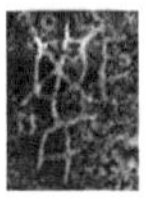 禽簋 hx2022.2 姬□	 武墜之王戈 xs1893 武?(墜)之王戈	 衛量 10369 衛?(自-師)辛䢅嬰	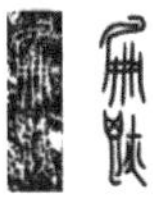 曾侯與鐘 mx1029 荆邦既?(爵—削)	 陳侯鼎 02650 嬀?(四)母
 鄦奓魯生鼎 02605 許? (奓)魯生	 喬君鉦鋮 00423 喬君淲虘與朕以贏(祒)	 黃太子白克盤 10162 作仲?(嬴)𠂤賸盤	 鄀公平侯鼎 02771 皇考屖盄(盂)公  鄀公平侯鼎 02772 皇考屖盄(盂)公	 國子中官鼎 01935.1 中? (官)  國子中官鼎 mt02336 中? (官)

 喬君鉦鋮 00423 寶？（鑴-鐳）鐸	 杞伯每刃簋 s04860 杞伯每？（亡）  杞子每刃鼎 02428 ［杞］子每？（亡）	 杞伯每亡鼎 02494. 1 杞伯每？（亡）  杞伯每亡鼎 02494. 2 杞伯每？（亡）	 杞伯每亡鼎 02495 杞伯每？（亡）  杞伯每亡鼎 02642 杞伯每？（亡）	 杞伯每亡𣪘 03897 杞伯每？（亡）  杞伯每亡𣪘 03898. 1 杞伯每？（亡）	 杞伯每亡𣪘 03899. 1 杞伯每？（亡）  杞伯每亡𣪘 03898. 2 杞伯每？（亡）
 陳伯元匜 10267 陳白？（鷊）	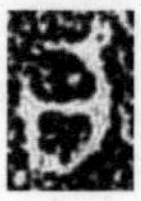 杞伯每亡𣪘 03900 杞伯每？（亡）  杞伯每亡壺蓋 09687 杞伯每？（亡）	 杞伯每亡壺 09688 杞伯每？（亡）  杞伯每亡盆 10334 杞伯每？（亡）	 䨻侯簠 04561 ？（䨻）侯  䨻侯簠 04562 ？（䨻）侯	 䨻侯盤 ms1205 ？（䨻）侯	 魯伯愈父簠 04566 姬？（仁）  魯伯愈父簠 04567 姬？（仁）
 杞伯每亡簋 mt04860 圀𣪘（簋）	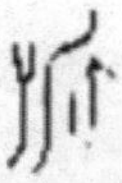 曾公𬳬鎛鐘 jk2020. 1 ？（誓）應京社  曾公𬳬甬鐘 A jk2020. 1 ？（誓）應京社	 曾公𬳬甬鐘 B jk2020. 1 ？（誓）應京社	 曾公𬳬鎛鐘 jk2020. 1 ？神其聖  曾公𬳬甬鐘 A jk2020. 1 ？神其聖	 曾公𬳬甬鐘 B jk2020. 1 ？神其聖	

 杞伯每亡段 03899.2 杞伯每？（亡）  杞伯每亡段 03901 杞伯每？（亡）	 般仲柔盤 10143 唯般仲？（柔）	 郳穃權 10381 郳？（穃）之□	 曾侯與鐘 mx1034 臨觀元？(灌)	 蔡子匜 10196 蔡子？（佗）	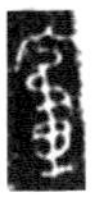 黃子鼎 02567 則祐靈？（寴-糅）
 魯伯愈父簠 04568 姬？（仁）  魯伯愈父簠 ms0561 姬？（仁）	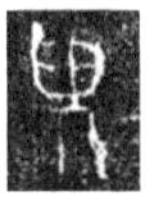 黃太子白克盤 10162 作仲嬴？媵盤	 曾子叔牀父簠蓋　04544 曾子叔？（牀）父	 叔朕簠 04622 □□？（舫）之寶	 郲□白鼎 02640 郲？（犨-翔）伯  郲□白鼎 02641 郲？（犨-翔）伯	 魯少司寇封孫宅盤　10154 魯少司寇封孫？（宅）
	 者兒戈 mx1255 滕？（翻-師）公之孫	 者兒戈 mx1255 專？（邑）	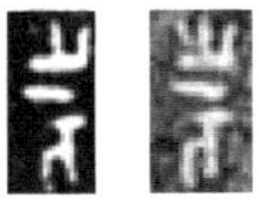 鄇郭公子戈 xs1129 罾？（岂）戈	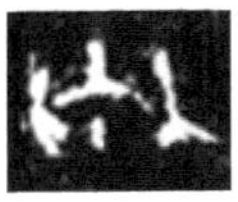 鄧公匜 10228 鄧籐塴吉酬鄧公金	 黃仲匜 10214 自作？（鰍）匜

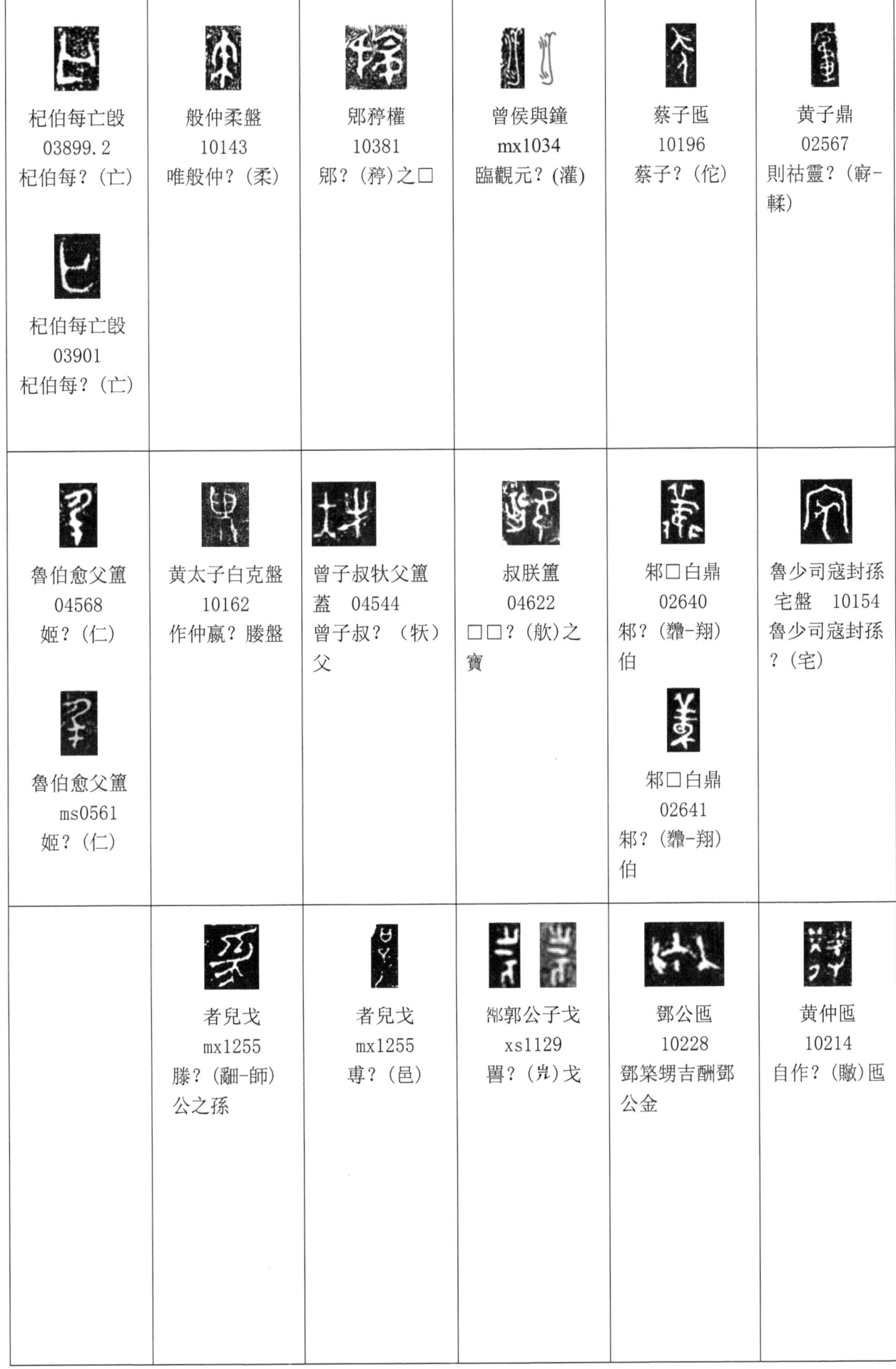

 黄子器座 10355 用？（旨）	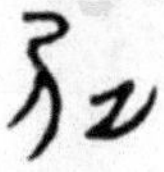 晋姜鼎 02826 卑（俾）貫通？	 晋姜鼎 02826 宣（卬）我猷	 晋姜鼎 02826 征緐湯？（𩁹）	 晋姜鼎 02826 遠𤔲（邇）君子	 庚壺 09733.2B □昀？舟䢸緐丘
 者兒戈 mx1255 ？(吞)叔之子	 庚壺 09733.2B 戒□曰？余以賜汝□	 庚壺 09733.2B ？于梁	 晋公盤 mt30952 剬典？[illegible]	 晋公盤 mt30952 莫[不]？[illegible]	 晋公盤 mt30952 莫[不]秉？
 鼎之伐鼎 01955 鼎之戎？（瑦）	 曾子斿鼎 02757 用鑄？（鴋）彝	 曾子斿鼎 02757 孔？（呢）□□	 蔡太史鉌 10356 蔡太史？（㚃）	 姑發諸樊之弟劍　xs988 工𠪚王姑發？（譬-胥）反	 鄧公簋 03858 王在侯？

 庚壺 09733.2B □昀夂舟？(羿)鯀丘	 掃片昶豯鼎 02570 ？（彝—掃）父昶豯  掃片昶豯鼎 02571 ？（彝—掃）父昶豯	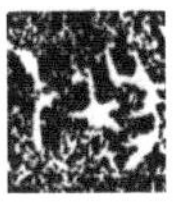 掃片昶豯鼎 02571 彝父昶？(豯)	 □偖生鼎 02632 ？偖生[illegible][illegible]  □偖生鼎 02633 ？偖生[illegible][illegible]	 □偖生鼎 02632 □？(偖)生[illegible][illegible]  □偖生鼎 02633 □？(偖)生[illegible][illegible]	 □偖生鼎 02632 □偖生？[illegible]  □偖生鼎 02633 □偖生？[illegible]
 晋公盤 mt30952 君百？作邦	 晋公盆 10342 制𩁹(胡)迮	 晋公盆 10342 制𩁹(胡)迮	 郘金劍 11580 ？（郘-巽）□金鐘	 郘金劍 11580 郘（巽）？金鐘	 子陕□之孫鼎 02285 子？(陕)□之孫
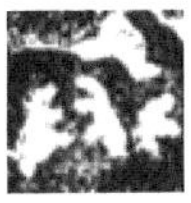 樊君匜 10256.1 ？(洪-浣)匜  樊君匜 10256.2 ？(洪-浣)匜	 郳作之元戈 11066 ？(郳)作之元戈	 臣戈 11253 鄝子？(詸)臣	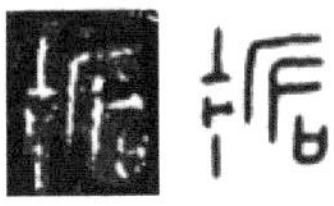 攻吴大叔盤 xs1264 工𩏃大叔？(𡛉)女	 余贎逐兒鐘 00183.1 余兹？(佫)之元子  余贎逐兒鐘 00185.2 余兹？(佫)之元子	 楚子䢵鄭敦 04637 楚子(䢵-边)鄭之飤

 □偖生鼎 02632 □偖生𣪕？  □偖生鼎 02633 □偖生𣪕？	 番□伯者君匜 10269 ？(己)	 ∽鼎 01241 ？	 尋仲匜 10266 鄩仲媵仲女？ 子寶匜	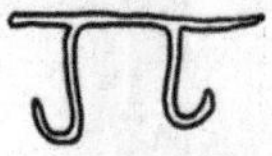 丌斧 11769 ？(丌)	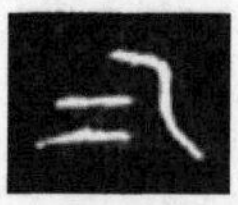 黄君孟鼎 02497 行器彐
 子陕□之孫鼎 02285 子陕？之孫	 䙴戈 10821 ？(䙴-𦣻)	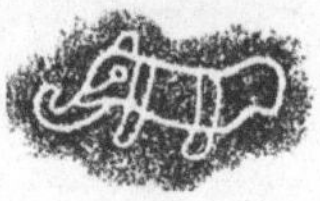 象罍 ms1167 象	 吞盆 10323 ？	 𡧊甗 xs1328 ？	 勹簋 xs1698 ？
 工□戈 10965 工師？(迻)	 姑發諸樊之弟 劍　xs988 ？厥可金	 牧臣簠 g ms0554 曾公鵙？(鬣)	 𠃉人孱石盤 ms1200 𠃉人孱  𠃉人孱石匜 ms1246 𠃉人孱	 䍜瓯戈 10890 ？(䍜)瓯	 䍜瓯戈 10890 䍜？(瓯)

 糸壺 xs1044 ？  糸壺 xs1044 ？	 鄭義伯𨱷 09973.2 我用以克？	 衛量 10369 衛自（師）辛？ 𡡉	 夨叔匜 ms1257 夨叔？父	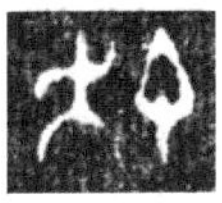 炏右盤 10150 ？右…	 侯古堆鎛 xs276 嘉平方？（奏）
 宗戈 10811 宗	 陳口戈 10964 陳？（⿱-冢）戈	 亡鹽戈 xs1538 無？(鹽)右戈	 是立事歲戈 11259 ？(𧦝)右工戈	 鄦侯少子簋 04152 皇妣？君中妃	 曾者子鼎 02563 曾者子？（𩰫）
 𠂤𢍏生鼎 02524 𠂤？(𢍏)生	 番昶伯者君鼎 02617 番？(昶)伯 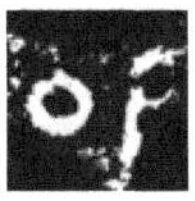 番昶伯者君鼎 02618 番？(昶)伯	 番囗伯者君盤 10139 番？(昶)伯  番囗伯者君盤 10140 番？(昶)伯	 番囗伯者君匜 10268 番？(昶)伯  番囗伯者君匜 10269 番？(昶)伯	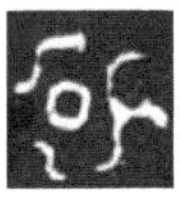 番昶伯者君鼎 02617 番？(昶)伯 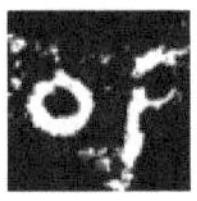 番昶伯者君鼎 02618 番？(昶)伯	 何訇君鼎 02477 何訇君党

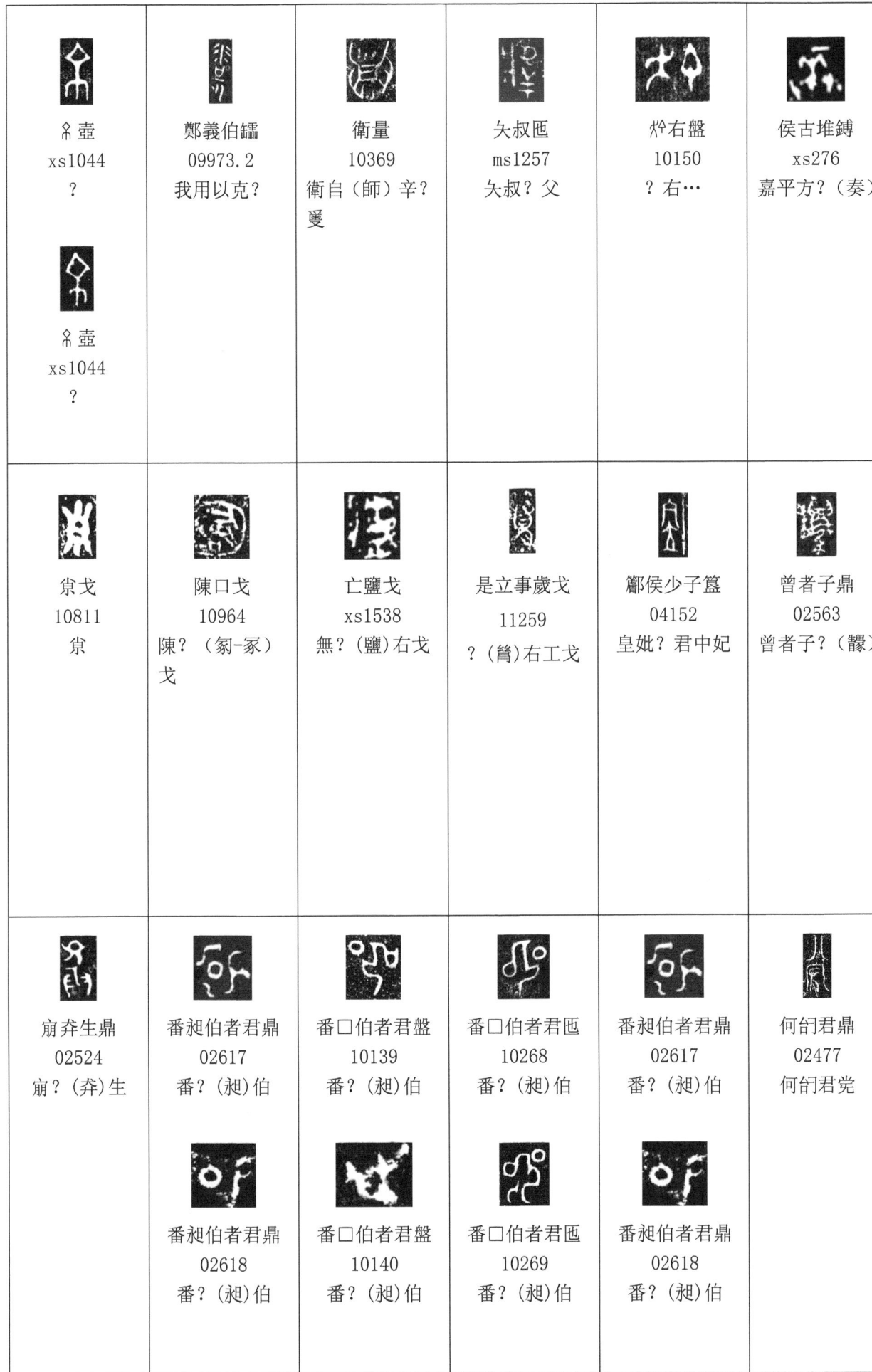

 曾子斿鼎 02757 民鼎卑？(卿- 饗）	 叔休盨 mt05618 ？都君  叔休盨 mt05619 ？都君	 叔休盤 mt14482 ？都君  叔休盉 mt14778 ？都君	 叔休鼎 ms0260 ？都君  叔休壺 ms1059 ？都君	 叔休壺 ms1060 ？都君	 樊季氏孫仲鼎 鼎　02624.1 樊季氏孫仲 嬭？（堇）  樊季氏孫仲鼎 鼎　02624.2 樊季氏孫仲 嬭？（堇）
 曾侯與鐘 mx1039 萬民其？	 蚰子或鼎蓋 02286 蚰子？（㦸-誟）	 曾侯戈 11121 曾侯？（玈）伯	 曾仲之孫戈 11254 曾仲之孫？虘	 黃朱柢鬲 00610 唯黃朱柃	 黃朱柢鬲 00610 唯黃朱柃
 㳄簠 04475 ？之行匿	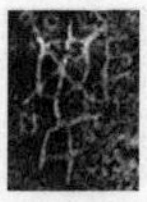 禽簋 hx2022.2 姬□	 洹子孟姜壺 09729 齊侯[女]雷？ (爲)喪其(舅？)  洹子孟姜壺 09730 齊侯女雷？ (爲)喪其(舅？)	 洹子孟姜壺 09729 齊侯女雷爲喪 其？（皀-舅）  洹子孟姜壺 09730 齊侯女雷爲喪 其？（皀-舅）	 洹子孟姜壺 09729 遣傳？（淄-祇） 御  洹子孟姜壺 09730 遣傳（淄-祇） 御	 舉子傀戈 mt16884 ？（輿-舉）子 傀

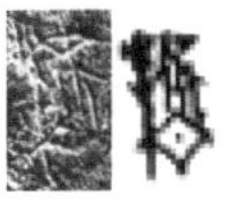 ⿰牛先城戟 x971 比城之？（棗）戟	 楚屈叔佗戈 11393.2 ？笙于缶	 楚屈叔佗戈 11393.2 ⿰亯尗？（笙）于缶	 楚屈叔佗戈 11393.2 ⿰亯尗笙于？（缶）	 要君盂 10319 婁君伯？（䶈）	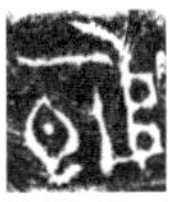 右伯君權 10383 右伯君西？（疸）
 昜娼鼎 ms0225 昜？（娼）	 □用戈 xs1204 □？（寢）用戈	 衛量 10369 衛自（師）辛巽？（㝡）	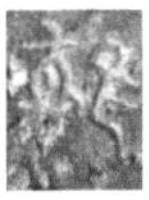 燕车軎 mt19015 匽？𧖟叀（軎）	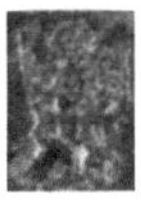 燕车軎 mt19015 燕□？（𧖟）軎）	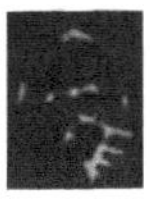 陳生寉鼎 02468 陳生？（寉）
 舉子傀戈 mt16884 舉子？（傀）	 □魯宰兩鼎 02591 ？魯宰兩作其□□寶鼎	 □魯宰兩鼎 02591 ？（魯）宰兩作其□□寶鼎	 □魯宰兩鼎 02591 □魯宰兩作其？□寶鼎	 □魯宰兩鼎 02591 □魯宰兩作其□？寶鼎	 雺戈 x993 雺

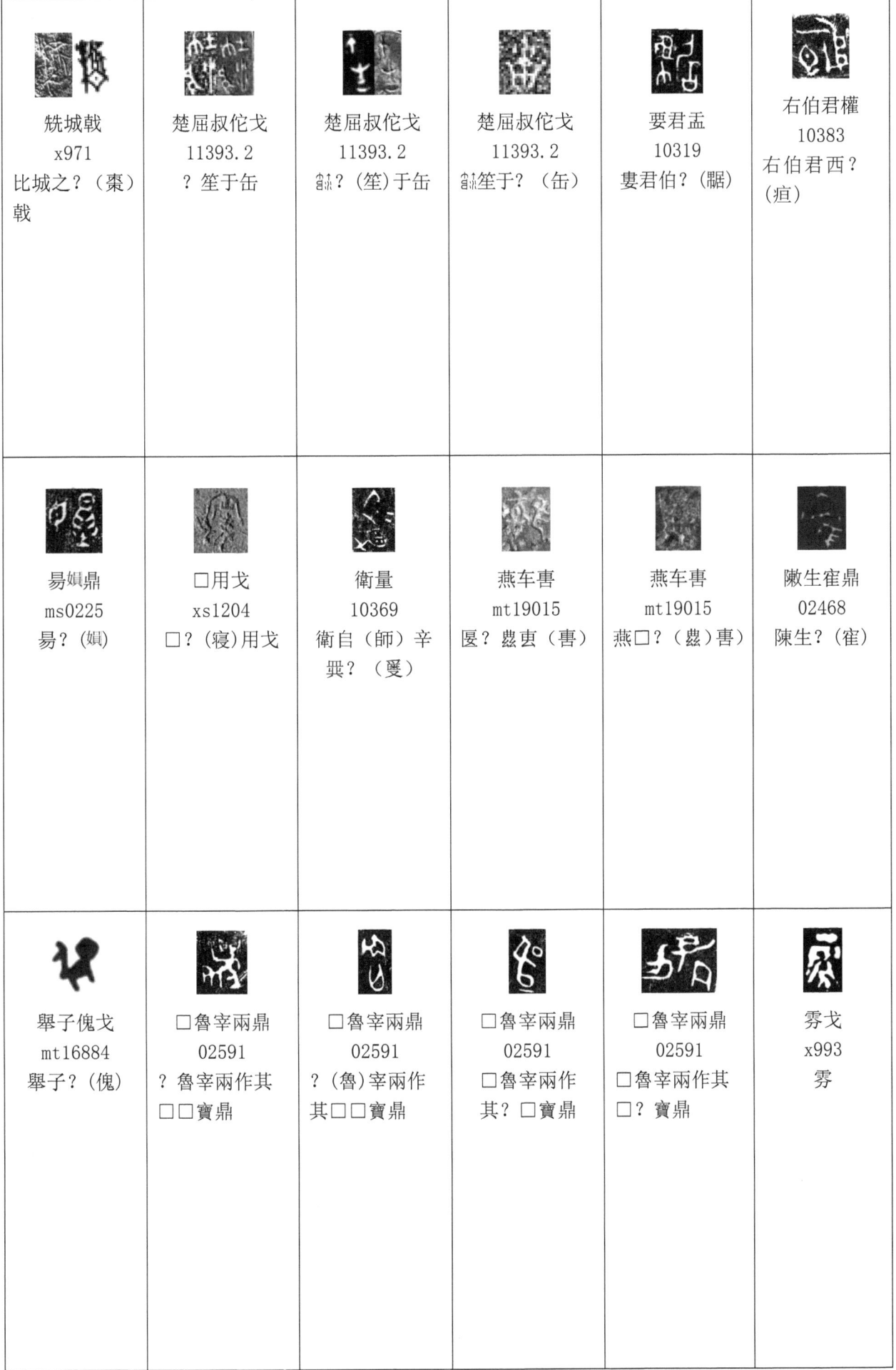

 蔞子𪘲盞 xs1235g ？（蔞）子𪘲  蔞子𪘲盞 xs1235q ？（蔞）子𪘲	 洀竝果戈 xs1485 ？(洀)竝果之造戈	 嬰同盆 ms0621 □旨？之子	 嬰同盆 ms0621 保？公之妻	 嬰同盆 ms0621 ？旨□之子	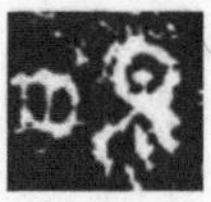 城陽左戈 ms1352 城？（腸-陽）
 㪤孫宋鼎 xs1626 ？(㪤)孫宋之飤緐	 中央勇矛 11566.2 □之後	 中央勇矛 11566.1 勇龠生安？(空)	 邾公孫班鎛 00140 其？（皇）祖	 鄧公簋 03858 ？（旅）簋	 季子康鎛 mt15787b 自乍（作）龢鐘之□  季子康鎛 mt15789b 自乍（作）龢鐘之□
 索魚王戈 xs1300 索魚王□□戈	 盥缶 mt14051 ？（貴浣）缶	 羅兒匜 xs1266 學卯？□臺之子	 羅兒匜 xs1266 學卯□？臺之子	 羅兒匜 xs1266 學卯□□？(臺)之子	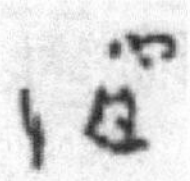 登鐸 mx1048 ？子登

 吁戈 11032 吁□□？(佚)	 競孫不服壺 t12381 正月？（逮-盡）期	 宜桐盂 10320 以？（寰）妹	 郤王耑又觶 06506 耑（鍴）溉之？（焫）	 郤醓尹征城 00425.1 郤尹者故？（蟳）	 郤王盧 10390 小（贀-爔）爐
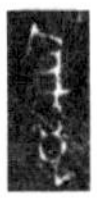 奚君單盤 10132 ？(綏)君單  奚君單匜 10235 ？(綏)君單	 九里墩鼓座 00429.4 □公？（隻）飛龍	 九里墩鼓座 00429.3 永□是？	 工𫊸王劍 11665 作元巳用？(鐱-劍)	 攻吴王姑發郊之子劍 x1241 姑發郊之子曹鱕□尋員	 姑發諸樊之弟劍 x988 □厥？（可）金
 諆余鼎 mx0219 ？子諆余	 伯剌戈 11400 ？□王之孫	 伯剌戈 11400 □？王之孫	 □昜戈 10903 ？昜	 徺子戈 10905 ？（黴）子	 徹子戈 11076 ？（徹）子之造戈

 郤王盧 10390 小爐？（膚-爐）	 □子戈 11080 ？子之造戈	 君子翢戟 11088 君子？(翢)造戟	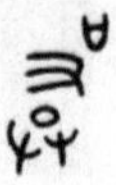 三兒簋 04245 毋乞余？	 三兒簋 04245 余□□？□	 三兒簋 04245 ？
 姑發諸樊之弟劍　x988 ？（巳-以）作其元用劍	 冒王之子戈 x1975 自□？用戈	 冒王之子戈 x1975 冒王之子？□	 冒王之子戈 x1975 冒王之子□？	 冒王之子戈 x1975 ？(自)□□用戈	 冒王之子戈 x1975 自？□用戈
 𢓊子戈 10904 ？（徵）子	 者尚余卑盤 10165 者尚余卑□？（於）即擇其吉金	 无疆匜 10264 □監日？	 司馬戈 11016 ？□翩馬	 司馬戈 11016 □？翩馬	 㴱伯鼎 02621 㴱伯？□林

 三兒簋 04245 ？□敃子	 □用十□戈 11071 ？用十□戈	 □用十□戈 11071 □用？（十）□戈	 □用十□戈 11071 □用十？戈	 □工劍 11575 ？工	 郳大司馬鈚 ms1177 郳大司馬？子彊父
 伯□父簠 04535 伯？（壽）父	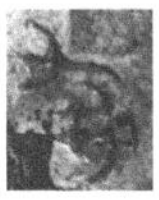 芮公鼎 ms0254 ？（匍）宫	 工盧王者返劇劍 zy2021.1 工盧王者？（返）劇	 陰明武劍 ms1579 陰？武用	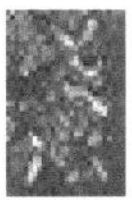 晋公戈 x1866 歲之禜車	 叔左鼎 s02334 弔（叔）左□之
 深伯鼎 02621 深伯□？林	 内大攻戈 11203 芮大乙？□之造	 内大攻戈 11203 芮大乙□？之造	 内大攻戈 11203 芮大攺□之？（造）	 樊季氏孫仲鼎 鼎 02624.1 ？（礁）匜  樊季氏孫仲鼎 鼎 02624.2 ？（礁）匜	 攈王劍 ms1578 ？（攈）王

 申伯戈 zy2020.5 申白（伯）□	 鄦公孫班鎛 00140 ？ㄋ是保	 鄦公孫班鎛 00140 𡧊？是保	 番君伯歊盤 10136 番君伯？（歊）	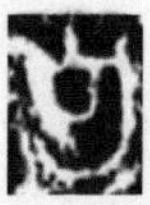 番伯□孫鬲 00630 番伯？孫	 王子戈 t16814 王子？
 叔左鼎 mt02334 虎□□□	 隹仲之孫簋 04120 爲尋率樂？子 㠱父	 隹仲之孫簋 04120 作？伯聯保簋	 隹仲之孫簋 04120 作？伯聯保簋	 隹仲之孫簋 04120 作伯？（𦖞-聯） 保簋	 考祉君季鼎 02519 考？（㞷-祉） 君季
 曹伯狄𣪘 04019 ？（兟）㚸公	 樂大司徒瓶 09981 樂大司徒子？ 之子	 曾子□簠 04588 曾子？	 曾子仲宣鼎 02737 ？用其吉金	 鼄大宰鐘 00086.1 自作其𧙗（扣） 鐘	 鼄大宰鐘 00086.1 邾太宰欉子斁

 黄君孟戈 11199 元？戈	 君用戈 xs1877 ？(登-鄧)君用	 王子臣俎 mt06321 王子臣作？（䵼-䵼）彝	 蔡叔戟 mt16810 蔡叔？	 蔡叔戟 mt16810 蔡叔□？(所)之造	 蔡叔戟 mt16810 蔡叔□所之？（告-造）
 考𢓊君季鼎 02519 作其？(盄)鼎	 □君戈 11157 受作？(虎) □君□	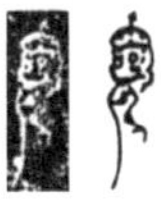 □君戈 11157 受作虎 ？ 君□	 吴王之子帶勾 ms1717 ？(諯)勾	 越王者旨於睗鐘 00144 自作龢？（童-鐘）	 越王者旨於睗戈 11310.1 郤□至（致）卓
 鼄大宰鐘 00086.1 邾太宰儹子敨	 越王者旨於睗戈 11310.1 郤□至（致）卓  越王者旨於睗戈 11311.2 郤□□（致）卓	 越王者旨於睗戈 11310.1 郤□至（致）卓 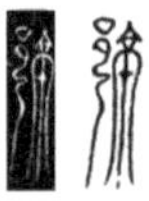 越王者旨於睗戈 11311.2 郤□□（致）卓	 越王者旨於睗戈 11311.2 𢦏（癸）亥	 忾不余席鎮 mx1385 ？ (九)州	

 蔡侯從劍 xs1267 之？（隹-唯）用劍  蔡侯從劍 xs1267 之？（隹-唯）用劍	 能原鎛 00155.1 □余□郯□者	 能原鎛 00155.1 大□□連者（諸）尸（夷）  能原鎛 00156.1 尸（夷）膚（莒）甚□者元作□	 能原鎛 00155.1 隹（唯）余□尸（夷）□  能原鎛 00155.2 □□乍（作）尸（夷）□	 能原鎛 00155.1 □於□曰利	 能原鎛 00155.1 小者乍（作）心□
 越王者旨於睗戈11310.1 郐□至（致）卓	 能原鎛 00155.1 □余□郯？者	 能原鎛 00155.1 大？□連諸夷	 能原鎛 00155.1 大□？連諸夷	 能原鎛 00155.1 隹（唯）余？夷	 能原鎛 00155.2 □連小龏？曰□□
	 能原鎛 00155.2 □連小龏□曰□？	 能原鎛 00155.2 可利之於□？（甚）者  能原鎛 00156.1 夷膚？（甚）□者元作□	 能原鎛 00155.2 ？於□曰利	 能原鎛 00155.2 ？□作夷□	 能原鎛 00155.2 □□作夷□

 能原鎛 00155.1 □余□郞□者	 能原鎛 00156.1 夷？（膚-莒）甚□者元作□	 能原鎛 00156.1 尸（夷）膚（莒）甚？者元作□	 能原鎛 00156.1 甚□者元作？	 能原鎛 00156.1 自祈？曰	 能原鎛 00156.1 ？再勞曰利
 能原鎛 00155.2 □連小禦□曰？□	 能原鎛 00156.1 □再？（勞）曰利	 能原鎛 00156.1 □□於？(子)  能原鎛 00156.1 □□於子？(子)	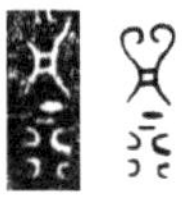 能原鎛 00156.1 ？(行)則曰	 能原鎛 00156.1 行？(則)曰	 能原鎛 00156.2 大？之宔戉
 能原鎛 00155.2 □□作夷？	 能原鎛 00156.2 自余□？作	 能原鎛 00156.2 利？小	 能原鎛 00156.2 亓（其）者可？□	 能原鎛 00156.2 亓（其）者可□？	 奇字鐘 mt15176 ？(适)□唯余聿□大土□□□立建城郚古

 能原鎛 00156.1 □？（再-稱） 勞曰利	 奇字鐘 mt15176 适□唯余？ （聿）□	 奇字鐘 mt15176 适□唯余聿？ 大土□□□立 建城郤古	 奇字鐘 mt15176 适□唯余聿□ 大土□□？立 建城郤古	 越王者旨於睗 戈　11310.1 戠？（亥）	 越王劍 mt17868 戉王？□
 能原鎛 00156.2 自余？□作					
 奇字鐘 mt15176 适？唯余聿□ 大土□□□立 建城郤古					

越王劍
mt17868
戉王□？

材料出處代稱與全稱對照

爲字形排列方便，本書資料來源著録書刊標注中，《殷周金文集成（增訂修補本）》直接用其編號，其餘采用英文字母代稱。各代稱與全稱對照如下：

xs:《新收殷周青銅器銘文暨器影彙編》

eb:《近出殷周金文集録二編》

mt:《商周青銅器銘文暨圖像集成》

mx:《商周青銅器銘文暨圖像集成續編》

ms:《商周青銅器銘文暨圖像集成三編》

gs:《國史金石志稿》

sh：《山東金文集成》

sd:《三代吉金文存》

jjmy：《吉金墨影》

wy：《吴越題銘研究》

ww:《文物》

jk:《江漢考古》

kw:《考古與文物》

kg:《考古》

kx:《考古學報》

lw:《中國歷史文物》

hx:《華夏考古》

zy:《中原文物》

ws:《文物世界》

hdkg:《海岱考古》

wm:《古代文明》

ss：《山東師範大學學報》

CE：《春秋金文資料彙編》（自編）

hnbw:河南博物院（藏品）

主要圖書著録序號對照表

説明：本書資料來源中的《殷周金文集成（修訂增補本）》、《新收殷周青銅器銘文暨器影彙編》、《近出殷周金文集録二編》三書材料，皆爲後出的《商周青銅器銘文暨圖像集成》所包含。爲便於查檢，整理者將前三書著録序號與後者序號列表對照。表中純數字者爲《殷周金文集成（修订增补本)》編號，xs 代表《新收殷周青銅器銘文暨器影彙編》，eb 代表《近出殷周金文集録二編》，mt 代表《商周青銅器銘文暨圖像集成》。

器名	《殷周金文集成（修訂增補本）》等三種材料	《商周青銅器銘文暨圖像集成》
於殘鐘	00001	mt15104
其台鐘	00003	mt15106
天尹鐘	00005	mt15121
天尹鐘	00006	mt15122
宋公戌鎛	00008	mt15751
宋公戌鎛	00009	mt15752
宋公戌鎛	00010	mt15753
宋公戌鎛	00011	mt15754
宋公戌鎛	00012	mt15755
宋公戌鎛	00013	mt15756
内公鐘	00031	mt15140
内公鐘鈎	00032	mt19365
内公鐘鈎	00033	mt19366
秦王鐘	00037	mt15154
荆曆鐘	00038	mt15155
鑄侯求鐘	00047	mt15178
鼄君鐘	00050	mt15175
嘉賓鐘	00051	mt15179

王子嬰次鐘	00052	mt15188
楚王領鐘	00053	mt15184
鄀公敄人鐘	00059	mt15189
邛仲嬭南鐘	00072	mt15247
敬事天王鐘	00073	mt15222
敬事天王鐘	00074	mt15223
敬事天王鐘	00075	mt15224
敬事天王鐘	00076	mt15225
敬事天王鐘	00077	mt15226
敬事天王鐘	00078	mt15227
敬事天王鐘	00079	mt15228
敬事天王鐘	00080	mt15229
敬事天王鐘	00081	mt15230
鼄大宰鐘	00086	mt15276
鼄叔之伯鐘	00087	mt15319
臧孫鐘	00093	mt15278
臧孫鐘	00094	mt15279
臧孫鐘	00095	mt15280
臧孫鐘	00096	mt15281
臧孫鐘	00097	mt15282
臧孫鐘	00098	mt15283
臧孫鐘	00099	mt15284
臧孫鐘	00100	mt15285
臧孫鐘	00101	mt15286
郲公鈓鐘	00102	mt15275
子璋鐘	00113	mt15324
子璋鐘	00114	mt15325
子璋鐘	00115	mt15326

子璋鐘	00116	mt15327
子璋鐘	00117	mt15328
子璋鐘	00118	mt15329
子璋鐘	00119	mt15330
邾公孫班鎛	00140	mt15784
齊鞷氏鐘	00142	mt15416
越王者旨於賜鐘	00144	mt15419
鼄公牼鐘	00149	mt15421
鼄公牼鐘	00150	mt15422
鼄公牼鐘	00151	mt15423
鼄公牼鐘	00152	mt15424
鄦子盟自鎛	00153	mt15792
鄦子盟自鎛	00154	mt15793
能原鎛	00155	mt15785
能原鎛	00156	mt15786
𪒠叔之仲子平鐘	00172	mtt15502
𪒠叔之仲子平鐘	00173	mtt15503
𪒠叔之仲子平鐘	00174	mtt15504
𪒠叔之仲子平鐘	00175	mtt15505
𪒠叔之仲子平鐘	00176	mtt15506
𪒠叔之仲子平鐘	00177	mtt15507
𪒠叔之仲子平鐘	00178	mtt15508
𪒠叔之仲子平鐘	00179	mtt15509
𪒠叔之仲子平鐘	00180	mt15510
徐王子旃鐘	00182	mt15532
余購逐兒鐘	00183	mt15528
余購逐兒鐘	00184	mt15529
余購逐兒鐘	00185	mt15530

余贎逐兒鐘	00186	mt15531
者減鐘	00193	mt15542
者減鐘	00194	mt15543
者減鐘	00195	mt15544
者減鐘	00196	mt15545
者減鐘	00197	mt15546
者減鐘	00198	mt15547
者減鐘	00199	mt15548
者減鐘	00200	mt15549
者減鐘	00201	mt15550
者減鐘	00202	mt15551
沇兒鎛	00203	mt15819
蔡侯鐘	00210	mt15533
蔡侯鐘	00211	mt15534
蔡侯鐘	00212	mt15535
蔡侯鐘	00213	mt15536
蔡侯鐘	00214	mt15537
蔡侯鐘	00215	mt15538
蔡侯鐘	00216	mt15539
蔡侯鐘	00217	mt15540
蔡侯鐘	00218	mt15541
蔡侯鎛	00219	mt15820
蔡侯鎛	00220	mt15821
蔡侯鎛	00221	mt15822
蔡侯鎛	00222	mt15823
吴王光鐘	00223	mt15369
吴王光鐘殘片	00224	mt15370-15414
邵黛鐘	00225	mt15570

邵黛鐘	00226	mt15571
邵黛鐘	00227	mt15572
邵黛鐘	00228	mt15573
邵黛鐘	00229	mt15574
邵黛鐘	00230	mt15575
邵黛鐘	00231	mt15576
邵黛鐘	00232	mt15577
邵黛鐘	00233	mt15578
邵黛鐘	00234	mt15579
邵黛鐘	00235	mt15580
邵黛鐘	00236	mt15581
邵黛鐘	00237	mt15582
鼄公華鐘	00245	mt15591
王孫遺者鐘	00261	mt15632
秦公鐘	00262	mt15565
秦公鐘	00263	mt15566
秦公鐘	00264	mt15567
秦公鐘	00265	mt15568
秦公鐘	00266	mt15569
秦公鎛	00267	mt15824
秦公鎛	00268	mt15825
秦公鎛	00269	mt15826
盄和鐘	00270	mt15827
齊侯鎛	00271	mt15828
叔夷鐘	00272	mt15552
叔夷鐘	00273	mt15553
叔夷鐘	00274	mt15554
叔夷鐘	00275	mt15555

叔夷鐘	00276	mt15556
叔夷鐘	00277	mt15557
叔夷鐘	00278	mt15558
叔夷鐘	00279	mt15559
叔夷鐘	00280	mt15560
叔夷鐘	00281	mt15561
叔夷鐘	00282	mt15562
叔夷鐘	00283	mt15563
叔夷鐘	00284	mt15564
叔夷鎛	00285	mt15829
陳大喪史仲高鐘	00350	mt15216
陳大喪史仲高鐘	00351	mt15217
陳大喪史仲高鐘	00352	mt15218
陳大喪史仲高鐘	00353	mt15219
陳大喪史仲高鐘	00354	mt15220
陳大喪史仲高鐘	00355	mt15221
其次句鑃	00421	mt15982
其次句鑃	00422	mt15981
喬君鉦	00423	mt15987
姑馮昏同之子句鑃	00424	mt15983
郐諮尹征城	00425	mt15988
配兒鉤鑃	00427	mt15985
九里墩鼓座	00429	mt19305
鄭叔蒦父鬲	00579	mt02783
鄭井叔歔父鬲	00580	mt02809
鄭井叔歔父鬲	00581	mt02810
伯敕鬲	00592	mt02812
魯姬鬲	00593	mt02801

衛夫人鬲	00595	mt02865
郳始鬲	00596	mt02813
宋眉父鬲	00601	mt02811
虢叔鬲	00603	mt02800
叔慶父鬲	00608	mt02824
黄朱柢鬲	00609	mt02818
黄朱柢鬲	00610	mt02819
王作贊母鬲	00611	mt02821
黄子鬲	00624	mt02844
曾子單鬲	00625	mt02845
樊君鬲	00626	mt02839
番伯口孫鬲	00630	mt02843
虢季氏子組鬲	00661	mt02887
虢季氏子組鬲	00662	mt02886
右戲仲日嬃父鬲	00668	mt02883
鼄伯鬲	00669	mt02909
鼄來隹鬲	00670	mt02885
叔牙父鬲	00674	mt02929
樊夫人龍羸鬲	00675	mt02889
樊夫人龍羸鬲	00676	mt02890
邛叔螽鬲	00677	mt02930
鄘大司攻鬲	00678	mt02993
齊趫父鬲	00685	mt02936
齊趫父鬲	00686	mt02937
黄子鬲	00687	mt02945
魯伯愈父鬲	00690	mt02901
魯伯愈父鬲	00691	mt02903
魯伯愈父鬲	00692	mt02902

魯伯愈父鬲	00693	m t02904
魯伯愈父鬲	00694	m t02905
魯伯愈父鬲	00695	m t02906
曾伯宫父穆鬲	00699	mt02910
陳侯鬲	00705	mt02976
陳侯鬲	00706	mt02975
魯宰駟父鬲	00707	mt02927
昶仲無龍鬲	00713	mt02977
昶仲無龍鬲	00714	mt02928
斁士父鬲	00715	mt02985
斁士父鬲	00716	mt02986
鼄友父鬲	00717	mt02943
鄭師□父鬲	00731	mt02978
番君鬲	00732	mt02991
番君鬲	00733	mt02990
番君鬲	00734	mt02991
鑄子叔黑臣鬲	00735	mt02979
單伯遵父鬲	00737	mt03007
子鄭伯鬲	00742	mt03011
内公鬲	00743	mt03012
尌仲甗	00933	mt03337
伯高父甗	00938	mt03342
魯仲齊甗	00939	mt03345
曾子仲謱甗	00943	mt03352
邢子良人甗	00945	mt03353
王孫壽甗	00946	mt03357
陳公子叔遵父甗	00947	mt03361
昶仲無龍匕	00970	mt06306

告鼎	01219	mt00291
∽鼎	01241	mt00363
宦鼎	01249	mt00290
國子鼎	01348	mt00701
叔作穌子鼎	01926	mt01262
國子中官鼎	01935	mt00705
鼎之伐鼎	01955	mt01330
敁之行鼎	01990	mt01327
連迂鼎	02083	mt01466
連迂鼎	02084.1	mt01469
連迂鼎	02084.2	mt01467
鄧鰟鼎	02085	mt01471
君子弄鼎	02086	mt01474
蔡子鼎	02087	mt01473
史宋鼎	02203	mt01644
尹小叔鼎	02214	mt01655
蔡侯申鼎	02215	mt01578
蔡侯申鼎	02216	mt01579
蔡侯鼎	02217	mt01580
蔡侯殘鼎	02218	mt01581
蔡侯殘鼎	02219	mt01582
蔡侯殘鼎	02220	mt01583
蔡侯殘鼎蓋	02221	mt01584
蔡侯殘鼎蓋	02222	mt01585
蔡侯殘鼎蓋	02223	mt01586
蔡侯殘鼎蓋	02224	mt01587
蔡侯殘鼎	02225	mt01589
蔡侯殘鼎	02226	t01590

取它人鼎	02227	mt01656
楚子逭鼎	02231	mt01668
宋公緣鼎盖	02233	mt01564
鄧尹疾鼎	02234	mt01661
鄧子午鼎	02235	mt01659
仲義君鼎	02279	mt01747
卑梁君光鼎	02283	mt01746
喬夫人鼎	02284	mt01742
口之孫鼎	02285	mt01744
盅子或鼎蓋	02286	mt01751
歆侯之孫陳鼎	02287	mt01745
邵王之諻鼎	02288	mt01748
王子姪鼎	02289	mt01749
魯内小臣厌生鼎	02354	mt01834
涹叔之行鼎	02355	mt01841
盅之口登鼎	02356	mt01842
楚叔之孫倗鼎	02357	mt01845
宋君夫人鼎蓋	02358	mt01846
吴王孫無土鼎	02359	mt01847
内公鼎	02387	mt01879
内公鼎	02388	mt01880
内公鼎	02389	mt01881
徐子氽鼎	02390	mt01883
江小中母生鼎	02391	mt01882
叔姬鼎	02392	mt01878
己華父鼎	02418	mt01967
鄭子石鼎	02421	mt01975
郜造遣鼎	02422	mt01976

曾侯仲子鼎	02423	mt01918
曾侯仲子鼎	02424	mt01919
鼄討鼎	02426	mt01977
杞子每刃鼎	02428	mt01920
自作尊鼎	02430	mt01922
伯氏鼎	02443	mt01938
伯氏鼎	02444	mt01939
伯氏鼎	02445	mt01940
伯氏鼎	02446	mt01941
伯氏鼎	02447	mt01942
内大子鼎	02448	mt01946
内大子鼎	02449	mt01945
曾子伯誩鼎	02450	mt01944
吴買鼎	02452	mt01949
陳生寉鼎	02468	mt01970
鄴司寇獸鼎	02474	mt01978
内公鼎	02475	mt01973
専車季鼎	02476	mt02035
何訇君党君鼎	02477	mt01982
鎬鼎	02478	mt01983
鄭饔邍父鼎	02493	mt02008
杞伯每亡鼎	02494	mt02061
杞伯每亡鼎	02495	mt02062
内太子白鼎	02496	mt02007
黄君孟鼎	02497	mt02003
鄩子蒷臺鼎	02498	mt02011
圚君鼎	02502	mt02009
伯筍父鼎	02513	mt02079

內子仲𣪘鼎	02517	mt02124
考征君季鼎	02519	mt02037
鄭戕句父鼎	02520	mt02085
雍作母乙鼎	02521	mt02057
武生鼎	02522	mt02091
武生鼎	02523	mt02092
甬弃生鼎	02524	mt02036
郳伯䊒戎鼎	02525	mt02086
蘇冶妊鼎	02526	mt02089
曾伯從寵鼎	02550	mt02060
襄鼎	02551	mt02065
師麻孝叔鼎	02552	mt02132
曾者子鼎	02563	mt02123
曾仲子敔鼎	02564	mt02090
黃季鼎	02565	mt02088
黃子鼎	02566	mt02087
黃子鼎	02567	mt02038
鑄叔作嬴氏鼎	02568	mt02095
瘵鼎	02569	mt2133
掃片昶豯鼎	02570	mt02130
掃片昶豯鼎	02571	mt02131
鄧公乘鼎	02573	mt02093
鑄子叔黑臣鼎	02587	mt02128
趣亥鼎	02588	mt02179
費奴父鼎	02589	mt02126
☐魯宰兩鼎	02591	mt02177
魯大左司徒元鼎	02592	mt02129
魯大左司徒元鼎	02593	mt02156

郝伯鼎	02601	mt02194
郝伯祁鼎	02602	mt02195
奚子宿車鼎	02603	mt02154
奚子宿車鼎	02604	mt02155
鄦大邑魯生鼎	02605	mt02127
曾孫無期鼎	02606	mt02157
乙鼎	02607	mt02159
番昶伯者君鼎	02617	mt02175
番昶伯者君鼎	02618	mt02176
曾子仲謱鼎	02620	mt02214
湶伯鼎	02621	mt02178
昶伯業鼎	02622	mt02215
樊季氏孫仲鼎	02624	mt02240
□者生鼎	02632	mt02234
□者生鼎	02633	mt02235
曩侯弟叟鼎	02638	mt02231
魯仲齊鼎	02639	mt02236
鼄口白鼎	02640	mt02237
鼄口白鼎	02641	mt02238
杞伯每亡鼎	02642	mt02213
鄧伯氏鼎	02643	mt02192
廓季白歸鼎	02644	mt02217
廓季白歸鼎	02645	mt02218
叔夜鼎	02646	mt02197
陳侯鼎	02650	mt02212
徐大子鼎	02652	mt02216
叔單鼎	02657	mt02251
鄭伯氏士叔皇父鼎	02667	mt02287

鐘伯侵鼎	02668	mt02263
叔液鼎	02669	mt02252
徐王𦢊鼎	02675	mt02309
旛叔樊鼎	02679	mt02294
宗婦𨛭嬰鼎	02683	t02280
宗婦𨛭嬰鼎	02684	t02281
宗婦𨛭嬰鼎	02685	t02282
宗婦𨛭嬰鼎	02686	t02283
宗婦𨛭嬰鼎	02687	mt02284
宗婦𨛭嬰鼎	02688	mt02285
宗婦𨛭嬰鼎	02689	mt02286
叔朕鼎	02690	mt02305
叔朕鼎	02691	mt02306
叔朕鼎	02692	mt02307
鄍公鼎	02714	mt02333
庚兒鼎	02715	mt02325
庚兒鼎	02716	mt02326
王子吴鼎	02717	mt02343
寬兒鼎	02722	mt02335
𥳑太史申鼎	02732	mt02350
曾子仲宣鼎	02737	mt02371
蔡太師䑓鼎	02738	mt02372
上曾太子鼎	02750	mt02381
都公諴鼎	02753	mt02397
曾子斿鼎	02757	mt02388
徐𩰫尹晉鼎	02766	mt02402
都公平侯鼎	02771	mt02417
都公平侯鼎	02772	mt02418

哀成叔鼎	02782	mt02435
王子午鼎	02811	mt02468
晋姜鼎	02826	mt02491
鄧公牧毀	03590	mt04391
鄧公牧毀	03591	mt04392
蔡侯申簠	03592	mt04393
蔡侯申簠	03593	mt04394
蔡侯申簠	03594	mt04395
蔡侯申簠	03595	mt04396
蔡侯申簠	03596	mt04397
蔡侯申簠	03597	mt04398
蔡侯申簠	03598	mt04399
蔡侯申簠	03599	m04400
卲王之諻簠	03634	mt04471
卲王之諻簠	03635	mt04472
内公簠蓋	03707	mt04576
内公簠蓋	03708	mt04575
内公簠蓋	03709	mt04577
鄧公簠	03775	mt04648
鄧公簠	03776	mt04649
鄧公簠	03858	mt04710
杞伯每亡簠	03897	mt04856
杞伯每亡簠	03898	mt04857
杞伯每亡簠	03899	mt04858
杞伯每亡簠蓋	03900	mt04859
杞伯每亡簠	03901	mt04854
杞伯每亡簠	03902	mt04855
陳侯作嘉姬簠	03903	mt04827

束仲豋父簋蓋	03924	mt04805
禾簋	03939	mt04811
鑄子叔黑臣簋	03944	mt04853
虢季氏子組簋	03971	mt04930
虢季氏子組簋	03972	mt04929
虢季氏子組簋	03973	mt44931
魯伯大父作季姬婧簋	03974	mt04863
魯大宰邍父簋	03987	mt04919
魯伯大父作孟□姜簋	03988	mt04861
魯伯大父作仲姬俞簋	03989	mt04862
蘇公子簋	04014	mt04982
蘇公子簋	04015	mt04983
鄁公簋	04016	mt04980
鄁公簋	04017	mt04981
卓林父簋蓋	04018	mt04974
曹伯狄簋	04019	mt04977
郙遣簋	04040	mt05021
曾伯文簋	04051	mt05025
曾伯文簋	04052	mt05026
曾伯文簋蓋	04053	mt05027
曾大保簋	04054	mt04963
鄧公簋蓋	04055	mt04990
宗婦鄁嬰簋盖	04076	mt05045
宗婦鄁嬰簋	04077	mt05041
宗婦鄁嬰簋	04078	mt05037q
宗婦鄁嬰簋	04079	mt05046
宗婦鄁嬰簋	04080	mt05042
宗婦鄁嬰簋	04081	mt05038g

宗婦鄁嫛簋	04082	mt05039g
宗婦鄁嫛簋	04083	mt05039q
宗婦鄁嫛簋	04084	mt05038q
宗婦鄁嫛簋	04085	mt05047
宗婦鄁嫛簋	04086	mt05040
宗婦鄁嫛簋	04087	mt05048
魯士商䱷簠	04110	mt05097
隹仲之孫簋	04120	mt05110
尌仲簋蓋	04124	mt05119
鑄叔皮父簋	04127	mt05126
復公仲簋蓋	04128	mt05105
鄦侯少子毀	04152	mt05149
黿乎簋	04157	mt05152
黿乎簋	04158	mt05153x
上鄀公敄人簋蓋	04183	mt05201
曾仲大父蛕簋	04203	mt05229
曾仲大父蛕簋	04204	mt05228
三儿簋	04245	mt05279
秦公簋	04315	mt05370
陳姬小公子盨	04379	mt05554
爲甫人盨	04406	mt05590
鑄子叔黑臣盨	04423	mt05607
單子白盨	04424	mt05612
滕侯穌盨	04428	mt05621
魯司徒仲齊盨	04440	mt05640
魯司徒仲齊盨	04441	mt05641
曩伯子窒父盨	04442	mt05631
曩伯子窒父盨	04443	mt05632

曩伯子宼父盨	04444	mt05633
曩伯子宼父盨	04445	mt05634
魯伯悆盨	04458	mt05656
鑄簠	04470	mt05751
□之簠蓋	04472	mt05754
□簠	04475	mt05758
微乘簠	04486	mt05770
樊君簠	04487	mt05777
曾子遇簠	04488	mt05779
曾子遇簠	04489	mt05778
蔡侯申簠	04490	mt05771
蔡侯申簠	04491	mt05774
蔡侯申簠	04492	mt05772
蔡侯申簠	04493	mt05773
衛子叔□父簠	04499	mt05792
蔡公子義工簠	04500	mt05793
王孫霖簠	04501	mt05794
慶叔之孫峠簠	04502	mt05796
京叔姬簠	04504	mt05800
大司馬簠	04505	mt05801
魯士𢉩父簠	04517	mt05819
魯士𢉩父簠	04518	mt05816
魯士𢉩父簠	04519	mt05817
魯士𢉩父簠	04520	mt05818
伯彊簠	04526	mt05828
吴王禦士簠	04527	mt05825
曾子𡰪簠	04528	mt05826
曾子𡰪簠	04529	mt05827

内公簠	04531	mt05831
𡛖仲簠	04534	mt05832
伯口父簠	04535	mt05833
内大子白簠蓋	04537	mt05847
内大子白簠蓋	04538	mt05848
奢虎簠	04539	mt05849
旅虎簠	04540	mt05851
旅虎簠	04541	mt05850
都子於斯簠	04542	mt05791
都子於斯簠	04543	mt05839
叔坪父簠	04544	mt05840
鄡子簠	04545	mt05841
薛子仲安簠	04546	mt05855
薛子仲安簠	04547	mt05856
薛子仲安簠	04548	mt05857
薛仲赤簠	04556	mt05871
商丘叔簠	04557	mt05872
商丘叔簠	04558	mt05873
商丘叔簠	04559	mt05874
鑄叔作嬴氏簠	04560	mt05883
𩰫侯簠	04561	mt05876
𩰫侯簠	04562	mt05877
魯伯俞父簠	04566	mt05860
魯伯俞父簠	04567	mt05861
魯伯俞父簠	04568	mt05862
都公簠蓋	04569	mt05895
鑄子叔黑臣簠	04570	mt05881
鑄子叔黑臣簠	04571	mt05882

曾子原彝簠	04573	mt05892
鑄公簠蓋	04574	mt05905
楚子暖簠	04575	mt05899
楚子暖簠	04576	mt05900
楚子暖簠	04577	mt05901
伯其父慶簠	04581	mt05913
番君召簠	04582	mt05914
番君召簠	04583	mt05915
番君召簠	04584	mt05916
番君召簠	04585	mt05918
番君召簠	04586	mt05917
番君召簠	04587	mt05919
曾子口簠	04588	mt05920
宋公緣簠	04589	mt05904g
宋公緣簠	04590	mt05904
曾孫史夷簠	04591	mt05921
鼄叔彪父簠	04592	mt05926
曹公簠	04593	mt05929
楚子季羸青簠	04594	mt05932
陳公子中慶簠	04597	mt05935
曾侯簠	04598	mt05936
鄦伯受簠	04599	mt05941
蛒公諴簠	04600	mt05942
召叔山父簠	04601	mt05944
召叔山父簠	04602	mt05945
陳侯作孟姜𡢁簠	04603	mt05938
陳侯作孟姜𡢁簠	04604	mt05937
嘉子伯昜簠	04605	mt05946

陳侯作王仲嬀援簠	04606	mt05939
陳侯作王仲嬀援簠	04607	mt05940
考叔㝬父簠	04608	mt05950
考叔㝬父簠	04609	mt05951
申公彭宇簠	04610	mt05958
申公彭宇簠	04611	mt05959
屈子赤目簠蓋	04612	mt05960g
上都府簠	04613	mt05957
曾□□簠	04614	mt05961
叔家父簠	04615	mt05955
鄦子妝簠	04616	mt05962
鄦公買簠	04617	mt05965
樂子簠	04618	mt05963
叔朕簠	04620	mt05967
叔朕簠	04621	mt05969
叔朕簠	04622	mt05968
鼄大宰簠	04623	mt05972
鼄大宰簠	04624	mt05971
長子沬臣簠	04625	mt05973
曾伯霥簠	04631	mt05980
曾伯霥簠蓋	04632	mt05979
滕侯敦	04635	mt06057
䞣于嚉盞	04636	mt06059
楚子敦	04637	mt06062
齊侯敦	04638	mt06065
齊侯敦	04639	mt06064
歸父敦	04640	mt06066
陳公克敦	04641	mt06067

荆公孫敦	04642	mt06069
王子申盞	04643	mt06071
拍敦	04644	mt06073
齊侯作孟姜敦	04645	mt06076
哀成叔卮	04650	mt19235
公豆	04654	mt06104
公豆	04655	mt06105
公豆	04656	mt06106
公豆	04657	mt06107
鮇貉簠	04659	mt06112
卲方豆	04660	mt06113
卲方豆	04661	mt06114
䣄方豆	04662	mt06115
哀成叔豆	04663	mt06116
曾仲斿父鋪	04673	mt06130
曾仲斿父鋪	04674	mt06131
黄君孟豆	04686	mt06146
黄子豆	04687	mt06148
魯大司徒厚氏元鋪	04689	mt06156
魯大司徒厚氏元鋪	04690	mt06154
魯大司徒厚氏元鋪	04691	mt06155
姬奐母豆	04693	mt06159
曾伯文簋	05237	mt05028
秦公簋	05249	mt04250
子之弄鳥尊	05761	mt11534
蔡侯尊	05939	mt11721
申文王之孫州桒簠	05960	mt05943
蔡侯申尊	06010	mt11815

義楚觶	06462	mt10985
徐王耑又觶	06506	mt10650
郐王義楚觶	06513	mt10657
楚叔之孫途為盉	09426	mt14746
黄子盉	09445	mt14769
公鑄壺	09513	mt12091
蔡侯申方壺	09573	mt12187
蔡侯申方壺	09574	mt12188
右走馬嘉壺	09588	mt12224
内公壺	09596	mt12246
内公壺	09597	mt12244
内公壺	09598	mt12245
子叔壺	09603	mt12242
盜叔壺	09625	mt12287
盜叔壺	09626	mt12288
曾仲斿父壺	09628	mt11285
曾仲斿父壺	09629	mt11286
己侯壺	09632	mt12293
陳侯壺	09633	mt12294
陳侯壺	09634	mt12295
黄君孟壺	09636	mt12324
樊夫人龍嬴壺	09637	mt12296
華母壺	09638	mt12297
邛君婦龢壺	09639	mt12325
内大子白壺蓋	09644	mt12306
内大子白壺	09645	mt12307
虢季氏子組壺	09655	mt09655
侯母壺	09657	mt12323

奚季壺	09658	mt12326
齊良壺	09659	mt12327
黄子壺	09663	mt12338
黄子壺	09664	mt12339
趙孟庎壺	09678	mt12365
趙孟庎壺	09679	mt12366
匽君壺	09680	mt12367
復公仲壺	09681	mt12371
杞伯每亡壺蓋	09687	mt12380
杞伯每亡壺	09688	mt12379
虞侯政壺	09696	mt12391
宗婦壺	09698	mt12398
宗婦壺	09699	mt12399
曩公壺	09704	mt12407
孫叔師父壺	09706	mt12414
冶仲考父壺	09708	mt12422
公子土折壺	09709	mt12423
曾伯陭壺	09712	mt12427
杕氏壺	09715	mt12428
洹子孟姜壺	09729	mt12450
洹子孟姜壺	09730	mt12449
庚壺	09733	mt12453
䢼伯墉鐳	09960	mt13991
曾伯文鐳	09961	mt13993
黄君孟鐳	09963	mt13996
黄子鐳	09966	mt13997
番伯官曾鐳	09971	mt14006
鄭義伯鐳	09973	mt14008

伯亞臣鐳	09974	mt14007
蔡侯申瓶	09976	mt14031
陳公孫寣父瓶	09979	mt14034
孟城瓶	09980	mt14037
樂大司徒瓶	09981	mt14038
黄子罐	09987	mt19232
倗缶	09988	mt14055
蔡侯朱之缶	09991	mt14062
蔡侯申缶	09992	mt14063
蔡侯申缶	09993	mt14064
蔡侯申缶	09994	mt14065
中子賓缶	09995	mt14066
曾子遡缶	09996	mt14047
蔡侯申缶	10004	mt14078
孟滕姬缶蓋	10005	mt14084
欒書缶	10008	mt14094
尌仲盤	10056	mt14361
永保用享盤	10058	mt14401
蔡侯申盤	10072	mt14387
曩伯庭父盤	10081	mt14407
樊夫人龍嬴盤	10082	mt14408
魯伯厚父盤	10086	mt14417
魯伯者父盤	10087	mt14416
虢嫿改盤	10088	mt14422
鄭伯盤	10090	mt14431
番昶伯盤	10094	mt14493
賭金氏孙盘	10098	mt14442
徐王义楚盘	10099	mt14423

伯駟父盤	10103	mt14444
黄君孟盤	10104	mt14440
奚季寬車盤	10109	mt14445
魯伯愈父盤	10113	mt14449
魯伯愈父盤	10114	mt14448
魯伯愈父盤	10115	mt14450
魯司徒仲齊盤	10116	mt14451
齊侯盤	10117	mt14463
穌冶妊盤	10118	mt14454
鄧伯吉射盤	10121	mt14462
黄子盤	10122	mt14455
齊侯作孟姬盤	10123	mt14457
魯正叔盤	10124	mt14466
楚季苟盤	10125	mt14465
取膚上子商盤	10126	mt14468
昶伯墉盤	10130	mt14460
幹氏叔子盤	10131	mt14474
綏君單盤	10132	mt14472
薛侯盤	10133	mt14477
尋仲盤	10135	mt14479
番君伯龍盤	10136	mt14473
中子化盤	10137	mt14476
曾師季韩盤	10138	mt14475
番昶伯者君盤	10139	mt14480
番昶伯者君盤	10140	mt14481
般仲柔盤	10143	mt14487
曹公盤	10144	mt14486
毛叔盤	10145	mt14489

黄韋俞父盤	10146	mt14490
齊縈姬盤	10147	mt14491
楚嬴盤	10148	mt14493
起右盤	10150	mt14500
齊太宰歸父盤	10151	mt14495
宗婦盤	10152	mt14497
侃孫奎母盤	10153	mt14498
魯少司寇封孫盤	10154	mt14499
曾子白睿盤	10156	mt14505
陳侯盤	10157	mt14507
齊侯盤	10159	mt14518
伯盞盤	10160	mt14517
□司馬戈	10161	mt16658
黄太子白克盤	10162	mt14520
夆叔盤	10163	mt14522
者尚余卑盤	10165	mt14524
蔡侯申盤	10171	mt14535
魯士商戲匜	10187	mt14866
長湯伯匜	10188	mt14865
蔡侯申匜	10189	mt14867
虖㕤丘匜	10194	mt14880
蔡子匜	10196	mt14881
曾子伯睿匜	10207	mt14897
長湯伯匜	10208	mt14898
樊夫人龍嬴匜	10209	mt14900
鑄子撫匜	10210	mt14899
曩伯寏父匜	10211	mt14896
工戲季生匜	10212	mt14901

黄仲匜	10214	mt14903
叔黑臣匜	10217	mt14908
叔穀匜	10219	mt14912
魯伯匜	10222	mt14911
賠金氏孫匜	10223	mt14924
鄧公匜	10228	mt14919
匽公匜	10229	mt14918
黄君孟匜	10230	mt14917
筍侯匜	10232	mt19437
齊侯子行匜	10233	mt14939
奚季宿車匜	10234	mt14925
奚□單匜	10235	mt14940
鼄□匜	10236	mt14926
齊侯匜	10242	mt14944
魯伯愈父匜	10244	m t14932
蘿子匜	10245	mt14935
伯匜	10246	mt14951
昶仲無龍匜	10249	mt14960
取膚上子商匜	10253	mt14961
黄子匜	10254	mt14942
杞伯每亡匜	10255	mt14943
樊君匜	10256	mt14962
番仲匜	10258	mt14963
番伯酓匜	10259	mt14952
作司□匜	10260	mt14956
曩甫人匜	10261	mt14973
薛侯匜	10263	mt14974
無疆匜	10264	mt14981

尋仲匜	10266	mt14978
陳伯元匜	10267	mt14967
番昶伯者君匜	10268	mt14971
番昶伯者君匜	10269	mt14972
番君匜	10271	mt14970
齊侯匜	10272	mt14982
楚嬴匜	10273	mt14979
大師子大孟姜匜	10274	mt14987
魯司徒仲齊匜	10275	mt14988
塞公孫䐴父匜	10276	mt14989
魯大司徒子仲伯匜	10277	mt14993
浮公之孫公父宅	10278	mt14992
陳子匜	10279	mt14994
慶叔匜	10280	mt14998
鄭大内史叔上匜	10281	mt14995
夆叔匜	10282	mt15001
齊侯匜	10283	mt14997
蔡叔季之孫貫匜	10284	mt15003
智君子鑑	10288	mt15052
智君子鑑	10289	mt15053
蔡侯申鑑	10290	mt15054
吴王夫差鑑	10294	mt15059
攻吴王夫差鑑	10295	mt15062
攻吴王夫差鑑	10296	mt15063
吴王光鑑	10298	mt15066
吴王光鑑	10299	mt15067
魯大司徒元盂	10316	mt06221
伯索史盂	10317	mt06224

齊侯盂	10318	mt06225
要君盂	10319	mt06226
宜桐盂	10320	mt06227
吞盆	10323	mt06251
司料盆蓋	10326	mt06254
司料盆	10327	mt06255
樊君盆	10329	mt06261
鄎子行盆	10330	mt06262
子叔嬴内君盆	10331	mt06263
曾孟嬭諫盆	10332	mt06264?
杞伯每亡盆	10334	mt06265
子諆盂	10335	mt06266
曾大保盆	10336	mt06268
奚子宿車盆	10337	mt06267
黄大子伯克盆	10338	mt06269
□子季□盆	10339	mt06270
彭子仲盆蓋	10340	mt06271
邛仲之孫伯戔盆	10341	mt06272
晋公盆	10342	mt06274
史孔卮	10352	mt19236
黄子器座	10355	mt19302
蔡太史卮	10356	mt19238
國差罎	10361	mt19256
衛量	10369	mt18810
郘𦲨權	10381	mt18856
右伯君權	10383	mt18861
王子嬰次爐	10386	mt19261
郤王盧	10390	mt19267

徐令尹者旨型爐盤	10391	mt19268
戈戈	10734	mt16272
京戈	10808	mt16273
元戈	10809	mt16277
元戈	10810	mt16278
宲戈	10811	mt16287
利戈	10812	mt16288
公戈	10813	mt16276
武戈	10814	mt16280
武戈	10815	mt16279
薛戈	10817	mt16274
鵙戈	10818	mt16289
用戈	10819	mt16290
箊戈	10820	mt16281
夓戈	10821	mt16283
夙戈	10822	mt16282
梁戈	10823	mt16291
元用戈	10891	mt16403
大畧戈	10892	mt16399
監戈	10893	mt16407
監戈	10894	mt16408
白析戈	10895	mt16416
鄺戈	10896	mt16411
鄺戈	10897	mt16412
口子戈	10898	mt16422
疋鄱戈	10899	mt16423
武城戈	10900	mt16420
黃戈	10901	mt16424
郕戈	10902	mt16410

□昜戈	10903	mt16429
□子戈	10904	mt16430
□子戈	10905	mt16431
中都戈	10906	mt16419
鄢戈	10907	mt16409
玄鏐戈	10910	mt16432
玄鏐戈	10911	mt16433
子㥃戈	10958	mt16538
䜌左庫戈	10959	mt16547
䜌左庫戈	10960	mt16548
高子戈	10961	mt16509
□造戈	10962	mt16530
陳散戈	10963	mt16511
陳□戈	10964	mt16513
攻□戈	10965	mt16539
武城戈	10966	mt16518
武城戟	10967	mt16520
左之造戈	10968	mt16541
郳左庭戈	10969	mt16543
玄翏戈	10970	mt16914
左徒戈	10971	mt16529
高密戈	10972	mt16516
入公戈	10973	mt16521
保晉戈	10979	mt16526
□元用	11013	mt16507
平陽左庫戈	11017	mt16698
滕侯昃戈	11018	mt16754
雍之田戈	11019	mt16685

高平戈	11020	mt16610
子備嶂戈	11021	mt16690
鄘左庠戈	11022	mt16678
高密戈	11023	mt16611
武城戈	11024	mt16612
武城戈	11025	mt16613
鬵君戈	11026	mt16734
鄴戈	11027	mt16603
自作用劍	11028	mt16695
攻敔王光戈	11029	mt16864
□之用戈	11030	mt16671
吁□戈	11032	mt16669
陳□造戈	11034	mt16637
器澳侯戈	11065	mt16764
畀作之元戈	11066	mt16717
盅叔之行戈	11067	mt16723
少鉤庫戈	11068	mt16784
事孫□丘戈	11069	mt16783
曹右庀戈	11070	mt16772
子可期戈	11072	mt16767
闡丘爲鵖造戈	11073	mt16788
涿州戈	11074	mt16785
右買戈	11075	mt16727
徹子戈	11076	mt16732
滕侯耆戈	11077	mt16750
滕侯耆戈	11078	mt16751
滕侯昃戈	11079	mt16752
□子戈	11080	mt16733

陳子戈	11084	mt16774
京庇戈	11085	mt16726
君子翻戟	11088	mt16770
羊子戈	11089	mt16730
羊子戈	11090	mt16731
玄夫戈	11091	mt16728
虢太子元徒戈	11116	mt16861
虢太子元徒戈	11117	mt16862
宫氏白子戈	11118	mt17060
宫氏白子戈	11119	mt17061
曹公子沱戈	11120	mt17049
曾侯戈	11121	mt16865
王子安戈	11122	mt16845
滕侯昃戈	11123	mt16753
淳于公戈	11124	mt16851
淳于公戈	11125	mt16852
司馬望戈	11131	mt16842
宋公得戈	11132	mt16828
宋公緣戈	11133	mt16829
無伯彪戈	11134	mt16841
陰晋左庫戈	11135	mt16913
玄翏敊鋁戈	11136	mt16922
玄翏夫鋁戈	11137	mt16915
玄翏夫鋁戈	11138	mt16917
囗之用玄翏戈	11139	mt16923
蔡侯𨼈行戈	11140	mt16830
蔡侯𨼈用戈	11141	mt16831
蔡侯𨼈用戈	11142	mt16832

蔡侯産戈	11143	mt16835
蔡侯産戈	11144	mt16836
蔡公子果戈	11145	mt16899
蔡公子果戈	11146	mt16900
蔡公子果戈	11147	mt16901
蔡公子加戈	11148	mt16902
蔡加子戈	11149	mt16771
蔡侯朔戈	11150	mt16834
攻敔王光戈	11151	mt16863
楚王孫漁戈	11152	mt16909
楚王孫漁戈	11153	mt16908
成陽辛城裡戈	11154	mt16929
成陽辛城裡戈	11155	mt16930
平陽高馬里戈	11156	mt16931
□君戈	11157	mt16809
玄翏戈	11163	mt16924
楚屈叔佗戈	11198	mt17048
黄君孟戈	11199	mt16973
衛公孫吕戈	11200	mt17054
□□伯戈	11201	mt17064
郢侯戈	11202	mt16963
内大攺戈	11203	mt16823
宋公差戈	11204	mt16825
滕司徒戈	11205	mt16854
郳大司馬戈	11206	mt17056
王子于戈	11207	mt16974
王子于戈	11208	mt16975
隂公鯢曹戈	11209	mt16976

邛季之孫戈	11252	mt17104
□子戈	11253	mt17079
鄴子訧臣戈	11253	mt17079
曾仲之孫戈	11254	mt10178
吴王光戈	11255	mt17080
攻敔戟	11258	mt17083
是立事歲戈	11259	mt17084
番仲戈	11261	mt17070
翏金戈	11262	mt17066
邗王是埜戈	11263	mt17076
悳公戈	11280	mt17094
宋公差戈	11281	mt16826
徐王之子叚戈	11282	mt17105
攻敔王夫差戈	11288	mt17124
宋公差戈	11289	m t16827
章子戈	11295	mt17137
周王孫戈	11309	mt17154
越王者旨於賜戈	11310	mt16933
越王者旨於賜戈	11311	mt16934
□鏞用戈	11334	mt17164
梁伯戈	11346	mt17186
秦子戈	11352	mt17211
秦子戈	11353	mt17208
曾大工君戈	11365	mt17302
楚屈叔佗戈	11393	mt17328
囂仲之子伯剌戈	11400	mt17348
□侯戈	11407	mt17364
元矛	11412	mt17517

竞矛	11424	mt17526
戊王矛	11451	mt17592
虘非矛	11496	mt17602
右洀州還矛	11503	mt17607
越王者旨於賜矛	11511	mt17622
越王矛	11512	mt17619
吴王夫差矛	11534	mt17666
秦子矛	11547	mt17670
中史勇戈	11566	mt17696
越王劍	11570	mt17869
越王劍	11571	mt17867
工劍	11575	mt17809
郙子劍	11578	mt17815
余王劍	11579	mt17914
從金劍	11580	mt17817
蔡侯產劍	11587	mt17832
韓鐘劍	11588	mt17821
越王之子勾踐劍	11594	mt17875
越王之子勾踐劍	11595	mt17876
越王者旨於賜劍	11596	mt17884
越王者旨於賜劍	11597	mt17878
越王者旨於賜劍	11598	mt17879
越王者旨於賜劍	11599	mt17879
越王者旨於賜劍	11600	mt17881
蔡侯劍	11601	mt17831
蔡侯產劍	11602	mt17833
蔡侯產劍	11603	mt17834
蔡侯產劍	11604	mt17835

滕之不㤼劍	11608	mt17852
命劍	11610	mt17855
郙王劍	11611	mt17856
攻敔王光劍	11620	mt17917
越王勾踐劍	11621	mt17874
攻敔王劍	11636	mt17933
攻敔王夫差劍	11637	mt17935
攻敔王夫差劍	11638	mt17936
攻敔王夫差劍	11639	mt17932
吴季子之逞劍	11640	mt17950
鵑公劍	11651	mt17966
攻敔王光劍	11654	mt17918
虡公劍	11663	mt17969
工𫜨王劍	11665	mt17998
攻敔王光劍	11666	mt17920
越王劍	11667	mt17963
徐王義楚之元子劍	11668	mt17995
吉日壬午劍	11696	mt18019
吉日壬午劍	11697	mt18020
吉日壬午劍	11698	mt18023
越王劍	11704	mt17952
姑發諸反劍	11718	mt18076
吕大叔斧	11786	mt18736
吕大叔斧	11787	mt18737
郘大叔斧	11788	mt18738
S鑿	11799	mt18752
牛鐮	11824	mt18651
嫪鐮	11825	mt18654

西年車器	12018	mt19030
晋公軎	12027	mt19013
晋公軎	12028	mt19014
𡢁妊車軎	12030	mt19019
□公戈	17228	mt17067
舉子傀戈	17229	mt16884
北付戈	17247	mt16428
箙戟	17248	mt16604
虢季鐘	xs1	mt15361
虢季鐘	xs2	mt15362
虢季鐘	xs3	mt15363
虢季鐘	xs4	mt15364
虢季鐘	xs5	mt15365
虢季鐘	xs6	mt15366
虢季鐘	xs7	mt15367
虢季鐘	xs8	mt15368
虢季鼎	xs9	mt02147
虢季鼎	xs10	mt02151
虢季鼎	xs11	mt02152
虢季鼎	xs12	mt02148
虢季鼎	xs13	mt02149
虢季鼎	xs14	mt02150
虢季鼎	xs15	mt02146
虢季簋	xs35	mt05790
虢季鋪	xs36	mt06144
虢季鋪	xs37	mt06145
虢季壺	xs38	mt12221
虢季壺	xs39	mt12222

虢季盤	xs40	mt14400
囗伯匜	xs43	mt14941
太子車斧	xs44	mt18734
虢仲簠	xs46	mt05867
國子碩父鬲	xs48	mt03023
國子碩父鬲	xs49	mt03024
虢宮父鬲	xs50	mt02822
虢宮父盤	xs51	mt14406
虢碩父簠	xs52	mt05880
邍邟鐘	xs56	mt15521
黄季佗父戈	xs88	mt16898
黄君孟鼎	xs90	mt02004
黄子豆	xs93	mt6144
黄子𨱔	xs94	mt13998
侯古堆鎛	xs276	mt15806
侯古堆鎛	xs277	mt15807
侯古堆鎛	xs278	mt15808
侯古堆鎛	xs279	mt15810
侯古堆鎛	xs280	mt15811
侯古堆鎛	xs281	mt15812
侯古堆鎛	xs282	mt15813
鄱子成周鐘	xs283	mt15255
鄱子成周鐘	xs284	mt15256
鄱子成周鐘	xs285	mt15257
鄱子成周鐘	xs286	mt15258
鄱子成周鐘	xs287	mt15259
鄱子成周鐘	xs288	mt15260
鄱子成周鐘	xs289	mt15261

鄱子成周鐘	xs290	mt15262
鄱子成周鐘	xs291	mt15263
樊夫人龍嬴鼎	xs296	mt01743
番叔x龠壺	xs297	mt12289
楚子棄疾簠	xs314	mt05835
彭伯壺	xs315	mt12321
彭伯壺	xs316	mt12322
吴王夫差劍	xs317	mt17930
元用戈	xs318	mt16672
申伯壺	xs379	mt12189
越王者旨於賜矛	xs388	mt17620
郳子伯鐸	xs393	mt15960
原氏仲簠	xs395	mt05947
原氏仲簠	xs396	mt05948
原氏仲簠	xs397	mt05949
東姬會匜	xs398	mt15002
中改衛簠	xs399	mt05928
中改衛簠	xs400	mt05927
上鄀公簠	xs401	mt05970
何次簠	xs402	mt05954
何次簠	xs403	mt05952
何次簠	xs404	mt05953
以鄧匜	xs405	mt14990
以鄧鼎	xs406	mt02288
以鄧戟	xs407	mt16631
以鄧戟	xs408	mt16630
鄝子妝戈	xs409	mt16748
倗鼎	xs410	mt01844

倗鼎	xs411	mt01845
倗簠	xs412	mt05753
倗之簠	xs413	mt05752
倗尊缶	xs415	mt14056
孟縢姬缶	xs416	mt14084
孟縢姬缶	xs417	mt14083
王孫誥鐘	xs418	mt15606
王孫誥鐘	xs419	mt15607
王孫誥鐘	xs420	mt15608
王孫誥鐘	xs421	mt15609
王孫誥鐘	xs422	mt15610
王孫誥鐘	xs423	mt15611
王孫誥鐘	xs424	mt15612
王孫誥鐘	xs425	mt15613
王孫誥鐘	xs426	mt15614
王孫誥鐘	xs427	mt15615
王孫誥鐘	xs428	mt15616
王孫誥鐘	xs429	mt15617
王孫誥鐘	xs430	mt15618
王孫誥鐘	xs431	mt15619
王孫誥鐘	xs432	mt15623
王孫誥鐘	xs433	mt15625
王孫誥鐘	xs434	mt15620
王孫誥鐘	xs435	mt15622
王孫誥鐘	xs436	mt15621
王孫誥鐘	xs437	mt15624
王孫誥鐘	xs438	mt15627
王孫誥鐘	xs439	mt15626

王孫誥鐘	xs440	mt15629
王孫誥鐘	xs441	mt15630
王孫誥鐘	xs442	mt15631
王孫誥鐘	xs443	mt15628
王子午鼎	xs444	mt02473
王子午鼎	xs445	mt02471
王子午鼎	xs446	mt02472
王子午鼎	xs447	mt02474
王子午鼎	xs448	mt02470
王子午鼎	xs449	mt02469
倗鼎	xs450	mt01336
倗鼎	xs451	mt01333
倗鼎	xs452	mt01335
倗鼎	xs453	mt01334
倗鼎	xs454	mt01331
倗鼎	xs455	mt01337
倗濾鼎	xs456	mt01843
鄬子倗簠	xs457	mt04578
薦鬲	xs458	mt02931
鄬子倗缶	xs459	mt14079
鄬子倗缶	xs460	mt14080
倗之缶	xs461	mt14068
鄬子倗缶	xs462	mt14068
倗之盤	xs463	mt14362
倗之匜	xs464	mt14855
王孫誥戟	xs465	mt16846
王孫誥戟	xs466	mt16847
王子午戟	xs467	mt16843

王子午戟	xs468	mt16844
倗之戈	xs469	mt17355
倗之矛	xs470	mt17601
鄬中姬丹	xs471	mt14519
鄬中姬丹會匜	xs472	mt14496
楚叔之孫倗鼎	xs473	mt02221`
倗鼎	xs474	mt01331
飤簠	xs475	mt05863
飤簠	xs476	mt05864
飤簠	xs477	mt05865
飤簠	xs478	mt05866
倗缶	xs479	mt14054
倗缶	xs480	mt14053
黝鐘	xs482	mt15351
黝鐘	xs483	mt15353
黝鐘	xs484	mt15355
黝鐘	xs485	mt15354
黝鐘	xs486	mt15352
黝鐘	xs487	mt15356
黝鐘	xs488	mt15357
黝鎛	xs489	mt15797
黝鎛	xs490	mt15798
黝鎛	xs491	mt15799
黝鎛	xs492	mt15800
黝鎛	xs493	mt15801
黝鎛	xs494	mt15802
黝鎛	xs495	mt15803
黝鎛	xs496	mt15804

𪯵鐘	xs497	mt15358
𪯵鐘	xs498	mt15359
克黄鼎	xs499	mt01329
克黄鼎	xs500	mt01328
曾太師奠鼎	xs501	mt01750
仲姬敦	xs502	mt06054
闇尹𦚧鼎	xs503	mt01660
鄬子受鐘	xs504	mt15161
鄬子受鐘	xs505	mt15162
鄬子受鐘	xs506	mt15163
鄬子受鐘	xs507	mt15164
鄬子受鐘	xs508	mt15165
鄬子受鐘	xs509	mt15166
鄬子受鐘	xs510	mt15167
鄬子受鐘	xs511	mt15168
鄬子受鐘	xs512	mt15169
鄬子受鎛	xs513	mt15772
鄬子受鎛	xs514	mt15773
鄬子受鎛	xs515	mt15774
鄬子受鎛	xs516	mt15775
鄬子受鎛	xs517	mt15776
鄬子受鎛	xs518	mt15777
鄬子受鎛	xs519	mt15778
鄬子受鎛	xs520	mt15779
曾仲鎮墓獸座	xs521	mt10306
鄬子孟青嬭簠	xs522	mt05795
鄬子孟升嬭鼎	xs523	mt01848
薳子受戟	xs524	mt16885

薳子受戟	xs525	mt16886
薳子辛戈	xs526	mt17176
薳子受鼎	xs527	mt01662
薳子受鼎	xs528	mt01663
薳子受鬲	xs529	mt02764
曾孟朱姬簠	xs530	mt05803
許公戈	xs531	mt16649
鄬子昃鼎	xs532	mt01665
鄬子昃鼎	xs533	mt01664
醯祋想簠	xs534	mt05782
玄鏐戟	xs535	mt16792
玄鏐戟	xs536	mt16793
玄鏐戟	xs537	mt16794
玄鏐戟	xs538	mt16795
玄鏐戟	xs539	mt16796
玄鏐戟	xs540	mt16293
薳子辛簠	xs541	mt05781
玄膚之用戈	xs584	mt16790
許公車戈	xs585	mt16650
鬻伯匜	xs589	mt14976
車戈	xs604	mt16308
仲滋鼎	xs632	mt02010
玄翏戈	xs741	mt16791
卜淦口高戈	xs816	mt17128
晋叔家父壺	xs908	mt12356
矩甗	xs970	mt03354
比城戟	xs971	mt16729
趙孟戈	xs972	mt16724

黄城戟	xs973	mt16421
玄膚戈	xs975	mt16711
吴叔徒戈	xs978	mt16632
少虡劍	xs985	mt18022
攻吴王姑發諸樊之弟劍	xs988	mt18075
用戈	xs990	mt16404
弟大叔殘器	xs991	t19453
君子壺	xs992	mt12156
雩戈	xs993	mt16275
子犯鐘	xs1008	mt15200
子犯鐘	xs1009	mt15201
子犯鐘	xs1010	mt15202
子犯鐘	xs1011	mt15203
子犯鐘	xs1012	mt15204
子犯鐘	xs1013	mt15205
子犯鐘	xs1014	mt15206
子犯鐘	xs1015	mt15207
子犯鐘	xs1016	mt15212
子犯鐘	xs1017	mt15213
子犯鐘	xs1018	mt15214
子犯鐘	xs1019	mt15215
子犯鐘	xs1020	mt15208
子犯鐘	xs1021	mt15209
子犯鐘	xs1022	mt15210
子犯鐘	xs1023	mt15211
鄘戈	xs1025	mt16413
保晋戈	xs1029	mt16524
莒公戈	xs1033	mt16415

邿召簠	xs1042	mt05925
邿子姜首盤	xs1043	mt14526
㕣壺	xs1044	mt11985
邿仲簠	xs1045	mt05893
邿仲簠	xs1046	mt05894
魯侯鼎	xs1067	mt02059
魯侯簠	xs1068	mt05852
淳于右戈	xs1069	mt16684
虖姬鬲	xs1070	mt02825
商丘叔簠	xs1071	mt05875
𨚕盂	xs1072	mt06215
陳樂君甗	xs1073	mt03343
莒平壺	xs1088	mt12358
齊侯甗	xs1089	mt03328
鄁甘辜鼎	xs1091	mt01293
郳友父鬲	xs1094	mt02938
兒慶鼎	xs1095	mt01948
越□堇戈	xs1096	mt17148
淳于公戈	xs1109	mt16850
淳于戈	xs1110	mt16683
攻吴王諸樊之子通劍	xs1111	mt17999
攻吴王夫差劍	xs1116	mt17938
壽元杖首	xs1127	mt18730
薛比戈	xs1128	mt16811
薛郭公子商徽戈	xs1129	mt17050
薛侯壺	xs1131	mt12120
瘃戈	xs1156	mt16718
侯散戈	xs1168	mt16534

南君旟鄒戈	xs1180	mt17051
越王者旨於睗劍	xs1184	mt17883
玄翏夫吕戈	xs1185	mt16918
蓋兒罍	xs1187	mt14088
攻吴王叡皒此郐劍	xs1188	mt17858
永陳缶蓋	xs1191	mt14059
王后鉚	xs1196	mt19233
楚旐鼎	xs1197	mt01470
衛伯須鼎	xs1198	mt02002
曾孟嬴削簠	xs1199	mt05834
幻伯隹壺	xs1200	mt12305
曾亙嫚鼎	xs1201	mt02005
曾亙嫚鼎	xs1202	mt02006
曾伯陭鉞	xs1203	mt18250
寢戈	xs1204	mt16600
發孫虜鼎	xs1205	mt02239
唐子仲瀕兒匜	xs1209	mt14975
唐子仲瀕瓶	xs1210	mt14035
唐子仲瀕兒盤	xs1211	mt14504
叔姜簠	xs1212	mt05897
曾孫定鼎	xs1213	mt01657
曾都尹定簠	xs1214	mt05783
曾伯鬲	xs1217	mt02861
楚屈子赤目簠	xs1230	mt05960
鄧公孫無忌鼎	xs1231	mt02403
鄧子仲無忌戈	xs1232	mt17090
鄧子仲無忌戈	xs1233	mt17091
鄧子仲無忌戈	xs1234	mt17092

蔣子敢盞	xs1235	mt06075
蔡大膳夫?簠	xs1236	mt05956
膚鼎	xs1237	mt02408
鄭臧公之孫缶	xs1238	mt14096
鄭臧公之孫缶	xs1239	mt14095
翏鋁玄用戈	xs1240	mt16709
攻吴王姑發郕之子劍	xs1241	mt18000
鄧子盤	xs1242	mt14494
次□缶蓋	xs1249	mt14093
夫跌申鼎	xs1250	mt02410
遷邟鐘	xs1253	mt15520
攻吴矛	xs1263	mt17661
攻吴大叔盤	xs1264	mt14415
曾子義行簠	xs1265	mt05854
羅兒匜	xs1266	mt14985
蔡侯劍	xs1267	mt17836
郐王之孫鐘	xs1268	mt15289
叡巢镈	xs1277	mt15783
攻吴王之孫盉	xs1283	mt14747
玄鏐戈	xs1289	mt16925
左征壺蓋	xs1296	mt12020
燕西宮壺	xs1298	mt12228
索魚王戈	xs1300	mt16824
□伯侯盤	xs1309	mt14502
湯鼎	xs1310	mt02039
蔡侯産戈	xs1311	mt16838
攻吴王姑發諸樊戈	xs1312	mt17139
緐伯武君鬲	xs1319	mt02944

[illegible]甗	xs1328	mt03136
秦公鼎	xs1337	mt01562
秦公鼎	xs1338	mt01555
秦公鼎	xs1339	mt01556
秦公鼎	xs1340	mt01560
秦公鼎	xs1341	mt01561
秦公簋	xs1342	mt04390
秦公簋	xs1344	mt04251
秦公鐘	xs1345	mt15759
秦公壺	xs1346	mt12185
秦公壺	xs1347	mt12182
秦公壺	xs1348	mt12183
秦子戈	xs1349	mt16626
秦子戈	xs1350	mt17212
邳子𢦏盤	xs1372	mt14488
慍兒盞	xs1374	mt06063
玄翏夫吕戟	xs1381	mt16921
與子具鼎	xs1399	mt02289
壽夢之子劍	xs1407	mt18077
越王戈	xs1408	mt17363
之乘辰鐘	xs1409	mt15360
曩侯簋	xs1462	mt04939
圃公鼎	xs1463	mt02121
太師盤	xs1464	mt14513
穌公匜	xs1465	mt14980
吴王夫差盉	xs1475	mt14758
攻吴王夫差鑑	xs1476	mt15061
攻吴王夫差鑑	xs1477	t15060

攻吴王光劍	xs1478	mt17915
文公之母弟鐘	xs1479	mt15277
越王者旨於賜劍	xs1480	mt17880
郯竝果戈	xs1485	mt16855
平阿左戈	xs1496	mt16681
陳爾戈	xs1499	mt16512
攻吴王夫差劍	xs1523	mt17941
膚戈	xs1525	mt16747
左戈	xs1536	mt16302
公戈	xs1537	mt16406
亡鹽戈	xs1538	mt16569
子備璋戈	xs1540	mt16691
平阿右同戈	xs1542	mt16781
攻吴王夫差劍	xs1551	mt17942
大戈	xs1561	mt16286
戎生鐘	xs1613	mt15239
戎生鐘	xs1614	mt15240
戎生鐘	xs1615	mt15241
戎生鐘	xs1616	mt15242
戎生鐘	xs1617	mt15243
戎生鐘	xs1618	mt15244
戎生鐘	xs1619	mt15245
戎生鐘	xs1620	mt15246
攻吴大叡矛	xs1625	mt17857
敂孫宋鼎	xs1626	mt01658
益余敦	xs1627	mt06072
金盉	xs1628	mt14606
邗王是野戈	xs1638	mt17077

王子申匜	xs1675	mt14868
蔡公子從戈	xs1676	mt16905
蔡侯産戈	xs1677	mt16837
伯怡父鼎	xs1692	mt02347
台寺缶	xs1693	mt14052
叔元果戈	xs1694	mt16853
□簋	xs1698	mt03591
衛夫人鬲	xs1700	mt02863
衛夫人鬲	xs1701	mt02864
丁兒鼎蓋	xs1712	mt02351
宋右師延敦	xs1713	mt06074
滕太宰得匜	xs1733	mt14879
攻吴王夫差劍	xs1734	mt17931
越王者旨矛	xs1735	mt17623
越王者旨於賜劍	xs1738	mt17877
季子之子劍	xs1741	mt17929
襄王孫盞	xs1771	mt06068
發孫虜簠	xs1773	mt05922
越王戈	xs1774	mt16414
越王者旨於賜戈	xs1803	mt16932
嘉子孟嬴指缶	xs1806	mt14086
攻吴王光韓劍	xs1807	mt17921
楚王酓審盂	xs1809	mt06056
晋公戈	xs1866	mt17327
塞之王戟	xs1867	mt16686
攻吴王夫差劍	xs1868	mt17937
者差劍	xs1869	mt17949
攻吴王夫差劍	xs1876	mt17945

□君用戈	xs1877	mt16506
玄翏戈	xs1878	mt16712
越王者旨於賜劍	xs1880	mt17886
蔡公子叔湯壺	xs1892	mt12415
武陵王戈	xs1893	mt16789
攻吴王夫差劍	xs1895	mt17944
蔡侯簠	xs1896	mt05933
蔡侯簠	xs1897	mt05934
越王者旨於賜劍	xs1898	mt17885
越王者旨於賜劍	xs1899	mt17889
玄翏夫吕戈	xs1901	mt16919
蔡侯鼎	xs1905	mt02144
陕伯戈	xs1906	mt16722
鑄司寇鼎	xs1917	mt02063
京叔盨	xs1964	mt05534
伯怡父鼎	xs1966	mt02348
蔡侯申戈	xs1967	mt16833
□公戈	xs1968	mt16808
伯舄戈	xs1969	mt16629
楚固戈	xs1970	mt16725
曈戈	xs1971	mt17062
伯□邛戈	xs1973	mt17095
冒王之子戈	xs1975	mt17150
壬午吉日戈	xs1979	mt17123
與兵壺	xs1980	mt12445
耳鑄公劍	xs1981	mt17816
司馬楙鎛	eb47	mt15767
司馬楙鎛	eb48	mt15768

司馬楙鎛	eb49	mt15769
司馬楙鎛	eb50	mt15770
芮公鬲	eb77	mt02884
芮太子鬲	eb78	mt02895
秦公鼎	eb249	mt01563
曾侯邺鼎	eb257	mt01577
黄仲酉鼎	eb279	mt01884
宋君夫人鼎	eb304	mt02222
義子曰鼎	eb308	mt02310
芮公簋	eb391	mt04386
仲姜簋	eb403	mt04532
秦子簋蓋	eb423	mt05172
可簠	eb459	mt05757
曾侯邺簠	eb460	t05760
曾子季关臣簠	eb463	mt05797
曾子季关臣簠	eb464	mt05798
黄仲酉簠	eb467	mt05802
鄦公買簠	eb475	mt05966
魯侯壺	eb848	mt12121
魯侯壺	eb849	mt12122
可方壺	eb850	mt12123
曾仲姬壺	eb855	mt12190
黄仲酉壺	eb861	mt12249
可盤	eb921	mt14364
曾姬盤	eb924	mt14395
曾季关臣盤	eb933	mt14496
蔡大司馬盤	eb936	mt14511
曾关臣匜	eb948	mt14871

黄仲酉匜	eb951	mt14902
皇與匜	eb954	mt14933
曾太保慶盆	eb965	mt06256
車戈	eb1079	mt16426
許公車戈	eb1121	mt16651
楚屈喜戈	eb1126	mt16765
許公徒戈	eb1144	mt16652
許公寍戈	eb1145	mt16653
蔡公子頒戈	eb1146	mt16904
秦政伯喪戈	eb1248	mt17356
秦政伯喪戈	eb1249	mt17357
楚王孫漁矛	eb1268	mt17618
有司伯喪矛	eb1271	mt17659
有司伯喪矛	eb1272	mt17660
虡公劍	eb1297	mt17970

筆畫檢索

十三畫

十四畫

十九畫

二十畫

二十一畫

二十二畫

二十三畫

二十四畫

二十五畫

二十六畫

二十七畫

二十八畫

二十九畫

三十畫

三十二畫

三十三畫

三十四畫

異形字歸屬字頭檢索

部分字頭下所收字形存在隸定與字頭不一致的情況，或同一個字頭下存在兩個或以上異構的情況，由於排列形式所限，字頭一欄不便顯示，另製此表，以便查檢。其格式爲：隸定異形字：所屬字頭及字頭頁碼。

九畫

【一】

【丨】

【丿】

【丶】

【乛】

十畫

【一】

【丨】

【丿】

【丶】

【乛】

十一畫

【一】

【丨】

【丿】

【丶】

【乛】

十二畫

【一】

【丨】

【丿】

十九畫

二十畫

二十一畫

二十二畫

二十三畫

二十四畫

二十五畫

主要參考文獻

安徽省文物考古研究所、蚌埠市博物館：《鍾離君柏墓》，文物出版社，2013 年。
曹錦炎：《吴越歷史與考古論叢》，文物出版社，2007 年。
曹錦炎：《鳥蟲書通考》，上海書畫出版社，1999 年。
曹錦炎、張光裕：《東周鳥篆文字編》，香港翰墨軒出版有限公司，1994 年。
曹錦炎：《鳥蟲書通考(增訂版)》，上海辭書出版社，2014 年。
陳劍：《甲骨金文考釋論集》，綫裝書局，2007 年。
陳漢平：《金文編訂補》，中國社會科學出版社，1993 年。
陳斯鵬：《新見金文字編》，福建人民出版社，2012 年。
陳英傑：《金文與青銅器研究論集》，上海古籍出版社，2020 年。
陳昭容：《秦系文字研究——從漢字史的角度考察》，臺灣中研院史語所，2003 年。
陳治軍：《安徽出土青銅器銘文研究》，黄山書社，2012 年。
董楚平：《吴越徐舒金文集釋》，浙江古籍出版社，1992 年。
董蓮池：《新金文編》，作家出版社，2011 年。
董珊：《吴越題銘研究》，科學出版社，2014 年。
董珊：《試説山東滕州莊里西村所出編鎛銘文》，《古文字研究》第 30 輯，中華書局，2014 年。
高明：《中國古文字學通論》，北京大學出版社，1996 年。
高明、塗白奎：《古文字類編（增訂本）》，上海古籍出版社，2008 年。
郭沫若：《兩周金文辭大系圖録考釋》，上海書店出版社，1999 年。
鞠焕文：《商周青銅器銘文照片搜集、整理與研究》，黑龍江人民出版社，2019 年。
河南省文物研究所等：《淅川下寺春秋楚墓》，文物出版社，1991 年。
湖北省文物考古研究所編《曾國青銅器》，文物出版社，2007 年。
黄德寬：《漢字理論叢稿》，商務印書館，2006 年。
黄德寬主編《古文字譜系疏證》，商務印書館，2007 年。
黄德寬、陳秉新：《漢語文字學史（增訂本）》，安徽教育出版社，2014 年。
黄德寬、徐在國主編《古汉字字形表（系列）》，上海古籍出版社，2017 年。
黄錦前：《曾國銅器銘文探賾》，科學出版社，2020 年。
黄錫全：《古文字論叢》，臺北藝文印書館，1999 年。
黄錫全：《湖北出土商周文字輯證(增補本)》，武漢大學出版社，2019 年。

李伯謙主編《中國出土青銅器全集》，科學出版社、龍門書局，2018 年。
李家浩：《著名中年語言學家自選集·李家浩卷》，安徽教育出版社，2002 年。
李家浩：《安徽大學漢語言文字研究叢書·李家浩卷》，安徽教育出版社，2013 年。
李守奎：《楚文字編》，華東師範大學出版社，2003 年。
李學勤：《新出青銅器研究》，文物出版社，1990 年。
李學勤：《當代學者自選文庫——李學勤卷》，安徽教育出版社，1999 年。
李學勤：《東周與秦代文明》，上海人民出版社，2007 年。
林澐：《林澐學術文集》，中國大百科全書出版社，1998 年。
劉彬徽：《楚系金文匯編》，湖北教育出版社，2009 年。
劉雨、盧岩：《近出殷周金文集録》，中華書局，2002 年。
劉雨、嚴志斌：《近出殷周金文集録二編》，中華書局，2010 年。
劉釗：《出土簡帛文字叢考》，臺灣古籍出版有限公司，2004 年。
劉釗：《書馨集——出土文獻與古文字論叢》，上海古籍出版社，2013 年。
羅衛東：《春秋金文構形系統研究》，上海教育出版社，2005 年。
羅振玉：《三代吉金文存》，中華書局，1983 年。
馬承源主編《商周青銅器銘文選》(1～4 册)，文物出版社，1986～1990 年。
彭裕商：《春秋青銅器年代綜合研究》，中華書局，2011 年。
裘錫圭：《古文字論集》，中華書局，1992 年。
裘錫圭：《裘錫圭學術文集》，复旦大學出版社，2012 年。
容庚：《金文編》，中華書局，1985 年。
山東省博物館編《山東金文集成》二卷，齊鲁書社，2007 年。
施謝捷：《吴越文字彙編》，江蘇教育出版社，1998 年。
孫剛：《齊文字編》，福建人民出版社，2010 年。
孫合肥：《安徽商周金文彙編》，安徽大學出版社，2016 年。
湯志彪：《三晋文字編》，作家出版社，2013 年。
王輝：《秦銅器銘文編年集釋》，三秦出版社，1990 年。
王輝、程學華：《秦文字集證》，臺北藝文印書館，1999 年。
王獻唐：《國史金石志稿》，青島出版社，2004 年。
袁仲一、劉鈺：《秦文字類編》，陜西人民教育出版社，1993 年。
吴鎮烽：《商周青銅器銘文暨圖像集成》，上海古籍出版社，2012 年。
吴鎮烽：《商周青銅器銘文暨圖像集成續編》，上海古籍出版社，2016 年。

吴鎮烽：《商周青銅器銘文暨圖像集成三編》，上海古籍出版社，2020年。

吴鎮烽：《商周金文資料通鑒》（光盤），2019年。

謝明文：《商周文字論集》，上海古籍出版社，2019年。

謝明文：《商周文字論集續編》，上海古籍出版社，2022年。

徐在國：《傳抄古文字編》，綫裝書局，2006年。

姚孝遂：《姚孝遂古文字論集》，中華書局，2010年。

嚴志斌：《四版〈金文編〉校補》，吉林大學出版社，2001年。

楊樹達：《積微居金文説》，中華書局，1997年。

于省吾：《雙劍誃吉金文選》，中華書局，1998年。

于省吾：《于省吾著作集》，中華書局，2009年。

棗莊市政協臺港澳僑民族宗教委員會等編《小邾國遺珍》，中國文史出版社，2006年。

曾憲通：《曾憲通學術文集》，汕頭大學出版社，2002年。

曾憲通：《古文字與出土文獻叢考》，中山大學出版社，2005年。

趙誠：《古代文字音韻論文集》，中華書局，1991年。

趙平安：《金文釋讀與文明探索》，上海古籍出版社，2011年。

張光裕、曹錦炎：《東周鳥篆文字編》，香港翰墨軒出版有限公司，1994年。

張懋鎔：《古文字與青銅器論集》，科學出版社，2002年。

張天恩：《陝西金文集成》，三秦出版社，2016年。

張亞初：《殷周金文集成引得》，中華書局，2001年。

張振謙：《齊魯文字編》，學苑出版社，2014年。

張振謙：《齊系文字研究》，科学出版社，2019年。

張政烺：《張政烺文集》，中華書局，2012年。

鍾柏生、陳昭容、黄銘崇、袁國華：《新收殷周青銅器銘文暨器影彙編》，臺北藝文印書館，2005年。

中國社會科學院考古研究所：《殷周金文集成（修訂增補本）》，中華書局，2007年。

周法高：《金文詁林》，香港中文大學，1975年。

周法高：《金文詁林補》，臺灣中研院史語所，1982年。

周法高：《三代吉金文存補》，臺聯國風出版社，1980年。

朱鳳瀚：《古代中國青銅器》，南開大學出版社，1995年。

後　記

本書是在多年資料和字形整理累積的基礎上完成的。自 2002 年投黄德寬師門下攻讀博士學位開始，我便着力於春秋文字資料的搜集整理，從資料的一篇篇查找、紙本資料的複印掃描、電子資料的彙集，到一個個銘文字形的電腦截圖、器名及著録編號的標注辭例的添加，以及最後系統地編排成書與調整，都親手完成。

爲配合漢字發展通史的研究，曾編製過《春秋文字字形表》，主要着眼於字形的代表性和結構的差異性，所收材料不限于金文，資料收集截止到 2015 年 8 月。本書專門彙集春秋金文字形，意在对其做儘可能全面系统的整理總結，同時附注辭例，揭明用法。書稿 2019 年提交出版社，資料搜集截止到 2018 年 12 月。

爲比較直觀地呈現春秋時期金文的地域和時代特徵，本書分地域按早、中、晚三期排列字形。春秋時期諸侯國存滅和疆域變動情况複雜，一些具體材料的處置難以把握，本書衹能説是建立了一個大致的框架。由於個人學養不足，需要改正的問題不少，有待以後进一步調整修訂。

攻讀博士學位期間，何琳儀老師親授金文課程。2007 年上半年值教學輪空，得訪學進修指標，擬返安徽大學再從何老師進修金文。就在我準備赴校之時，何老師竟因病猝然辭世。未及在老师臨終前見上一面，甚爲遺憾。我深深地懷念敬愛的何老師。

本書的研製，得到恩師黄德寬、李運富、徐在國先生長期的指導與支持。2012 年在北師大訪學進修期間，曾就有關問題請教了趙平安和陳英傑老師。2017 和 2018 年暑假，吴振武、劉釗、陳偉武、陳斯鵬等老师來貴陽孔學堂講學時，曾向他們請教咨詢過書稿的修改和出版等問題。張振謙、牛清波、俞紹宏、劉餘力、孫合肥、陳治軍、郝士宏、程燕、袁金平、張道昇、李鵬輝、王磊等同學朋友提供過材料和幫助。在此，謹向諸位師友深致謝忱。

本書吸收和采納了衆多專家學者的研究成果，由於體例所限，未能一一注明，雖附有主要參考文獻，亦不免掛一漏萬，還請各位諒解。書中錯漏，概由本人負責,并懇請學界同仁批評指正。此外，編排過程中，本人利用吴鎮烽先生的《商周金文資料通鑒》和自己開發的《春秋金文資料檢索系統》，大大提高了工作效率。

貴州地處偏遠，經濟文化水平相對欠發達，父老鄉親們都不容易，當初來貴州師範大學，基本解决了住房問題，大大減輕了生存壓力，我心懷感恩。慚愧的是，至今尚未做出點像樣的成績來。不過，作爲一名普通教職員工，赤手空拳，除了工薪外，倒也没消耗或糟蹋過貴州人民什麼公共資源，唯有自我努力，埋頭苦干。

編輯李建廷博士爲本書的出版費心費力，在此深表感謝。

吴國昇

2021 年 7 月於貴州師範大學寶山校區博士樓

本書原計劃 2022 年 4 月出版。2021 年 11 月，本書被納入國家“古文字與中華文明傳承發展工程”項目研究計劃。爲此在已有書稿基礎上，增補了近年新見資料，截止時間延伸到 2022 年 6 月。課題組成員、貴州師範大學圖書館副研究館員肖乃菲協助做了資料收集和字形截圖工作。同時，在鄭州大學漢字文明研究中心的幫扶下，學校申請建立國家語委科研機構漢字文明傳承傳播與教育研究中心西南地區研究基地，本書亦列入年度科研計劃。書稿正式編定之際，正值貴陽努力抗疫之時。特此補記。

2022 年 10 月於貴州師範大學花溪校區龍文苑公寓